从改革先锋到世界一流

社会主义市场经济之"海尔实践"

1984—2024

CONG GAIGE XIANFENG DAO SHIJIE YILIU

本书编写组 编著

中共中央党校出版社

图书在版编目（CIP）数据

从改革先锋到世界一流：社会主义市场经济之"海尔实践"：1984—2024 / 本书编写组编著 . -- 北京：中共中央党校出版社, 2024. 12. -- ISBN 978-7-5035-7779-6

Ⅰ . F426.6

中国国家版本馆 CIP 数据核字第 20244VF974 号

从改革先锋到世界一流——社会主义市场经济之"海尔实践"（1984—2024）

策划统筹	冯　研
责任编辑	齐慧超
责任印制	陈梦楠
责任校对	马　晶
出版发行	中共中央党校出版社
地　　址	北京市海淀区长春桥路 6 号
电　　话	（010）68922815（总编室）　（010）68922233（发行部）
传　　真	（010）68922814
经　　销	全国新华书店
印　　刷	中煤（北京）印务有限公司
开　　本	710 毫米 × 1000 毫米　1/16
字　　数	306 千字
印　　张	23
版　　次	2024 年 12 月第 1 版　2024 年 12 月第 1 次印刷
定　　价	66.00 元

微 信 ID：中共中央党校出版社　　　邮　箱：zydxcbs2018@163.com

版权所有·侵权必究

如有印装质量问题，请与本社发行部联系调换

本书编委会

总顾问
张瑞敏　海尔创始人、海尔集团董事局名誉主席

主　编
韩保江　第十四届全国政协委员、中共中央党校（国家行政学院）
　　　　教授
周云杰　海尔集团党委书记、董事局主席、首席执行官

副主编
陈甫军　中国人民大学二级教授、博士生导师
魏　涛　中国人民大学管理哲学研究中心研究员、齐鲁经济研究院
　　　　执行院长

编委会成员
彭新武　中国人民大学吴玉章讲席教授、博士生导师
赵福军　国务院发展研究中心对外经济研究部综合研究室主任、
　　　　研究员
周祖城　上海交通大学安泰经济与管理学院教授、博士生导师
孟庆春　山东大学管理学院二级教授、博士生导师
管军慧　海尔模式研究院研究员
王璟珉　山东财经大学教授

中国制造业就其规模已经连续14年站到了世界制造业之巅。如果你也像那些国内外经济学家和专家学者一样，希望了解探求中国制造业成功的奥秘，建议你先阅读《从改革先锋到世界一流》。全书对海尔集团40年矢志不渝追求卓越的生动描述，不仅展示了一部波澜壮阔的创业发展史，更是映衬出中国制造业企业勇攀高峰、创造辉煌的使命与担当。

  朱宏任 中国企业联合会党委书记

  本书鲜明地揭示了海尔集团坚持改革开放，形成新型客户关系、新型劳动关系等推动企业高质量发展，并从技术引进合作到创新引领发展的辉煌历程，充分演绎了一代代海尔人不断完善新型生产关系，形成家电领域新质生产力的壮举，完美展现了新发展理念下中国企业争创世界一流企业的卓越成就。

  陈劲 清华大学经济管理学院讲席教授、《清华管理评论》执行主编

  海尔40年的发展波澜壮阔，构成一部精彩绝伦的从濒临倒闭的小厂成长为全球知名跨国企业的传奇。海尔成功的启示在于，以"人单合一"管理模式持续创新与变革，实现员工与用户价值最大化；坚持自主品牌全球化战略，为中国企业走向世界一流提供样板；始终保持战略清醒与市场敏锐，引领中国制造业向智能化和服务化转型。通过回应时代变迁，坚持自我革命，海尔的实践体现了与社会主义市场经济发展同频共振的智慧与韧性。

  胡泳 北京大学新闻与传播学院教授

  通过参与访谈和书稿创作，启发了我从另一个维度即宏观视角去观察、认知海尔，愈发想理解它为什么能在短短40年间成为中国企业改革创新的一面旗帜、品牌走向世界的一个标杆。本书记述和解析了这个旗帜和标杆的形成过程，也回答了很多读者期待的问题，具有推动理论发展和指导实践的意义。我相信，通过进一步践行高质量发展理念和共建"一带一路"高水平开放，海尔必将为推动中国式现代化做出更大贡献、奠定长远基业。

陈甬军　中国人民大学二级教授、博士生导师

海尔管理模式带来世界范围的管理范式变革，在三个方面代表着中国管理的高度：海尔管理模式是时代的，将管理从工业化提高到数字化的新时代高度；海尔管理哲学是生成的，从不易、变易、简易到永恒的活火，既有中国特色，更具世界普适性；海尔管理理念是生态的，人的价值第一引领组织从企业向生态进化。

姜奇平　中国社科院信息化研究中心主任

我国改革开放以来，涌现出一批批具有全球竞争力的企业，海尔是较为典型的代表。《从改革先锋到世界一流》讲述了海尔从质量立身、品牌出海、探索智能化及数字化发展，到服务构建新发展格局、走向世界一流的生动实践，见证了社会主义市场经济发展历程与成就，有助于读者更好理解我国改革开放和社会主义市场经济的整体脉络、科学内涵。

赵福军　国务院发展研究中心对外经济研究部综合研究室主任、研究员

如果用一句话描述这本书的价值，我认为它介绍了我国社会主义市场经济体制形成过程以及国际经济环境日趋复杂动态、充满不确定性背景下，海尔创业者怎样与"变化"打交道的学问。我认为海尔创业者擅长

"理解变化"和"引进变化",他们能巧妙地制造冲突和危机,追求一种混沌的状态或不稳定的状态,由此激发个体的持续学习和自由创造,这便是现代组织生存的关键,也是海尔生生不息的奥妙所在。

  彭新武 中国人民大学吴玉章讲席教授、博士生导师

  中国改革开放一定程度是从企业微观管理改革开启的。过去40多年中国企业多了、大了,但奠定下长青基业者为数尚不多。如今内外环境沧桑巨变,需通过新一轮更加深刻的企业管理运营改革,助力中国式现代化。这本关于海尔改革创新历程的著作,将在该方面提供重要启示。

  刘培林 清华大学中国经济思想与实践研究院首席研究员

  在海尔40年的发展历程中,国内外政治、经济、社会、技术环境发生了巨大变化,机遇与挑战,诱惑与压力,时刻考验着海尔。无疑,海尔经受住了考验,走出了一条坚实而富有创新的发展之路。本书向读者展示了在一个个重要的时刻,海尔一次次地做出了不同寻常的正确选择,这些选择也启发着企业"应当"之深度思考——应当如何对待人、对待利益相关者、对待社会和环境等经营中的价值问题积极探索。

  周祖城 上海交通大学安泰经济与管理学院教授、博士生导师

  我国以建立和完善社会主义市场经济体制为指向的改革开放事业,已经持续40余年。如果从这一历史时期挑选一家具有社会主义市场经济属性和国际化特征的企业发展案例,海尔集团或许会成为众多专家学者的优先选择。本书如实生动地展现了海尔40年筚路蓝缕的成长演进史,同时也揭示了社会主义市场经济制度发展变迁的历史轨迹和内在逻辑。这一史论丰厚、见地深邃的实例性研究成果,对实业界和学术界都具有重要参鉴意

义。在我国建设高水平社会主义市场经济体制的新时期，也需要我们从建立"有效市场"和"有为政府"两个维度研习借鉴海尔的管理经验和创新精神，培育出更多的类似于海尔的优质一流企业，推动社会主义现代化强国建设，早日实现中华民族的伟大复兴。

孔泾源　中国经济改革研究基金会第四届理事会理事长

刚参加工作那会儿，恰好在报纸上看到张瑞敏带领员工砸掉76台有质量瑕疵的冰箱的消息，甚是惊叹，至今记忆犹新。我在山东工作40年，除了是海尔产品的忠实消费者，也十分关注海尔企业的发展变化。海尔质量打下根基，创新驱动成长，发展为享誉全球的中国品牌，书写了一部中国企业艰苦奋斗的史诗。这本书让我从海尔管理模式不断创新和业态变化融合过程中，深刻感受到我国产业竞争力从落后到引领、技术产品从借鉴模仿到自立自强的巨变。

董利忠　山东省人民政府参事

海尔是经济管理学界热衷观察、研究与解读的企业样本，而且从没有人觉得这个选题"过时"。过去的40年，海尔一直紧跟时代的节拍、争做时代的企业，我们从它前六个战略阶段的主题设定，就能清晰看到它是怎样顺应市场变化、交付时代答卷的。《从改革先锋到世界一流》这本书，介绍了海尔每个发展阶段的经济社会背景，更加生动地描写了企业与市场长期博弈的过程，剖析了海尔凭借改革创新跳出"周期率"的内在机理，很值得经济管理人士品评。

孟庆春　山东大学管理学院二级教授、博士生导师

序 一
PREFACE

历史的前进方向在哪里？这个问题既没有标准答案，也没有固定选项，甚至我们很难用现有知识和经验去表述它。预言历史前进方向的最好办法，就是去创造历史——社会主义市场经济就是中国人民在错综复杂、风云变幻中完成的伟大历史创造。

诺贝尔经济学奖获得者米尔顿·弗里德曼（Milton Friedman）曾说："谁能解释中国经济的发展奇迹，谁就能获得诺贝尔奖。"近年来，全球范围内的专家学者从多种维度对我国改革开放历程及社会主义市场经济实践进行研究阐发，其中既有政治视角、经济视角，也有文学视角。选择特定解读视角，有利于让相对应的群体深入理解和建立共识。今天，我们尝试开辟一个新的视角，即通过某个样本企业的具体实践写照社会主义市场经济发展历程，以更具象的表述、更生动的语言与读者共情。这个样本企业，我们最终选择了海尔。

创业40年的海尔，是社会主义市场经济实践的参与者，也是见证者，它见证了社会主义市场经济的诞生背景、发展历程和前进方向。选择海尔为样本，大抵有四个原因：

其一，海尔是我国经济体制由计划向市场转轨时期公有制企业改革的成功典型；其二，海尔从濒临破产到跻身知名跨国公司之列，它扛着自主品牌的大旗取得了全球瞩目的发展成就，是中国企业的杰出代表；其三，众所周知，海尔长期聚焦消费领域，所属领域多为完全竞争性行业，拼的是人才、管理、技术和品牌，这与依靠资源经营或政策红利走上世界舞台的企业有着本质区别；其四，海尔的实践呼应了社会主义市场经济体制改革的节拍，与时代同频、与中国特色社会主义事业同频。

为了建立好"海尔视角"、论述好"海尔实践"，用海尔故事讲述社会主义市场经济内涵，我们邀请了经济学、管理学等不同学科领域的学者于2024年初展开研究，深入海尔产业生态进行访谈，完成了20余万字的书稿，将其命名为《从改革先锋到世界一流：社会主义市场经济之"海尔实践"（1984—2024）》。本书共分六篇、二十四章，巨细兼有地还原了海尔创业历程以及取得的成果，诠释了对海尔发展产生影响的社会主义市场经济理论、政策和标志性事件。书稿还在各篇章设置了一些时代之问，旨在启发读者的深刻思考。

本书的第一篇，回顾了为海尔提供创业土壤的山东青岛，于改革开放初期发生的一系列变化。企业和城市是命运共同体，企业因城市而立足、城市聚企业而发展。我们从青岛被列入"进一步开放的14个沿海城市"、成功获批"计划单列市"开始，讲述青岛作为改革开放的前沿阵地，开展城市经济体制改革的行动，其间培育出海尔等诸多计划经济转轨时期崭露头角的企业，更是抓准了名牌战略先机打造成为我国最早的"品牌之都"。海尔创始人张瑞敏先生在这里种下创业的种子，繁育出庞大的产业生态，缔结出品牌经济的硕果。

本书的第二篇，还原了海尔第一次规模增益、规范治理的历史背景：新一轮消费红利释放、资本市场开放、国家实施"走出去"战略，这些因素为企业走上更大的、更公开的舞台创造了可能性，也倒逼着企业加速规范内部治理。尽管此时很多企业面对消费红利"狂飙"扩张，但海尔仍保持着战略冷静，刀刃向内搞管理改革，扎实练好内功，让它不至于在多元化和国际化加速期"带病奔跑"，陷入"内忧外患"的境地。作为我国改革与开放成果的微观映象，"海尔式增长"实现了内外兼修、速度与质量兼顾。

本书的第三篇，重温了海尔国际化、全球化阶段世界经济竞争的新主题：互联网、跨国并购、区域自贸协定以及国际资本大量流向中国。这些变化拓展了市场增长空间，也在企业发展路上布设下荆棘与风险。此时国内的城镇化步伐加快，中西部开发力度空前，内需进一步扩大，资本、管理、信息技术等要素的价值在竞争中愈加凸显，物竞天择的市场法则考验着每个创业者的判断力和行动力。此时，历经20年创业历程的海尔，开始反思瞬息万变的市场周期性规律和企业的本质属性，感悟到企业可持续成长路线是通过满足时代需要、实现"人的价值最大化"绘就的。随后，海尔更加呼应时代特征、贴近员工与用户价值，其发展方式、行动节奏与社会主义经济脉动更加同频。

本书的第四篇，论述了新的发展时期，我国经济建设面临更加复杂的环境，周期性、突发性风险叠加，企业迎来新的挑战。作为微观经济主体，海尔深刻观察全球政治经济动向、紧跟深化改革部署，亦深入洞察和把握市场末端需求走势，采取必要的创新行动顺应时代之变，包括但不仅限于"去科层化"行动、全要素数字化变革、创客制推行等。以小见大，一叶知秋，海尔突破市场发展的周期率、企业生命周期率，逆风飞扬、取得佳绩，映射了全球经济周期性走低背景下我国强大的"逆行"力量。

本书的第五篇，以海尔争创世界一流企业的行动，诠释了企业立足新发展阶段、践行新发展理念、融入新发展格局的重大意义。争创世界一流是中国企业步入新发展阶段的内在要求，并非为掌握市场霸权、以强凌弱。中国公司发展水平进一步跃升，会以和平友好的方式将成果分享给其他国家，表现出谦和、包容、兼济的风范。海尔近10年来的实践，让我们感同身受了中国企业为走向世界一流付出的努力，见证了社会主义市场经济理论的新进展，尤其见证了习近平经济思想作为新时代经济工作行动指南的科学性、系统性和有效性。

本书的第六篇，探讨未来较长一段时期，以海尔为代表的中国跨国公司将怎样参与世界一流阵营角逐、需要建设哪些比较优势。历史经验证明，核心技术并非唯一竞争主题，还有市场机制、理论引领与模式优势。海尔未来发展优势，不仅体现在全球白色家电第一品牌的地位、"世界500强"位次攀升，更体现在人单合一模式建立的、代表全球制造业前进方向的大规模定制体系。然而在海尔人眼里，因优势取得的成就，或许是羁绊企业取得未来成就的最大障碍——成就，只是一种激励机制，唯有战胜满足感，永远保持一个改革者的姿态，才能更好地融入时代，成为永恒的活火。

众所周知，近些年经济管理学界研究海尔现象、海尔模式的热度未减，不少学者持续跟踪其发展动态十数年，相关著述多达百部。本书与多数著作不同，它是一部从宏观叙事视角，融合了经济学、管理学多种语言范式讲述海尔、写照市场、反映时代变革的作品。我们希望本书达到见微知著、触类旁通的效果，为进一步丰富社会主义市场经济理论提供生动素材，启发更多创业者把握好改革与发展的关系、守正与创新的关系、活力与秩序的关系，肩负新时代使命、共创世界一流。

本书编写组

2024年12月

序 二
PREFACE

以科学的指导思想凝聚人民的力量、引领前进的方向，是中国共产党一以贯之的优良传统和宝贵经验。建党100多年来，相继诞生了毛泽东思想、邓小平理论、"三个代表"重要思想、科学发展观和习近平新时代中国特色社会主义思想，分别在不同发展阶段科学地回答了"时代之问"。这些思想及理论犹如一盏盏灯塔，无论中国这艘经济大船的远航遭遇什么样的困难与曲折，都能让人们铭记从哪里出发，以及带着怎样的使命去往何处。

作为党的指导思想的重要内容，社会主义市场经济理论是马克思主义政治经济学中国化、时代化的重大创新，是在改革开放伟大实践中形成的结晶，也是指引我国经济持续健康稳定发展的科学指南。回望改革开放40多年来取得的举世瞩目的巨大成就，面对愈加不确定的世界格局和发展大势深刻变化，怎样跳出固有知识体系框架，用科学的语言诠释好、精准的笔触描写好社会主义市场经济理论的机理机制、发展规律、践行路径，进一步讲好经济快速且高质量发展的中国故事，是值得每个经济学学者思考和回答的重要命题。在这方面，中共中央党校出版社在年度选题中提出创新思路，即以海尔集团这一极具典型性的中国企业为案例，以其实践历程解读、展现社会主义市场经济内涵，使理论更加具象生动，是个很好的尝试。

海尔创立于改革开放初期，40年来，它从一个资不抵债、濒临倒闭的集体所有制小厂，发展成为享誉世界的中国跨国公司。因此，海尔的创业者是社会主义市场经济伟大实践的参与者、见证者,他们深刻洞察每个时期市场变化的机遇和风险,通过改革创新保持与时代同步,被誉为"时代的企业"。在海外市场,海尔通过"走出去""走进去""走上去"逐步实现了本土化研发、制造和营销,精准对接多样化的本土需求,产品和服务赢得了全球消费者的广泛认可。海尔坚持自主品牌发展思路,创牌不贴牌,让不同文化习惯和消费水平的家庭通过"Haier"这个商标认知中国制造、探知中国经济,一定程度上也促进了中国品牌自信的回归。

时至今日,海尔在传统家电业升格为"智慧住居"的同时,还有效拓展了大健康和产业互联网赛道,打破了传统产品和服务的边界,构建出无边界的产业生态系统。毋庸置疑,海尔取得的发展成就,得益于改革开放和社会主义市场经济发展而创造的土壤和机遇。但细想之,能在这片土壤扎下根且动态把握住时代机遇的,尤其是张瑞敏、周云杰这样带领企业跻身世界一流舞台的创业者,更是令人敬佩。

企业是市场的主体,是体现社会主义市场经济发展成果的根本载体。过去几十年,我作为一名中国经济发展和理论的观察者、研究者,潜心于社会主义市场经济体制构建、国有企业体制改革以及中国企业跨国经营等领域的问题,努力回答中国宏大的发展实践提出的现实和理论问题。和我不同的是,包括张瑞敏、周云杰在内的中国创业者,他们却躬身前行,在市场上饱尝辛酸、饱受磨砺,在逆境中推进企业变革、塑造中国品牌,用实践成果交付时代问卷。相比而言,我认为他们的成果更加来之不易,值得钦佩和赞誉。

难能可贵的是,海尔是一家懂得用理论指导实践的企业。作为一家全球布局的中国跨国公司,世界经济影响因素的细小变化,都可能对企业产生冲击,要求决策者快速响应。为了改善企业规模日益膨大引发的"大企业病"问题,海尔刀刃向内,施行了较为彻底的组织变革,创立了人单合一理论及实践模式,将自己拆分成无数个小微企业,通过运行新机制大大提高了市场反应速度和决策效率。此外,海尔在文化建设、人力资源管理、智能制造等专业领域也有较多建树,包括"赛马不相马""自以为非""人人都是CEO""大规模定制"在内的诸多论述对产业界和管理学界产生了积极影响。

在企业和市场变化的动态博弈过程中,除了探索创新管理理论、管理工具,对党的指导思想及相关理论的深刻把握、忠实践行也是海尔发展行稳致远的重要法宝。海尔坚持以党的创新理论为指引,学深悟透社会主义市场经济理论的精髓,在处理长期和短期、守正和创新、效率和公平等矛盾关系的实践中皆体现了社会主义价值取向,尤其是立足新发展阶段、践行新发展理念、融入新发展格局的经验做法,对我国企业更是多有启发——这些也都被写入新出版的《从改革先锋到世界一流:社会主义市场经济之"海尔实践"(1984—2024)》之中。

从改革先锋到世界一流,这10个字是对海尔40年发展实践的凝练。"改革先锋"是国家对海尔的肯定,"世界一流"则是新时代的海尔使命。海尔发展40年,与我国构建社会主义市场经济体系的历史进程是同频的,它呼应了各时期的理论阐发、制度供给、市场迭代,敢为人先、有所作为,堪称"时代企业"之典范。

本书旁征博引、夹叙夹议,记录了社会主义市场经济指引下中国跨国公司的成长印记,讲述了一部中国企业创业者的奋斗历史,也向人们预演了下一个时代中国企业高质量发展和参与世界一流阵营角逐的真实画面。我相信本书能帮助经济学和管理学专业人士、经济工作战线的领导干部、企业管理者更好地理解社会主义市场经济内在规律和特征,进而更好地探索和解决新时代企业治理和变革所要应对的问题。与此同时,我希望在40年"海尔实践"启发下,越来越多的中国企业用改革创新引领市场潮流,在争创世界一流企业的进程中夯实发展基础,甚至向海尔一样梳理经验、形成论据，为丰富社会主义市场经济理论和构建中国特色学术体系作出更大贡献，为推进实现中国式现代化贡献积极力量。

韩保江

第十四届全国政协委员

中共中央党校（国家行政学院）教授

2024年12月9日

序 三
PREFACE

2024年是海尔创业40周年。

1984年，我国改革开放事业刚刚起步，计划经济向市场经济转轨的进程充满了未知与挑战。这一年，张瑞敏先生带领海尔集团的前身——青岛电冰箱总厂，承受着资金、技术极度匮乏以及管理失灵的压力，开启了艰辛的创业之路。40年来，海尔从一家负债累累、濒临倒闭的集体所有制小厂，成长为知名跨国企业，书写了一段波澜壮阔的创业史诗。

回顾40年创业历史，有几个非常值得回顾和纪念的关键词。

在海尔创业史上，"砸冰箱"事件是中国质量发展史上浓墨重彩的一笔。

1985年，张瑞敏先生带领员工将76台有质量瑕疵的冰箱当众砸毁，这在商品短缺的时代员工是不理解的，他们提出这些产品不影响使用，可以打折出售。张瑞敏先生依然坚持谁造成的缺陷谁亲手砸毁，这给全体员工带来了巨大的震动。砸毁的是冰箱，砸醒的是全员质量意识。这被公认为中国质量管理史上最具有里程碑意义的一次事件，这把大锤也被收藏到了中国国家博物馆。

在海尔创业史上，"出口创牌"是彰显中国企业产品自信、品牌自信的一项正确抉择。

1989年，海尔产品走出国门，面对不同国家和地区的文化差异、市场壁垒，海尔放弃了当时社会极其推崇的"贴牌加工"模式，坚持用自己的品牌出口到海外市场，在全球树立了中国品牌形象。事实证明，

"出口创牌"的路走对了，海尔品牌逐渐被各国消费者青睐。如今在海外市场的中国家电品牌中，每10台中就有6台以上是海尔牌。根据欧睿国际的数据，从2009年开始，海尔已经连续15年蝉联全球大型家电第一品牌，并连续6年跻身全球品牌百强榜单，形成了包括海尔、卡萨帝、Leader、通用家电、斐雪派克、Candy、AQUA在内的全球品牌矩阵。"出口创牌"的成功实践，不仅是中国品牌影响力持续攀升的有力证明，也促进了中国企业品牌自信的回归。

在海尔创业史上，"改革创新"是流淌在中国企业血液里的强大文化基因。

改革创新是发展的灵魂，是企业走进下一个时代的通行证。40年来，在改革开放政策的影响下，海尔将改革思维融入到每一个发展环节。海尔搭建"全员创客"的创业生态，让每个人都具有企业家精神，激发创业创新活力。海尔首创创客制为全员创业创新提供保障。在不改变企业所有制的前提下，海尔创客拥有资产使用权，在为用户创造价值后，能够在劳动收益、资本收益外获得增值分享收益。目前海尔已有近1.5万名创客获得创客份额，他们是改革创新的主人。从外部来说，海尔的改革创新离不开青岛这片充满活力的土地，这里既有儒家文化的深厚底蕴，也有海洋文明的包容开放，融汇成海尔人以"人的价值最大化"为宗旨的文化基因，支持海尔不断创新求变，攀登新的高峰。

在海尔创业史上，"人单合一"是具有时代特色和具有全球普遍适用价值的实践探索。

人单合一模式是海尔对西方传统科层制理论及"金字塔"组织模式的颠覆，使企业组织扁平化，让员工与市场、与用户"零距离"相连，进而共同创造价值、分享价值，解决令绝大多数"500强"企业头疼的"大企业病"。人单合一模式让员工在创造价值过程中实现自我价值的提升，成为企业的主人翁和价值的共享者，其实践成果也为推进共同富裕作了有益的探索。

在海尔创业史上，"灯塔工厂"是引领新一轮工业革命和代表中国参与世界先进制造能力角逐的成果体现。

海尔通过卡奥斯工业互联网平台，将制造能力和数字化经验进行沉淀，以数字技术赋能千行百业实现数字化转型。"灯塔工厂"被誉为"世界上最先进的工厂"，它的先进性不仅体现在智能化、自动化的高效率上，还体现在网络化、个性化的高精度上，能够快速响应用户体验迭代的需求。目前，海尔已拥有10座"灯塔工厂"，是全球拥有"灯塔工厂"数量最多的企业。在海尔卡奥斯工业互联网平台赋能的众多企业中，已有12座工厂被世界经济论坛认定为"灯塔工厂"、1座被认定为"可持续灯塔工厂"，代表全球制造业领域智能制造和数字化最高水平。这不仅是对海尔先进制造体系的认可，也标志着中国智能制造达到了世界先进水平。

在海尔创业史上，"无界生态"是中国企业应对复杂经济、发展新引擎的大胆尝试。

第四次工业革命消除了距离和界限，所有的企业都要成为生态型企业。海尔抓住时代机遇，以场景替代产品，以生态"复"盖行业，引领场景消费新趋势，创造智能交互生态新引擎。2019年，海尔进入生态品牌战略阶段，转型为价值共创、增值共享的物联网生态企业。围绕用户不同的场景需求，海尔孵化出了食联网、衣联网、血联网等生态品牌。在海尔搭建的海创汇创业孵化平台上，创业成功率达到50%，是行业平均的5倍，目前已吸引5200多个项目，孵化了10家上市公司。在蓬勃向上的创业生态中，海尔将进一步加快布局智慧住居、大健康、产业互联网三大板块，积极应对未来市场新特征、努力成为全球生态经济的引领者。

海尔人40年如一日，坚持长期主义，勇于探索，不断自我革命，踏准时代节拍，从"卖产品"到"卖服务"再到"卖场景"，随着时代变化不断迭代、转型。40年来，海尔的每一步成长都深深烙着社会主义市场经济的鲜明印记，每一次跨越都闪耀着中国创业者坚韧不拔、勇攀高峰的精神力量。

在创业40年的新起点上，有不少朋友追问，未来的海尔将是怎样一家企业？海尔经过40年发展，已经从一个濒临倒闭的集体小厂发展成为世界的海尔、进化的海尔、生态的海尔。面对百年未有之大变局，海尔创世界一流企业的新征程才刚刚开始。

2024年，时值海尔创业40年，中国人民大学等院校学者展开大量文献研究，深入海尔开展访谈，历时一年完成了20余万字的书稿，写就这部《从改革先锋到世界一流：社会主义市场经济之"海尔实践"（1984—2024）》。本书编著团队站在社会主义市场经济实践的视角，用海尔的发展故事映射时代脉动，见微知著、触类旁通，有力地佐证了社会主义市场经济理论的科学性与有效性。本书不仅以史诗般的笔触回顾了海尔40年创业的奋斗历史，也写照出中国企业从羸弱到强大、从蹒跚学步到世界一流的艰难跋涉，希望能为更多跨国公司走向"世界一流"提供路径借鉴。

书籍撰写和出版是一项复杂的系统工作，尤其本书定位以"海尔实践"讲述中国创业故事、诠释社会主义市场经济内涵，既须尊重事实、逻辑严谨，亦要顾及内容的创新性、可读性，着实有一定挑战。因此，我向参与本书组织策划、调研、组稿、写作、审校等工作的各位老师、各位同事表示诚挚的感谢。同时，也希望读者对本书及海尔提出宝贵意见。

周云杰

海尔集团党委书记

董事局主席、首席执行官

2024年12月9日

目录 CONTENTS

第一篇 琴岛之变

第一章　琴岛之变　　003
第一节　北京座谈会：进一步开放青岛等14个沿海港口城市　　004
第二节　十二届三中全会：写出了一个政治经济学的初稿　　008
第三节　厂长负责制：代言企业体制改革的前进方向　　012

第二章　技术引进与消费红利　　016
第一节　当欧美"产业转移潮"邂逅中国改革开放　　017
第二节　价格"双轨制"：迎接第一波家电消费市场红利　　020

第三章　品牌觉醒年代　　025
第一节　"砸冰箱"事件：开启质量振兴与名牌战略的序章　　026
第二节　琴岛海尔：股份制改革与集团化治理　　031
第三节　赛马不相马：人是现代企业制度建设的中心　　034

001

2 第二篇
上海的锣声

第四章	上海的锣声	**041**
第一节	上海的锣声：社会主义资本市场下的企业多元化发展	042
第二节	零售变革：做商品流通行业的"流量明星"	046

第五章	刀刃向内	**053**
第一节	流程再造：一场战胜满足感、刀刃向内的管理革命	054
第二节	人人都是经营者：破解"分工魔咒"	059
第三节	洗小龙虾的洗衣机：开放式创新模式的雏形	062

第六章	出海	**067**
第一节	出海创牌：中国品牌自信的萌芽	068
第二节	境外"本土化"模式的开端	074

3 第三篇
新赛道

第七章	**城市增量**	**081**
第八章	**未来之屋**	**089**
第一节	未来之屋：布局网络化家庭产品与技术标准	090
第二节	卡萨帝＆斐雪派克：补齐高端家电品牌短板	093
第三节	两化融合：为智能制造时代热身	096
第九章	**推倒金字塔**	**101**
第一节	人单合一：推倒科层制的金字塔	102
第二节	人单合一模式下的财务管理变革	106
第十章	**变局**	**111**
第一节	三洋兴衰记：日本企业放不下的"精益信仰"	112
第二节	走出危机：投身家电下乡，勾画海外事业第二曲线	117
第三节	"零库存"改革：大规模定制的热身运动	120

第四篇
改革先锋

第十一章　数字化变革	127
第一节　电器变"网器"：创造新的消费市场空间	128
第二节　互联工厂：奏响大规模定制的序曲	132

第十二章　供给侧改革	136

第十三章　跳出周期率	143
第一节　再思人单合一模式	144
第二节　论企业生命周期率	147
第三节　把大企业做小	152
第四节　复活三洋：突破跨国并购的"七七定律"	155

第十四章　打开小微成长之门	160
第一节　支部建在小微上：海尔基层党建工作的新模式	161
第二节　把小企业做大：绘制"专精特新"成长路线	164

第十五章　改革先锋	169
第一节　改革先锋：伟大历史的见证者	170
第二节　人的价值最大化：改革中的原则立场和价值追求	174

第五篇 走向世界一流

第十六章　新发展理念：谁是创新的驱动者？ 　181
第一节　世界是我们的研发部（上）：用户是真正的创新大师　182
第二节　世界是我们的研发部（下）：HOPE 创新生态平台　186
第三节　市场机制激活"沉睡"的科研成果　188
第四节　三翼鸟："我经济"的数字画像　191
第五节　卡奥斯：大规模定制的里程碑　196

第十七章　新发展理念：生机勃勃的热带雨林 　203
第一节　企业组织协调发展的理想范式　204
第二节　全球财务治理变革中的协调智慧　208
第三节　绿色发展理念引领下的"6-Green"实践　212
第四节　"数字低碳"跨界赋能　215
第五节　负碳工厂驱动绿色经济增长　221

第十八章　共享发展成果 　226

第十九章　新发展格局：新丝路上的海尔蓝 　236
第一节　鲁巴经济区：首个境外经贸合作区建成记　237
第二节　下南洋：东盟市场份额跃居首位　239

第三节　海永顺：投身共建"数字丝绸之路"　　　　　　　　　　243

第二十章　新发展格局：国际循环中的"自循环"　　　249
第一节　本土化与全球化　　　　　　　　　　　　　　　　　250
第二节　盘活通用家电　　　　　　　　　　　　　　　　　　255

第二十一章　新发展格局：大循环　　　　　　　　　　　　260
第一节　进口博览会：生动诠释"双循环"的应有之义　　　　261
第二节　大健康赛道：新时期的多元化经营逻辑　　　　　　　264
第三节　消费模式创新：从传统场景寻找突破口　　　　　　　269
第四节　日日顺：建设现代物流体系，畅通统一大市场　　　　272
第五节　海纳云：让城市更聪明一些、更智慧一些　　　　　　275
第六节　卡泰驰：驱动汽车消费增长的新引擎　　　　　　　　278

第二十二章　走向世界一流　　　　　　　　　　　　　　　283
第一节　大国工匠：筑牢制造业的基底　　　　　　　　　　　284
第二节　"三步走"启示录：中国企业全球化发展路径之海尔模式　286
第三节　世界一流企业的形式与内涵　　　　　　　　　　　　291

目 录

第六篇
走近世界舞台中央

第二十三章　站在全球制造链的中央	301
第一节　价值链：重塑全球产业竞争关系	302
第二节　制造链：聚焦新一轮科技和产业革命	305
第三节　全球灯塔（上）：用户驱动大规模定制实践	308
第四节　全球灯塔（下）：为新一轮工业革命贡献世界标准	312

第二十四章　给不确定的未来"一个拥抱"	317
第一节　从领奖台到颁奖台：中国原创管理理论惠及全球	318
第二节　在不确定中成就确定的力量	323
第三节　40年，企业与城市彼此成就	326

后记　迈向2035：在变局中笃定前行	331

01 第一篇

琴岛之变

• • • •

　　1984年，青岛邂逅了一场重大的历史机遇。是年3月，中共中央书记处、国务院在北京召开座谈会，决定进一步开放青岛、天津、上海、大连、秦皇岛、烟台等14个沿海城市，予以城市更多自主权以促进引进外资和开放发展。此时，我国经济体制改革的重心由农村向城市转移，"厂长负责制""价格双轨制"等改革措施进一步解放生产力和购买力，城市创业热潮空前，各地企业前赴后继参评金银奖项、名优产品。在青岛这片万余平方公里的土地上，很快繁育出一批誉满南北的名牌产品，不仅把海尔、青啤等企业推上了全球舞台，城市还被授予"中国品牌之都"的殊荣，品牌经济在山东半岛、黄海之滨熠熠生辉，树立起全国标杆。

　　本篇论述青岛市把握时代机遇，以张瑞敏为代表的第一代企业家登上历史舞台并率先实施名牌战略的历程。在卖方掌握市场主动权的年代，一些欧美人士到我国企业参观，在见到落后的企业管理方式后他们感叹："你们没有真正的企业和企业家。"这句话刺痛了许多奔赴在改革路上的青岛创业者。与此同时，包括海尔在内的"青岛金花"产品生产企业的负责人正在接受质量、名牌和现代化治理思想的启蒙，目光转向全球赛场。他们站到机会主义者、短期主义者的对立面，强质量、塑品牌、练内功，培植企业竞争力——企业竞争力的提升无疑是社会主义市场经济走向成熟的重要标志。青岛的企业为什么能在全国脱颖而出，并与这座城市相互影响、彼此成就？

第一章　琴岛之变

◎ **本章导读**

　　1984年是对青岛发展史影响至深的一个年份。这一年，我国改革开放的重心由农村转向城市；这一年，党中央正式提出"有计划的商品经济"，为经济体制改革指明了方向；这一年，"厂长负责制"下放了企业经营权，各城市涌现的中青年创业者组成了改革开放以来的第一代企业家群像；这一年，青岛被列入继经济特区之后进一步开放的14个沿海城市之一，再次启动了城市开放发展的加速键。那么，青岛这座饱经沧桑的百年商埠，何以被历史赋予重大的使命？城市发展的轨迹，又将迎来哪些关键性转折？

第一节
北京座谈会：进一步开放青岛等14个沿海港口城市

1984年，是我国改革开放历程中具有里程碑意义的年份。

这年早春，邓小平来到广东，专程视察深圳、珠海经济特区。设立经济特区，是在特殊历史背景下、遴选特定区域范围、施以特别经济权力的一项具有中国特色的制度安排。改革开放之初，我国先后在东南沿海的广东和福建两省设立了深圳、珠海、汕头和厦门四个经济特区。经济特区早期是为了便于增进出口加工贸易而设，之后不断吸引国外的资金和技术，逐渐发展成为综合性的经济特区，并通过体制转轨方面的成功实践，助推全国改革开放进程和现代化建设。

在邓小平视察深圳之际，时任深圳蛇口工业区负责人的袁庚让人连夜加班做一个牌子，立在进入蛇口港公路旁的一片绿油油的菜地中，牌子上赫然书写着几个夺目的金色大字："时间就是金钱，效率就是生命"。详细了解了经济特区的发展成绩后，邓小平欣然题词："深圳的发展和经验证明，我们建立经济特区的政策是正确的。"深圳经验得到了肯定，打消了改革开放支持者的顾虑。邓小平在随后的谈话中讲道："现在看，开放政策不是收的问题，而是开放得还不够。"[1] 他还说："除现在的特区之外，可以考虑再开放几个港口城市，如大连、青岛。这些地方不叫特区，但可以实行特区的某些政策。"[2]

根据邓小平的提议，中共中央书记处和国务院于1984年3月26日至4月6日在中南海召开沿海部分城市座谈会。座谈会讨论了如何把经济特区

---

[1] 中共中央文献研究室编：《邓小平年谱（1975—1997）》（下），中央文献出版社2004年版，第960页。

[2] 《邓小平文选》第3卷，人民出版社1993年版，第52页。

办得更快、更好的问题，认为各特区都应改革管理体制和管理机构，使特区能够对国际市场的频繁变化作出灵敏反应，获得最佳的经济效益。会议确定进一步开放由北至南14个沿海城市，这是中国实行对外开放的一个新的重要步骤。座谈会着重讨论了这些沿海城市如何放开步伐，更好地引进外资和先进技术以及相关的政策问题等。5月4日，中共中央书记处、国务院转发《沿海部分城市座谈会纪要》，决定进一步开放天津、上海、大连、秦皇岛、烟台、青岛、连云港、南通、宁波、温州、福州、广州、湛江和北海14个沿海港口城市，并指出"沿海开放城市的建设，主要靠政策，一是给前来投资和提供先进技术的外商以优惠待遇；二是扩大这些城市的自主权，让他们有充分的活力去开展对外经济活动"。据统计，1978年，这14个城市总人口7210万人，约占全国人口的7.4%；当年GDP为613.5亿元，占全国总量的16.9%；财政收入300.4亿元，占全国的26.5%。

进一步开放14个沿海城市，是党中央推动社会主义市场经济体制走向成熟的关键一步。青岛市委、市政府主要负责同志心里明白，邓小平同志点名开放青岛，中央把青岛列为14个沿海开放城市之一，意味着青岛迎来了一个历史性的发展机遇，除了政策的指挥棒发挥作用，还需要调动市场方面的积极性，让一部分人先"动起来"。于是，那些有胆识的、不甘于平庸的人躁动起来，市场逐渐繁忙起来，胶东半岛的创业者们开始崭露头角的时机也到来了。

那么，青岛为何能成为14个沿海开放城市之一？

青岛之所以能够被确定为沿海开放城市以及后来的计划单列市并不是一种历史的偶然选择。实际上，在改革开放之前的近百年间，青岛的城市综合实力就已有目共睹。

青岛工业基础扎实，文化底蕴丰富。几千年的传统文化熏陶、百年工业文明洗礼，塑造了青岛独具魅力的城市风貌，而且这里山青水碧、城海相依、气候宜人，使其成为久负盛名的宜居之城。据《琴岛诗话》记载，青岛湾中有一小岛"其山如琴，水如弦，清风徐来，涛声滴滴答答如琴声"，所以青岛又名琴岛。

新中国成立之前，青岛工业大都由外国资本控制，民族工业发展缓慢，除纺织工业有一定规模外，食品、造纸、火柴、印刷等行业大都是小型企业。新中国成立后，青岛加大了工业经济建设步伐，短短几十年间便步入东部沿海经济大市之列。尤其是青岛的纺织工业，与上海和天津齐名，为我国三大纺织工业基地之一，三座城市也因此被誉为"上青天"。"上青天"作为纺织行业曾经最辉煌的城市名片，在近代中国工业史上有着举足轻重的地位。

1979年，青岛被确定为全国外贸出口基地之一，制定了加速建设外贸出口基地的初步规划。1981年，青岛被国务院确定为全国经济中心城市之一。1984年1月5日，国务院原则批准了《关于青岛市城市总体规划的报告》和《青岛市城市总体规划》，指明了青岛市的城市建设方向——把青岛建设成为以轻纺工业为主，经济繁荣、环境优美，科研、文教事业发达的社会主义现代化的风景旅游和港口城市。按照该规划，青岛的城市性质确定为"轻纺工业、外贸港口、海洋科研和风景旅游城市"，城市定位有了很大调整。

青岛成为14个较早开放的沿海城市之一，除了有优越的港口条件、百年开埠形成的近代工业体系、国际贸易体系等，还有山东省煤炭、石油、冶金等基础工业的支撑，人口资源和政策也予以关键的支持。山东经济为勇立潮头、愈加开放的青岛提供着丰富的工业给养。1984年，我国GDP增速达20.9%，创造了改革开放以来的首个经济增长波峰。此时，北方经济大省山东GDP已连续三年位列全国第一。"六五"时期，山东经济增速超过了此前28年的平均水平。

沿海部分城市座谈会除了进一步开放14个沿海城市，还指出在有条件的地方兴办经济技术开发区，实行经济特区的某些政策。从国家层面理解，设立经济技术开发区大致有三种考虑：其一，为接纳国际资本和产业转移的需要。其初衷主要是吸引外资，引进先进的制造业，扩大出口创汇，替代先进材料和零部件的进口。其二，将特区的成功经验推广和放大。在沿海城市设立经济技术开发区是特区试验成功后对外开放战略的组成部分。其三，充分发挥沿海港口城市的优势，将对外开放与发挥国内工业基础相结合。

被列入国家社会与经济发展计划单列市，再次强化了青岛在沿海14个开放城市中的特殊地位。国家社会与经济发展计划单列市简称"计划单列市"，是我国城市经济体制的一项重大改革措施，是在行政建制不变的情况下，省辖市在国家计划中列入户头并赋予这些城市相当于省一级的经济管理权限。

1986年初，青岛市副市长郭松年带队去大连学习了解申报计划单列市的程序和具体过程。大连和青岛分别坐落于中国北方的两个半岛的边缘，除了地理环境、气温气候之外，两座城市还有着许多相似之处，也经常被人拿来做比较。辽宁省对大连市申报计划单列市非常支持，大连的申报、批复十分顺利。郭松年一行人从大连回青岛后，青岛立即起草了申请计划单列市的报告，经山东省研究同意后呈国务院。随后，国家体改委在北京召开论证会，青岛有关同志在会上全面阐述了实行计划单列的条件。1986年8月，国务院主要领导及有关部委人员视察青岛，时任青岛市委书记刘鹏在八大关小礼堂汇报了青岛的相关工作，市长郭松年汇报了青岛请求实行计划单列的事情。10月15日，国务院下发《关于对青岛市实行计划单列的批复》，指出："国务院决定对青岛市在国家计划中实行单列，赋予其相当于省一级的经济管理权限，并同意在青岛市进行经济体制综合改革试点。"至此，青岛成为当时全国第八个计划单列市，成为受中央和山东省双重领导的城市。政策实惠不断抛给青岛，青岛亦不负重托，一如既往地扮演着改革前沿阵地的角色，并把家用电器作为品牌经济增长点，最终"摘得星辰满袖行"。

> **相关阅读**
>
> 我国在新的历史时期实行对外开放政策,有一个逐步发展的过程。沿海港口城市由于其地理位置、经济基础、经营管理和技术水平等条件较好,势必要先行一步。这些沿海城市在利用国外资金、技术和市场时,应当首先抓好老企业技术改造,上一批投资少、周转快、收益好的中小型项目。这样做可以更多更快地积累力量,既在财力、物力、人才方面支援全国,又在内外交流过程中总结经验向内地推广。
>
> ——1984年5月4日,中共中央书记处、国务院批转《沿海部分城市座谈会纪要》的通知

第二节
十二届三中全会:写出了一个政治经济学的初稿

进一步开放14个沿海城市,为我国经济增长提供了强大的引擎,也使中央和地方关系更加复杂。例如,同期执行的"财政一本账统收统支"制度,中央政府以财政承担的债务将因地方利用外资而显著增加等,对此释放出"开放先于改革,开放推进改革"的态度,即在现有制度无法完全适应新要求的条件下开门迎客,借助开放倒逼制度改革。出现问题解决问题,而不是等条件都具备了再干事,代表了中央对改革开放的大决心、大智慧。

党的十二大后,国家层面不断推动机构改革精简工作,将经济管理体制权力有序下放。1984年10月,党的十二届三中全会在北京召开,会议对开展以城市为重点的经济体制全面改革进行研究和部署,通过了《中共中

央关于经济体制改革的决定》（以下简称《决定》），首次将"公有制基础上的有计划的商品经济"写进决议，并花较大篇幅强调了个体经济的作用。在此之前，中央起草小组本来想直接写成"市场经济"，但考虑到对社会旧有思想的冲击，避免再次引发"姓资姓社"的大争论，再三推敲下，改用"有计划的商品经济"这种较为折中的表述。

"有计划的商品经济"不同于完全由市场调节的市场经济。在初级阶段，完全由市场调节的生产和交换的主要是部分农副产品、日用小商品和服务修理行业的劳务活动，它们在国民经济中起辅助但不可缺少的作用。当然，实行计划经济不等于指令性计划为主，指导性计划主要依靠经济杠杆的作用来实现，指令性计划则是必须执行的，但也必须遵循价值规律。接下来，将有步骤地适当缩小指令性计划的范围，适当扩大指导性计划的范围。"有计划的商品经济"回答了长期困扰社会主义改革前进的理论问题，为推进经济体制改革、大力发展社会主义商品经济提供了理论和政策依据，为我国经济体制改革指明了方向。

《决定》公布后好评如潮、人心振奋。《决定》的颁布也标志着我国经济体制改革的重心由农村转向城市。《决定》指出："增强企业的活力，特别是增强全民所有制的大、中型企业的活力，是以城市为重点的整个经济体制改革的中心环节。"据有关统计，当时我国城市的企业，包括工业、建筑业、交通业、商业和服务业的企业已有100多万个，职工共达8000多万人。仅城市工业企业提供的税收和利润，就占全国财政收入的80%以上。这些情况表明，企业生产和经营的积极性、主动性、创造性能否充分发挥，职工的积极性、主动性、创造性能否充分发挥，对于我国经济的全局和国家财政经济状况的根本好转，对于党的十二大提出的"到本世纪末工农业年总产值翻两番"的奋斗目标的实现是一个关键问题。

党的十二届三中全会前夕，邓小平在人民大会堂会见了来访的联邦德国总理科尔，他向科尔介绍："前一次三中全会重点在农村改革，这一次三中全会则要转到城市改革，包括工业、商业和其他行业的改革，可以说是全面的改革。"①

关于城市经济体制改革，此前国家经济体制改革委员会在常州召开城市经济体制改革试点工作座谈会上就提出了具体的指导意见，讨论了简政放权、搞活企业和计划管理体制改革等议题，提出了一些非常具体的意见，例如"集体企业和国营小企业要进一步放开、搞活""集体企业要真正按集体所有制方式经营，实行自主经营、自负盈亏。职工工资实行多种形式，全额浮动，上不封顶，下不保底""允许职工投资入股，年终分红""国营小企业，有的可采取集体企业的经营方式，征收八级超额累进税，自负盈亏""有的可实行集体承包或个人租赁经营"。会议还提出"增加一批改革试点城市"，除了国务院已经确定的试点城市外，有条件的省、自治区都可以自行选定一两个中等城市作为改革试点并"希望中央有关部委给予热情的支持和帮助"。

所谓试点，是改革开放以来我国党政文件中的一个高频词汇，大意是在开展全局性工作之前，先在某一地区或行业做实验，先取得经验，然后循序渐进推而广之。例如，小岗村试点成功了，全国推广；特区试点成功了、全国推广；待14个沿海城市取得了试点经验，再进一步扩大到沿边、沿江城市。从我国改革政策实践看，试点政策是一种"行政试验"。德国学者韩博天（Sebastian Heilmann）认为，中国政府运用一种"试点"的方法，即允许地方根据当地的实际情况摸索解决问题的方法，成功的地方经验会被吸收到中央的政策中，继而在全国推广。应该说，试点是一项具有中国特色的改革经验和政策惯例。

城市经济体制改革试点时期，我国逐渐把资源配置权力交给市场，谁上谁下、分多分少都由市场做主，市场指挥棒之下，人们的积极性更容易被调动。所以，原来封闭式的计划管理主动权交给市场，企业"孩子哭了

---

① 《邓小平文选》第3卷，人民出版社1993年版，第81页。

就叫娘"式的处世哲学不灵了，在市场机制调节下，企业开始自谋生路。那些习惯了在旧体制下"混饭吃"的企业与新旗帜渐行渐远，僵化制度束缚下的它们已经无法胜任新的时代使命。与国营企业改革交相辉映的是，民营经济的种子已经在浙江温州生根发芽。1980年12月11日，19岁的温州姑娘章华妹拿到了由温州鼓楼工商所发的营业执照，宣告我国第一位个体工商户在温州诞生。1984年7月，一位年轻的修鞋匠凭旧宅抵押获得5万元贷款，与朋友合伙开办开关加工厂。未曾想，34年后这位修鞋匠和张瑞敏共同登上了"庆祝改革开放40周年大会"的领奖台，他的名字叫南存辉。大会上，正泰集团董事长南存辉作为"温州民营经济的优秀代表"被党中央、国务院授予"改革先锋"称号。

城市经济体制改革全面展开，活跃在农村和乡镇的集体企业也登上历史舞台，成为具有中国特色的最活跃的时代符号之一。1984年，党中央、国务院发布文件，社队企业正式更名为"乡镇企业"，并肯定它是国民经济的一支重要力量。乡镇企业的兴起极大地推动了农村地区的城镇化进程，我国的新兴小城市和集镇也随之发展起来。

相关阅读

1984年10月《中共中央关于经济体制改革的决定》通过后，邓小平同志评价说："写出了一个政治经济学的初稿，是马克思主义基本原理和中国社会主义实践相结合的政治经济学。"

——2015年11月23日，习近平总书记在十八届中央政治局第二十八次集体学习时的讲话

第三节
厂长负责制：代言企业体制改革的前进方向

城市经济体制改革的大潮中，我国现代化企业陆续登场。

1984年，中外合资开办企业的局面已打开。自《中外合资经营企业法》通过后，我国外资管理制度不断完善，中外合资、合作经营、外商独资等企业在各地开花结果。是年1月15日，我国首家合资车企北京吉普汽车有限公司成立，打开了中国汽车工业的合资大门。也是这一天，中国汽车工业史掀起了新的发展篇章，合资车企应运而生。海尔、万科、联想、德力西等企业也均在这一年创办。1984年，大洋彼岸的迈克尔·戴尔创立戴尔计算机公司并于次年推出其个人电脑产品——Turbo。所以有人称，1984年是"中国现代企业元年"。

这年5月18日，《中央办公厅、国务院办公厅关于认真搞好国营工业企业领导体制改革试点工作的通知》以及附件《国营工业企业法（草案）》发布。由于生产力长期受计划经济制度束缚，城市企业普遍面临困境，于是在城市经济体制改革的召唤下，厂长负责制隆重登场了。

厂长负责制解决的是"厂长不负责"的问题，或者说改善责任主体缺位的问题。改革开放初期，企业被动地接受"外赋权力"，不能使企业在明晰产权关系的基础上形成"内生权力"，长期困扰国有企业的政企不分、产权不清、权责不明、活力不足、约束无力的问题，导致企业不能真正成为自主经营、自负盈亏、自担风险、自我发展的独立法人实体。推行厂长负责制，目的是理顺企业领导体制，改革分配制度，在干部管理上推倒"铁交椅"，赋予厂长"组阁"权力，同时实行厂长任期目标责任制，使企业重新焕发新的生机。

在城市管理权下放、企业经营权下放改革中崛起的创业典型，是一家青岛的集体所有制企业——青岛电冰箱总厂，也就是海尔集团的前身。青岛电冰箱总厂曾因经营不善亏空147万元，濒临倒闭。彼时工厂职工人心涣散，管理制度形同虚设：上午8点上班，9点就有人擅自离岗，10点左右各岗位就没人了；车间的木头窗框都被职工砸下来烤火取暖，办公室的玻璃破了没钱安装，只能挂一块塑料布挡风；偷窃公物的现象普遍，甚至有人在车间大小便。

上级主管部门一年内派去了三任厂长，都没能把青岛电冰箱总厂从破产的边缘拽回来。经过多方考量，最终决定让时年35岁的张瑞敏接手，再试一把。张瑞敏出生于青岛，祖籍山东莱州，曾在建筑五金厂工作，后被调入青岛市家用电器工业公司任副经理，负责企业的技术改造工作。

张瑞敏赴任青岛电冰箱总厂厂长前，认为上述乱象是缺少规定、规矩导致的，后来才发现病根并不在制度上。厂里的管理制度颁布了很多，堆起来有一人多高，但是没人去执行，职工们根本不相信这些规定能发挥作用。担任厂长后，张瑞敏制定了"十三条厂规"，其中最主要的两条是"不准在车间大小便""不准偷拿工厂物资"。这两条让人啼笑皆非的规定，是彼时公有制经济发展困境下真实且无奈的写照，也是中国企业改革史和企业管理史上最经典的印记。

公布"十三条厂规"之初，职工们并没当回事。第二天，就发现有人在工厂偷了一箱零部件，这样的事情以前也发生过多次，但是大家都习以为常，也没人去追究。但这次不同，上午发生偷盗，中午就贴出布告，当事人被记大过并作罚款处理。制度落实后，车间里随地大小便情形不见了，生产环境有了改善，迟到早退的人也少了很多，工厂开始有了工作气氛和干劲。职工看到新厂长说话算数，渐渐恢复了对企业的信心。

彼时多数企业虽有厂长却形同虚设，而这家企业的厂长却动真格的。张瑞敏敢作敢为的姿态在全体职工面前立了威，大家一改昔日涣散习惯，全身心投入到了生产上。张瑞敏临危受命，可能源自他对时代机遇的敏锐嗅觉以及让企业起死回生的强大自信，也可能是他天生就携带了变革的基因，为变革而生。从结果来看，他是幸运的。他走进这个面临各种棘手问题的工厂，幸运地顺应了时代节奏，代言了改革事业的方向，让濒临倒闭的青岛电冰箱总厂燃起了重生的火苗。

相关阅读

实行厂长负责制的企业，要同时实行厂长任期目标责任制，并切实保障经营者的利益。凡全面完成任期内年度责任目标的，经营者的个人收入可以高于职工平均收入的一至三倍。做出突出贡献的，还可以再高一些。完不成年度责任目标的，应扣减厂长的个人收入。为保证厂长集中精力组织生产经营，各级政府部门和其他单位要尽量减少对企业的检查、评比和召开会议等活动。

——1986年12月，国务院颁布的《国务院关于深化企业改革增强企业活力的若干规定》

专家述评

党的十二届三中全会的胜利召开,标志着我国经济体制改革的重心由农村转向城市,企业与其所在的城市一起,同呼吸、共命运,踏上共同探索社会主义市场经济前程的路途。青岛作为沿海城市开放发展的先行者,厂长负责制、经济技术开发区、股份制等一系列新政在这里率先试点,涵养了创业文化、厚植了创业土壤,也为张瑞敏等第一批岛城创业者提供了开放的舞台。

第二章　技术引进与消费红利

◎ **本章导读**

　　20世纪80年代初，欧洲、美国、日本经济走出滞胀危机，进入经济持续增长阶段，开始以技术输出等形式向发展中国家转移过剩产能。我国改革开放不断深入，也逐渐开放了国际技术合作、合资政策，中外技术引进与技术转移的需求不期而遇，青岛电冰箱总厂选择德国利勃海尔公司开展技术合作，幸运地赶上了电冰箱技术引进"末班车"。根据1985年国务院批转的《国家计委、国家经委、轻工业部关于加强电冰箱行业管理、控制盲目引进的报告的通知》，该厂获得了20万台内销配额。这一时期，企业获得了经营自主权，通过技术引进提升产品竞争力，那么，此时国内消费市场是否为创业者们准备好了足够大的购买力？市场化竞赛规则是否及时就位？

第一节
当欧美"产业转移潮"邂逅中国改革开放

20世纪中叶,欧美、日本等国在电子、通信、核能领域实现重大技术突破,加之金融资本大量进入这些新兴产业,使它们进入了二战后的迅猛发展阶段。然而不久后,随着科技革命高潮的消退,这些国家普遍进入滞胀阶段,出现了增长停滞和通胀并存的局面,企业人工成本上升、利润下降,在资本逐利天性驱使下,它们开始向发展中国家转移产业技术和过剩产能。

随着我国改革开放不断深化,国内技术引进与欧美等发达国家技术转移的需求不期而遇,于是进一步开放了国际间的技术合作、资本合作政策。新中国成立至20世纪80年代初,我国大致经历了三次集中的大规模技术设备引进,分别是新中国成立初期苏联援助建设的"156项工程",20世纪70年代前期的"四三计划"以及70年代末80年代初的"六五计划"。上述大规模技术设备引进,初步奠定了我国工业化的基础。

1983年,广州万宝电器工业公司从新加坡引进的第一条电冰箱生产线投产,其贷款引进国外先进技术和设备的模式随之被各地效仿。1985年国务院批转的《国家计委、国家经委、轻工业部关于加强电冰箱行业管理、控制盲目引进的报告的通知》将全国电冰箱116个合作项目缩减至41个,青岛电冰箱总厂位列其中并得到了20万台内销配额。此后,我国仍继续从国外引进技术,但都属于企业自行引进,不再由政府层面组织统一引进。

1984年,在轻工业部、经贸部以及山东省、青岛市支持下,青岛电冰箱总厂选择德国利勃海尔开展技术合作,幸运地赶上了技术引进"末班车"。是年6月,由中国机械进出口总公司、轻工业部、青岛市第二轻工业局、青岛市家用电器工业公司等组成青岛电冰箱项目考察小组,赴联邦德国、意大利进行考察。考察对象之一德国利勃海尔公司成立于1949年，由汉斯·利勃海尔（Hans Liebherr）在德国的伊莱尔河畔创立，最早生产工程机械，后因冷藏冷冻设备和铁路航天设备而著名。利勃海尔冰箱产品质量过硬，于1983年、1984年获得德国电冰箱评比第一名。经综合研判，考察小组最终选择了德国利勃海尔公司。1984年10月23日，青岛电冰箱总厂、中国机械进出口总公司和联邦德国利勃海尔公司的三方代表在《技术与经验合作》合同上签字。合同规定，德国利勃海尔公司向青岛电冰箱总厂提供制造175立升单门、201立升双门、219立升单门三种型号家用电冰箱的关键设备和技术，并派专家帮助安装设备，进行技术指导。生产线年生产能力为28.5万台，注册商标"琴岛－利勃海尔"。

在技术合作协议签署之前，厂长张瑞敏、副厂长杨绵绵及骨干成员曾集体商议，先把企业最需要的专有技术和关键设备引进来，之后在学习、模仿德国技术过程中形成自我发展能力，通过引进、吸收、消化、再创新实现国产替代。然而，德方专利技术保护的严苛程度超过了他们想象，丝毫没给他们的设想留机会。最终他们不得已接受了德方主导意见，签订了七年的技术协议，并以联合商标的形式把契约双方利益捆绑起来。根据技术合作约定，1985年5月起，青岛电冰箱总厂派20余名技术人员、质检人员赴德国利勃海尔公司接受技术培训和学习。出发前，张瑞敏叮嘱大家："学成，工厂就活了。学不成，工厂就完了。"对于当时企业的情形来说，这句话并非危言耸听。

第一批赴德学习的职工由杨绵绵担任领队，其任务是掌握德方的1942条技术标准。时间紧、任务重，他们白天在车间学习，晚上翻译技术材料。翻译完以后，杨绵绵带头学习、理解和整理。他们每翻译和整理一部分，就即时寄到国内，以便国内职工同步学习。参加了一个月的培训，他们也工作了一个月，而且工作强度比平时还要大。与青岛电冰箱总厂同期到德国学习的企业还有两家。与杨绵绵团队勤奋态度截然不同的是，另两家企业赴德人员把学习视为出国游玩的福利，不仅日常学习态度松懈，周末还集体外出至周边旅游。杨绵绵一行人打动了利勃海尔公司的专家，称"青岛电冰箱总厂来的这些中国人不一样！"的确，在缺衣少食、没有条件创造条件的艰难岁月，主动求变革，及时醒过来、站起来、忙起来的创业者们都是可爱的、令人感佩的。

中德技术合作后，张瑞敏、杨绵绵以及他们带领的企业将迎接怎样一个国内市场呢？据统计，1983年，我国最终消费率由1978年的61.9%提高到67.3%，实现了人民收入和消费水平迅速提高的局面。另据《北京经济信息》刊发的报告称："预计1985至1990年，全国电冰箱需求量大约为3248万台，其中，城镇需求1674万台，农村需求1574万台。"在各种因素驱动下，20世纪80年代中后期继续释放内需红利，城市家庭消费支出大幅提升。所以说，历史将企业改革的接力棒交到张瑞敏手里之后，又让他幸运地邂逅了新一轮的市场红利。

> **相关阅读**
>
> 引进外国技术和设备的目的，是增强我国自力更生的能力。因此，必须严格控制成套设备的进口，着重引进适用而先进的技术。
>
> 技术引进和设备进口的每个项目都必须组织包括科研设计、设备制造和生产建设等部门在内的专门的工作班子，建立严格的责任制，充分做好准备，落实各方面的配合条件；从出国考察到项目完成，各阶段工作要密切衔接，按期完成。
>
> ——1981年1月，国务院颁布《国务院关于颁发〈技术引进和设备进口工作暂行条例〉的通知》（国发〔1981〕12号）

第二节

价格"双轨制":迎接第一波家电消费市场红利

改革开放的市场红利,最先释放到家庭消费市场。在家电消费领域,1989年,城镇居民平均每百户拥有冰箱36.5台、洗衣机76.2台、黑白电视机55.7台、彩色电视机51.5台。虽然绝对数字看起来依然较少,但较1980年城镇居民平均每百户拥有黑白电视机32.0台、农村居民平均每百户仅有0.4台的水平已是"大跨越"式发展了。这一时期,家用电器的销售额约占家庭日用品销售额的65%,约占整个社会商品零售额的11%,家电行业出现了第一次消费热潮。

生产决定消费,消费促进生产,两者相互作用下,成就了包括青岛电冰箱总厂在内的第一批中外技术合作家电企业。家电消费热潮是产业发展与消费互动的结果。在强大的市场需求、高额的利润和政府政策刺激下,我国家电企业纷纷引进国外生产线,打造家电制造产业链。1985年,我国电视机年产量达到1663万台,超过了美国,成为仅次于日本的世界第二大电视机生产国。到了1987年,我国电视机产量达到1934万台,超过日本成为世界上最大的电视机生产国。这期间国产彩电品牌无论是技术还是规模都有了长足的进步,并涌现出了长虹、熊猫、金星、牡丹等品牌。从此国内彩色电视机开始进入了品牌竞争时代。这一年,我国城镇居民人均可支配收入达到1017.8元,首次突破千元大关。

时至今日,但凡提及知名家电品牌,人们通常将"海尔""海信"两家企业并提——这是影响了中国白色家电和黑色家电发展史的两个产业符号。海信的前身是青岛电视机总厂。1984年,仅有15年建厂历史的青岛电视机总厂也赶上了国家彩电定点的末班车,其耗资500万美元从日本引进了首套彩电生产线,这也是全省首条彩电生产线。不久后,第一代青岛牌彩色电视机下线，实现了当年谈判、当年签约、当年安装、当年投产、当年见效的"青岛速度"。1986年，该厂成为全国电视机重点生产厂家之一，其中14英寸彩色电视机被电子工业部评为优质产品。

与海尔、海信差不多同时创业的，还有青岛红星电器厂。1985年1月，青岛红星电器厂加挂青岛洗衣机厂的牌子。不久后，该企业与日本夏普公司签订合同，引进代表80年代先进水平的洗衣机生产设备和技术项目，并从日本购进3.3公斤半自动双缸洗衣机散件，组装生产"琴岛－夏普"牌波轮式洗衣机推向市场。1986年，红星电器厂年产"琴岛－夏普"牌洗衣机12688台，成为市场上的畅销产品。

家电产品热销的背后，住宅市场升温也是重要的影响因素。20世纪80年代，在住房分配制度下，绝大多数城镇居民租住单位或房屋管理部门的房屋，只有少数居民拥有自己的住房。以山东为例，"六五"期间城乡居民人均消费水平年均增长7.9%。1985年，城镇居民人均居住面积也增加至7.1平方米，农村居民则由11平方米增加至15平方米，商品零售额则平均每年保持13.6%的增速。

据统计，1984年全国城镇居民居住公房的户比重为88.2%，自有房居民比重仅有9.4%。人口多、住房面积小、几代同居一室在当时是较为普遍的现象。为改善这一问题，80年代中期国家实施"实验性房改"，但效果并不明显。1988年，第一次全国住房制度改革工作会议宣布将房改工作正式纳入中央和地方的改革计划，由此拉开了住房体制改革的大幕。这个时期人们对住房的要求比较低，虽然意识到商品房的存在，但是消费能力和热情比较有限，福利房仍占主导地位。与以往不同的是，此时的福利房逐渐由原来的共用卫生间、厨房在过道的筒子楼转变成了二居室、三居室的单元房，人们开始拥有更多私人空间，也开始追求更高的生活质量。

房改给家电行业创造了新机遇，商品票证制度的退场也给家电市场发展让出了更大空间。我国票证制度实施了40余年。在消费领域，不仅购买粮食需要粮票，买布要布票，买油要油票，就连买自行车也要自行车票。生活在城镇的每个成年人，购买一件工业品通常需要二三十个票券，而且要攒积多年。如急需使用，只能在朋友和亲戚间相互借用。同样，手里没有票券就没法添置家电，"彩电票""冰箱票"也变得十分常见。这种票证由厂家或行业主管单位等自主印发，每张票上印有"某某品牌（型号）彩电一台"并加盖公章，消费者凭票购买彩电。在供不应求的年代，票证成为一种特权资源。

当然，消费者也可以通过另一种方式，即以"计划外"的高价格购买商品。价格"双轨制"是在计划经济向市场经济转型中出现的特殊的商品价格管理制度，是按照党的十二大提出的"计划经济为主、市场调节为辅"原则，允许企业在完成计划调配的前提下自主销售部分产品，这些产品的销售价格由市场决定（国家指令性计划的产品仍然按照国家规定价格统一调拨）。换言之，就是"市场轨"和"计划轨"同时存在，一种物资两种价格，市场价可以高于计划价，而且计划调拨产品的比例逐步缩小，市场化产品的份额逐步扩大。1985年，国家大规模放开农业副产品价格，"双轨制"价格体系基本建立。值得一提的是，同年3月，中国银行珠海分行发行了国内第一张人民币信用卡，信用消费模式在我国悄然起步。此时信用消费就像星星之火，谁也未曾料到数十年之后它成了燎原之势，化为居民消费行为的"日常"。

面对消费品市场需求的激增，"双轨制"既避免了价格一次性放开给经济带来的巨大冲击，又延续了市场改革的精神。《国务院关于进一步扩大国营工业企业自主权的暂行规定》明确规定："工业生产资料属于企业自销的和完成国家计划后的超产部分，一般在不高于或低于20%幅度内，企业有权自定价格，或由供需双方在规定幅度内协商定价。属于生活资料和农业生产资料，要执行国家规定价格（包括国家规定的浮动价格），但企业可用计划外自销产品与外单位进行协作。""双轨制"也带来一些弊端，"计划轨"的物资因为不法行为出现了以计划价买入计划内物资，再以市场价出手到市场的"官倒"现象。同样是一吨石油，计划内的价格是100元，计划外的价格是644元，"倒"出来的利润相当可观。

到了1988年，社会商品零售总额中国家定价部分的比重为29%，国家指导价部分占22%，市场调节部分占到49%。1992年后，价格"双轨制"渐渐退出历史舞台，居民生活消费品由政府配给到市场供给迈出决定性一步：国家陆续取消布票、肉票、油票、粮票等。1992年9月1日，国家物价局（现为国家发展和改革委员会价格司）宣布将571种产品定价权交给企业，22种产品价格下放给省级物价部门。至此，价格"双轨制"走向尾声，通过票券控制居民定量消费画上了句号。

相关阅读

票证的消亡，因改革开放。十一届三中全会之后，从"计划经济为主，市场调节为辅"到"建立社会主义市场经济体制"，我国的工农业生产迸发出惊人活力，各类商品日益丰富。从上世纪80年代起，各种票证一一谢幕。1993年，粮票正式退出历史舞台，这一年，也是中国确立社会主义市场经济体制改革目标的第一年。

——《人民日报》2013年12月24日

专家述评

马克思主义政治经济学没有给社会主义市场经济画出草图、绘制路线。社会主义市场经济是中国改革开放总设计师把握历史规律、结合我国实际提出，并由创业者们前赴后继用生动的生产画面论证和实践出来的。计划经济向市场经济转轨时期，欧美国家产业转移幸运地邂逅了我国经济建设的需要，各种要素叠加，释放出巨大的活力，海尔正是在这样的背景下获得了成长机会。机会是时代给予的，能否把握机会、用好机会，关键在于创业者以怎样的行动参与到市场竞争中。

第三章　品牌觉醒年代

◎ 本章导读

　　作为改革开放初期的过渡性政策，价格"双轨制"释放了消费动能，市场出现了供不应求的局面。各类企业争抢时机扩产能、促销量，市场缺什么企业上什么，热火朝天地收获着改革开放后的第一波消费红利。此时已就任青岛电冰箱总厂厂长的张瑞敏却表现得甚为冷静，他没有跟风扩规模、增新品，1984年到1991年的7年间只专注做冰箱这一单品，认真打磨产品质量，率先实施了名牌战略，其产品作为唯一的家电名牌被评为首批"十大驰名商标"。在他的带动下，青岛创业者们相继走上创牌之路，甚至影响着青岛使之成为全国名牌产品繁多、知名企业聚集的"品牌之都"。那么，是什么激发了他们的品牌意识？社会为这些品牌的崛起又创造了哪些条件？

第一节
"砸冰箱"事件：开启质量振兴与名牌战略的序章

家庭消费的增长使家电产品供不应求，多数企业信奉"时间就是金钱、效率就是生命"，马不停蹄地扩规模、提产量，并未把抓质量、创品牌放在优先位置。张瑞敏没有跟风扩产，而是在德国企业启发下，搞起了"全面质量管理"，要求职工"要么不干，要干就干第一"，在企业管理、技术、人才、品牌和文化建设方面补短板、强内功。

20世纪80年代中期，我国工业仍是模仿加工型的体系，各企业都面临着一个重要问题：虽然大量引进了国外的生产线，却没有自主产权，产品设计水平滞后，产品附加值较低，市场中处在中低端竞争位置。这一尴尬处境，引发了一部分城市、一部分企业人士对自主知识产权问题的反思。很显然，挑战技术输出国、短期内实现技术创新和超越是不现实的，但创业者们对培育自主品牌、做大品牌资产的渴望十分迫切。经济学家艾丰曾提出这样的观点："企业不是等做大了以后再搞名牌战略，而是应该用名牌战略把企业做大。"尽管青岛电冰箱总厂仍处在初创期，但张瑞敏还是信心满满地为它划定了成长路线：坚持抓质量，走名牌战略。

这一时期，家用电器产品供不应求，甚至存在有质量缺陷的产品也能轻易卖掉的现象，多数家电企业并不注重产品质量和售后服务。不同的是，张瑞敏对低效率的生产模式、低标准的产品质量有着切肤之痛，他一开始就确立了"有缺陷的产品是废品"的原则，集中力量树立质量文化旗帜、努力建设一支高素质生产队伍。1985年，一位用户向他反映其厂生产的电冰箱有质量问题。张瑞敏突击检查了仓库，最终查出仓库中有质量缺陷（瑕疵）的76台产品。对于这批产品的处理方式，不少人提出这样的建议：可以打折出售这些冰箱。然而，就在大家各抒己见之时，张瑞敏作出了有悖"常理"的决定：组织全体职工召开现场会，把76台冰箱当众砸掉，并由生产这批冰箱的一线职工亲自砸。此决定一经传开，不仅职工们不理解，还在社会上引起了轩然大波：在物资还紧缺的80年代，哪怕是次等产品也要凭票购买，为什么要毁掉呢？

现场会上，张瑞敏带头举起铁锤砸向这些有缺陷（瑕疵）的产品，锤声如钟，声声铭心刻骨。事后他向全体职工坦言："我要是允许把这76台冰箱卖了，就等于允许你们明天再生产760台这样的冰箱！"大锤砸醒了全行业淡薄的质量意识，砸出了海尔这个日后誉满全球的知名品牌。多年后，美国的《财富》杂志发表《中国海尔的威力》一文，称"海尔砸冰箱这个举动，在中国的企业改革中，等同于福特汽车流水线的改革"。2018年10月18日《人民日报》发表文章回顾了张瑞敏砸冰箱事件的时代意义："那一刻，砸坏的是冰箱，也砸掉了重数量轻质量的执念，砸出了零缺陷的质量意识。解放思想，与时俱进，让海尔从一家资不抵债、濒临倒闭的集体小厂，发展成为全球大型家电第一品牌。这是青岛以解放思想引领发展的缩影。"

张瑞敏的大锤砸醒了在计划经济思想庇护下装睡的人，也让职工树立起了"对用户负责，对质量负责"的观念，砸实了"要么不干，要干就干第一""创优质、夺金牌"的质量精神。随后，青岛电冰箱总厂在全国建立维修服务部35处，冰箱的返修率一度降到0.12%，多次被评为用户信得过产品。1988年12月，青岛电冰箱总厂获中国电冰箱史上的第一枚质量金牌，从此奠定了其全国电冰箱行业的领军地位，也回敬了张瑞敏冒风险砸冰箱的壮举。

随后几年，青岛电冰箱总厂改建为琴岛海尔集团，海尔成为中国第一家通过ISO9001质量体系认证的家电企业。他们共同见证了德国、日本严苛的质量管理准则与国内松散的企业生产氛围所形成的鲜明对比，以及"砸冰箱"事件引发的中国质量文化史上大反思、大讨论。从某种程度说，这一事件也倒逼了我国质量监督管理制度的建立实施。

> **相关阅读**
>
> 　　地方各级标准化管理部门根据工作需要，按产品类别设产品质量监督检验站，承担指定产品的质量监督检验任务。产品质量监督检验站，由标准化管理部门会同有关部门从现有的检验力量较强的检验测试机构或科研单位中审定，并发给证书和印章。获得国家质量奖或优质产品标志的产品，如质量下降、不符合优质条件，标准化管理部门有权责令该产品生产企业停止使用国家质量奖或优质产品标志，并限期达到原有质量水平；逾期未达到的，提请有关主管部门取消优质荣誉称号，收回国家质量奖或优质产品证书、标志，并予通报。
>
> ——1985年3月7日，国务院批准《产品质量监督试行办法》

20世纪80年代，我国居民消费方式和观念大体上仍然以"勤俭节约"为主并向"适度消费"和"量入为出"过渡，品牌意识并不强烈。这时，外资品牌的营销策略展现了品牌对消费行为的作用，让诸多内资企业产生了危机感，并在目睹了一系列商标抢注案件的教训后开始反思品牌和商标问题，渐渐走上了品牌觉醒之路。

随着价格"双轨制"的落幕，市场竞争日渐加剧，企业愈加深刻地意识到塑造品牌和建立差异化竞争的重要性。塑造品牌首先要加强商标保护。1982年8月，《中华人民共和国商标法》在第五届全国人民代表大会常务委员会第二十四次会议上通过，并于1983年3月1日起正式施行。该法律对于保护商标专用权、促使生产者和经营者保证商品质量和维护商标信誉起着重要作用，并为中国企业实施商标战略、参与公平竞争、获得国际保护以及提升中国品牌的国际市场竞争力创造了法律环境。80年代末，我国注册商标超过32万件，虽然这一数值不及2023年商标有效注册量的1%，但在当时来说，是我国企业品牌建设走向成熟的重要标志。

报纸、电视、广播等大众媒体的兴起，为塑造产品品牌发挥了推波助澜的作用。随着媒介技术的进步，国内企业开始利用大众媒介发布广告、传播商品信息，产品审美文化渗透到日常生活的各个领域，消费观念和习惯也随之悄悄发生变化。不仅如此，随着越来越多的企业利用大众媒体做广告塑造品牌，广告费也成为各级新闻单位的主要收入来源。

在大众媒体兴起、商标保护意识渐增的时代背景下，青岛市较早地提出了"名牌战略"。1984年12月，中国共产党青岛市第五次代表大会上，刘鹏当选为青岛市委第一书记。他在工作报告中阐述了实施名牌战略、发展品牌经济的思想："要通过积极利用新的技术革命成果，加速传统产业的技术进步，大力提高生产技术水平和经营管理水平，加速产品的更新换代，使产品精细化、新颖化、高增值化，尽快形成一大批在国际国内市场具有较强竞争能力的名牌拳头产品。""有特色的拳头产品要挤进发达国家的市场。"政府也转变了过去"不叫不到，不给不要"的工作态度，把触角伸出去，积极争取上级主管部门和社会各界的支持，全力发展重大项目、支持培育名牌产品。

回顾青岛名牌战略实施过程，大致有三个关键节点。

第一个关键节点，青岛市于1984年实施《1984—1990年重点产品发展规划》，确定了57种重点扶持的产品，这些产品多数是青岛的优势产品或极具市场潜力的产品；开展了以"培育名牌、发展名牌、宣传名牌、保护名牌"为主要内容的争创青岛名牌产品的活动来促进品牌崛起，其之后的成果人人皆知。此外，国家特批了青岛技术改造和技术引进专项，分别安排外汇额度5454万美元和配套人民币贷款52项、外汇贷款3400万美元和配套人民币贷款36项。这些项目，被重点安排于青岛名牌企业的技术改造和技术引进。自此，青岛市拉开了实施名牌战略的序幕，政府、电台、电视台、报纸等大力宣传名牌战略思想，在全国各地定期举行较大规模的名牌产品展示、展评和展销会等。

第二个关键节点，青岛市于1989年下发《关于开展日用工业产品争创"青岛金花"活动的通知》（青政发〔1989〕71号），启动"青岛金花"创评工作。凡在青岛地区的企业所定型批量生产的民用工业产品，均可申请参加"青岛金花"创评活动。除了对参选产品提出了一定的要求外，还要求参加创评活动的企业必须制定本单位争创金花产品具体实施规划，并根据创评条件及要求，找出企业在基础管理工作、产品质量水平、工艺管理及市场信誉等方面的差距和不足，帮助企业制定争创金花产品的规划和措施。"金花"成为青岛名牌产品代名词。在1990年首次被授予"青岛金花"殊荣的11个产品中，有四个产品或直接出自张瑞敏领导的青岛电冰箱总厂，或出自几年后被他并购的企业。

第三个关键节点，1994年11月，青岛市政府通过了有关部门提出的《关于实施名牌战略开展争创青岛名牌活动的报告》，正式实施青岛名牌战略，在工业企业中拉开了"培育名牌、发展名牌、宣传名牌、保护名牌"的新一轮工业名牌序幕。随后又发布了《青岛名牌产品动态管理办法》《市委、市政府表彰青岛市突出贡献企业家、优秀企业家试行意见》等一系列政策文件，提出了"名牌就是资产""名牌就是效益"理念，宣传贯彻实施GB/T 19000—ISO9000质量管理和质量保证等标准，让"青岛制造"成为质量、服务和信誉的象征。1999年，青岛进一步加强实施名牌战略，由发展名牌产品扩展到发展名牌企业，争创国际名牌，颁布了《青岛市人民政府关于进一步加强实施名牌战略争创名牌产品工作的通知》，名牌创建阵地也转向更加广阔的全球市场。六年之后，在北京举办的中国自主创新品牌高层论坛暨中国品牌经济城市峰会闭幕式上，青岛、宁波两个城市被授予"中国品牌之都"称号。

> **相关阅读**
>
> 青岛拥有一批在国内外市场上有一定知名度的名牌企业和名牌产品，这既是青岛的现实优势，也是青岛未来发展的有力支撑和优势所在。我们要进一步实施名牌拉动发展战略，积极扶持现有名优大企业集团增强自主创新能力，使之不断发展壮大；深入开展创名牌活动，以技术进步、制度创新为核心，扶持和培育一批在国内外市场上叫得响的名牌产品；采取积极政策，努力创造名牌企业和名牌产品成长、发育和发展的良好环境，使青岛成为名牌企业和名牌产品荟萃的园地。
>
> ——青岛市1999年政府工作报告（时任青岛市市长王家瑞）

第二节

琴岛海尔：股份制改革与集团化治理

根据城市经济体制改革试点工作座谈会提出的"对城市集体企业和国有小企业要进一步放开"的精神，1984年7月，我国首家股份制公司"北京天桥百货股份有限公司"（以下简称"天桥百货"）成立。天桥百货是在成立于20世纪50年代的天桥百货商场的基础上改制而来的，其纸质股票是商场负责人从企业账上提了5万元，到北京印钞厂印制的。为了让缺少股票投资常识的老百姓尽快接受，天桥百货的股票甚至采用了"还本保息"的回报形式，其首批发行的300万元股票仅五六天就被认购一空。改制过程中，由于没有现成的制度文本，他们就参考国外条文制定了公司章程，对宗旨、经营范围、股份、盈余分配及股票的发行和转让规则作了说明。天桥百货是我国改革开放后首家正式注册的股份制企业。

1986年，时任北京大学经济学院教授的厉以宁在《人民日报》发表文章，针对我国企业产权制度改革问题，提出"一部分全民所有制企业可以实行股份化，以股份所有制来取代传统意义上的全民所有制，形成国家、企业和劳动者联合办企业的模式"。

青岛电冰箱总厂的股份制改革就是在这一背景下完成的。1989年3月24日，经青岛市体改委青体改〔1989〕3号文件批准，在对青岛电冰箱总厂改组的基础上，以定向募集方式设立股份有限公司，名为青岛琴岛海尔股份有限公司。随后，青岛市以这家股份制公司为依托，通过资产划拨等方式进行重组——经青岛市政府批准，青岛琴岛海尔股份有限公司、青岛空调器厂和青岛电冰柜总厂合并重组，于1991年12月成立琴岛海尔集团。由此，海尔完成了首轮资产整合工作，为其登上资本市场做好了规模上的准备，也从"名牌战略阶段"进入了"多元化发展战略阶段"。

1993年3月11日，经青岛市股份制试点工作领导小组青股领字〔1993〕2号文和中国证监会证监发审字〔1993〕78号文批准，青岛琴岛海尔股份有限公司向社会公众公开发行5000万元社会公众股，该公司由定向募集公司转为社会募集公司。公司于1993年7月1日更名为青岛海尔电冰箱股份有限公司，是海尔集团的第一家上市公司，股票简称"青岛海尔"。

此处简略介绍一下参与琴岛海尔集团组建的另两家企业——青岛电冰柜总厂和青岛空调器厂的情况。

青岛电冰柜总厂由青岛医疗设备厂改名而来，于1981年研制、生产电冰柜。1985年6月，青岛电冰柜总厂与丹麦得贝公司签订合同，引进该企业生产技术与设备，当年产电冰柜4109台。另一家企业青岛空调器厂，早期为青岛空调设备仪器厂，于1983年10月和日本三洋就引进分体式房间空调器生产线和专项技术进行洽谈。1985年，青岛空调设备仪器厂投资扩建厂房，正式进行分体式房间空调器批量生产，当年生产空调2000台。1989年9月，青岛空调设备仪器厂更名为青岛空调器厂。

企业规模扩张有多种模式路径，其中较快的方式是资产重组。20世纪

90年代，随着经济全球化趋势加快，跨国公司为降低竞争风险、提高市场份额、节省开发费用，便采取股权和非股权的方式进行结盟。跨国并购成为企业绕过诸多壁垒直接进入海外市场的捷径。跨国并购愈演愈烈、并购规模越来越大，1996年，全球企业兼并案多达2.27万件，交易额达1.14万亿美元，刷新了历史纪录。世界并购热潮中，中国首钢收购美国加州钢厂、秘鲁铁矿，中国国际信托投资公司收购泰富发展有限公司、国泰航空及恒昌企业和TCL兼并香港陆氏彩电等，快速实现了企业规模增量和境外业务扩张。

企业规模大了，治理难度提高，考验着企业家们的管理能力，现代企业制度建设成为衡量企业管理水平的重要指标。党的十五大提出，要"对国有大中型企业实行规范的公司制改革，使企业成为适应市场的法人实体和竞争主体"；十五届一中全会提出，用三年左右的时间，通过改革、改组、改造和加强管理，使大多数国有大中型亏损企业摆脱困境，力争到2000年底大多数国有大中型骨干企业初步建立现代企业制度。党的十五届四中全会通过的《中共中央关于国有企业改革和发展若干重大问题的决定》是加快国有企业改革和发展的纲领性文件，提出了国有企业改革"十条方针"，包括以公有制为主体、多种所有制经济共同发展，从战略上调整国有经济布局和改组国有企业，改革同改组、改造、加强管理相结合，建立现代企业制度，推动企业科技进步，全面加强企业管理等。《决定》提出的建立企业优胜劣汰的竞争机制，是其中至关重要的一方面。

计划经济体制机制陆续退场，改革开放为传统思想束缚松绑，市场经济条件下的企业应有属性显现出来，归根结底可总结为"竞争"两个字。面对竞争，张瑞敏的全面质量管理举措和名牌战略的价值开始发挥作用，有了质量保障、品牌影响和消费口碑，海尔的企业竞争力达到前所未有的强度。张瑞敏对市场的认知有了新变化，"为用户创造价值""用户永远是对的"等信念在他脑袋里生根发芽，为之后海尔数次市场变革厚植了精神根基。别的企业尽力而为的事情，海尔通常全力以赴去干。在强烈竞争意识和精益求精的精神作用下，1987年2月1日，在世界卫生组织进行的招标中，海尔冰箱战胜了10多个国家的同类产品，开始在国际市场崭露头角。

> **相关阅读**
>
> 　　积极推动企业的改组和联合，在平等、互利、自愿的基础上，有计划地组建跨地区、跨部门的竞争性企业集团。继续进行租赁制、股份制等改革的试点。
>
> 　　——1991年政府工作报告（时任国务委员兼国家计划委员会主任邹家华）

> 　　结合产业结构调整，发展企业集团。继续办好现有大的企业集团。支持企业打破行政隶属关系，发展以产品或贸易为龙头的企业集团，鼓励跨行业、跨地区经营，加快产业结构和企业组织结构的调整，增强市场竞争能力。
>
> 　　——1995年政府工作报告（时任国务院总理李鹏）

第三节
赛马不相马：人是现代企业制度建设的中心

张瑞敏砸冰箱事件之后的几年间，"砸大锅饭"一度成为社会焦点话题。1987年4月，上海建设机器厂与占全厂工人总数83%的固定工签订了为期半年的试用合同，期满后经考核合格再签订正式上岗合同。取消"大锅饭"后，该企业当年人均创利达到6549元，居全国同行业之首。

"大锅饭"现象与"包分配"制度不无关系。在"包分配"的年代，大中专毕业生就业去向基本固定，用人单位也是被动接收上级部门的人事分配。1988年前后，国家推行高校毕业生分配就业制度改革，开始践行"供需见面、双向选择"，海尔有了接收更多大学毕业生的机会。这期间，海尔吸引了包括毕业于华中理工大学（现华中科技大学）的周云杰、毕业于西安交通大学的梁海山等人加入，他们相继走上企业管理岗位。

在海尔，张瑞敏将"大锅饭"砸得更彻底。人才涌入海尔，海尔提出了"人人是人才，赛马不相马"的用人理念，即倡导在实践中建立威信的原则，所有的岗位都是在实际工作中通过自己的努力获得的，每个工作岗位都存在一定的级别，定期进行考核，不合格者自动降入下一级，而每一级的收入和待遇是相差很大的，它迫使所有的员工随时都在努力地提高自己的工作能力，不进则退的斜坡理论正是支持人才观的重要依据。

海尔探索班组自主管理建设，鼓励班组从"合格班组"升级为"免检班组""自主管理班组"，探索了以员工名字命名管理创新成果，"启明焊枪""晓玲扳手"是第一批以员工名字命名的工具，其创新者李启明、杨晓玲开创了员工自主创新的先河。这种"赛马不相马"的人才实践，正是后来人单合一、创客制等海尔管理模式的雏形。

海尔并购红星电器是我国企业发展史上有口皆碑的一个案例。并购之后，时任海尔电冰箱股份有限公司副总经理的柴永森，通过"赛马"机制接管了红星电器公司，就任更名后的海尔洗衣机有限总公司党委书记兼总经理。

青岛红星电器厂于1984年试制FTA—750毫米排风扇和台式鸿运扇。1985年，青岛红星电器厂与广东南海二轻机械厂搞横向联系技术合作，批量生产家用吊扇、台式鸿运扇，具有了生产高档豪华三用鸿运电风扇的能力，当年产各类电风扇6.6万台。随后，青岛红星电器厂加挂青岛洗衣机厂的牌子，与日本夏普公司签订合同，引进该公司洗衣机设备和技术项目，并从日本购进三洋产3.3公斤半自动双缸洗衣机散件，组装生产洗衣机推向市场。1986年，该厂改称青岛红星电器总厂，职工达到875人，产值2622万元，实现利税376万元。1987年，青岛红星电器总厂在原洗衣机一厂基础上增建黄海冰柜厂，也就是澳柯玛的前身。20世纪90年代初，青岛红星电器公司已成为我国三大洗衣机生产企业之一，员工3500多名。然而，由于长年管理不善，企业缺乏凝聚力，企业效益连年滑坡，至1995年总资产为4亿元，负债达5亿多元，负债率高达140%。1995年7月，青岛市政府决定将红星电器公司整体划归海尔集团。

海尔对红星电器公司的改造分两步走：第一步，让职工接受海尔的企业文化，质量管理工作接受海尔直接领导；第二步，提高工作效率，海尔派出质量保证体系审核小组检查工厂的所有环节。虽然红星电器到了难以维持的地步，但不少人对海尔并购抵触情绪较大，销售人员情绪低落，甚至丧失了自力更生的念头。更糟糕的是，红星洗衣机质量差以至于库存积压，约11万台洗衣机难以出货，许多还是被退回来需要修理的产品。红星划归海尔的第二天，杨绵绵带领海尔咨询认证中心、资产管理中心、规划发展中心、财务中心以及企业文化中心的负责人进驻红星。他们做的第一件事，就是向全体员工宣讲了海尔的企业精神。为鼓舞士气，柴永森让海尔洗衣机员工们投入到新产品开发项目中，在第一个月就搞了36种新产品样品。很快有两个新牌子产品受到市场欢迎："小神童"和"小神泡"，前者是一种面向国内市场的全自动洗衣机，后者为一种大容量、气泡型双桶洗衣机。

海尔调整了红星电器公司用人机制，变"相马"式为"赛马"式的竞争制度，公开招聘、选拔人才，充实各部门岗位，中层管理人员由105人减至45人，撤销34个处室，成立销售部、财务部、制造部、技术质量部等。一年后，在海尔文化和制度改革影响下，红星电器公司的洗衣机产品一次性顺利通过了ISO9001国际质量认证，斩获了洗衣机行业几乎所有殊荣：荣获中国洗衣机"十佳品牌"第一名，出口量全国第一，占中国出口日本总量的91%。1996年，"小神童"出口智利，占据了该国50%的市场份额，国家质量抽检连续两年荣登榜首，获得全国消费者欢迎产品第一名荣誉。在当年中国消费者协会投诉率调查活动中，海尔洗衣机成为唯一一家投诉率为零的产品。之后的故事世人皆知，不再赘述。红星电器这条"休克鱼"被成功激活，正赶上品牌消费的好时机：国民收入显著增长，居民购买力不断提升，人们的品牌消费意识也有了空前的觉醒。

> **相关阅读**
>
> 　　从长远来说，现代企业制度的形式也不是一成不变的。因为随着社会主义市场经济体制的建立和发展，必然会提出进一步改变生产关系，使之适应生产力发展的需要，从而企业制度也会有新的变化。从这个意义上说，企业改革是一个永久的命题。
>
> 　　——1994年11月2日，时任国务院副总理邹家华在全国建立现代企业制度试点工作会议上的讲话

专家述评

计划经济向市场经济体制转轨时期，中央对敢闯敢干、标新立异的创业者予以最大程度鼓励和包容，才诞生了温州民营经济"八大王"、傻子瓜子创始人年广久、"买全国卖全国"的汉正街103家集中登记的个体工商户，才有了张瑞敏举起大锤砸冰箱的壮举。海尔为改革而生，刚创业的几年，对明显带有计划经济特征的市场习惯发出挑战，以砸冰箱、砸大锅饭、砸掉繁冗的管理流程，以市场逆行者的角色在我国质量振兴史、劳动制度改革史、企业并购史上留下浓墨重彩的一笔。海尔做的，也都是社会主义市场经济体制改革要推行的，为之后的十数年我国企业适应全球经济一体化热了身、铺了路。

第二篇

上海的锣声

• • • •

  在激荡变革的世纪之交，一部分企业在市场稳住了脚、扎下了根，长期主义思想生出了嫩芽。"长期主义"一词，由美国亚马逊公司创始人杰夫·贝索斯（Jeff Bezos）于1997年提出。贝索斯在给股东的第一封信里说："亚马逊一切都要围绕长期价值展开，会持续面向长期做出决策。"创业者们已经意识到，"行得远"是比"跑得快"更重要的命题，企业应致力于长期发展。那么，怎样实现长期发展？彼时的共识是，企业体量足够大、实力足够强是长期发展的必要前提——如同一棵树，只有日渐粗壮、枝繁叶茂甚至百木成林，才有能力抵御恶劣环境，成为长青之树。于是，"做大做强"四个字深深地镌刻在创业信仰之中。这一时期，我国推进资本市场开放、企业整合并购以及"走出去"政策的成功实践，给创业者们绘制了一张清晰的"做大做强"行动指南。

  本篇论述我国在企业股份制改革取得阶段性成果的基础上，推动沪深证交所挂牌、颁布《公司法》，拉开企业整合兼并购运动序幕的艰辛历程。海尔集团坚持"东方亮了再亮西方"理念完成了多元化积累，做大了规模，驶入国际化战略阶段。此时张瑞敏向企业界传达出一个清晰的信号：短期主义的时代一去不复返，长期主义将引领企业建构无限延续的未来，有限的游戏以取胜为目的，无限的游戏以延续游戏为目的。时代机遇可以让企业迅速膨大，但想要走得远、走得稳，必须坚持自我变革以迎接每个时代的挑战。

第四章 上海的锣声

◎ 本章导读

随着改革的深入,我国加快了企业股份制改革和《公司法》立法工作,"做大做强"理念指引着企业加快了整合、兼并的步伐。上海、深圳证券交易所开放,海尔成功发行股票,为规模增长、多元化探索提供了资金保障。从并购红星电器开始,海尔向并购对象输出企业文化、实施流程再造,以"激活休克鱼"理念先后并购18家企业,其所创立的全新的并购模式被哈佛大学收录为教学案例。众所周知,多数企业因管理失灵、亏损巨大、包袱沉重才被列入并购对象的,那么创业仅10余年的海尔,以什么底气去并购和激活这些"休克鱼"一样的企业呢?

第一节
上海的锣声：社会主义资本市场下的企业多元化发展

1991年4月，全国人大七届四次会议审议通过了国务院《关于国民经济和社会发展十年规划和第八个五年计划纲要的报告》。"八五"计划的基本任务是：进一步解决过去遗留下来的阻碍经济发展的各种问题，取得实现财政经济状况根本好转的决定性胜利。"五年计划"始于苏联。1953年起，我国借鉴苏联模式推行五年计划、实施计划调节机制并延续至今，成为中国特色社会主义国家治理长期坚持的制度安排和宝贵经验。

国家实施"五年计划"，张瑞敏在企业内部推行了"七年战略"。

自1984年起，海尔就以"七年"为周期设计战略发展主题。第一个战略周期被称为名牌战略阶段，即依靠出众的产品质量创名牌、赢得市场地位的实践。国家启动"八五计划"的1991年，海尔进入第二个战略阶段，即多元化战略阶段。这一时期，对企业规范治理、参与公平竞争提出更多要求。大浪淘沙般的市场洗礼，考验着每个企业的价值判断和战略定力。

推进企业兼并购，是海尔实现多元化战略目标的主要举措。张瑞敏认为，国际上常见的企业兼并购一般有三种形式：第一种，当企业资本存量占主导地位、技术含量并不占先的时候，是"大鱼吃小鱼"，即大企业兼并小企业；第二种，当技术含量的地位已经超过资本作用的时候，是"快鱼吃慢鱼"，例如微软公司起家并不早，但它始终保持技术领先，所以能很快地超过以及兼并一些老牌电脑公司；第三种，强强联合，即"鲨鱼吃鲨鱼"，美国波音和麦道之间的兼并就是这种情况。他说，对我国企业而言，国外案例只能作为参考，"大鱼"不可能吃"小鱼"，"快鱼"也不可能吃"慢鱼"，"鲨鱼"更不能吃掉"鲨鱼"。在现行经济体制下"活鱼"是不会让你吃的，吃"死鱼"你会闹肚子，因此只有吃"休克鱼"。

在多元化战略目标引领下,海尔陆续考察一些有意愿被海尔兼并的企业,包括前文介绍的红星电器。短短几年,海尔兼并了亏损总额共计5.6亿元的18个企业,盘活有形资产18.2亿元。海尔兼并这些"治理不善"的企业的成功经验,张瑞敏称之为"激活休克鱼"。他认为,休克鱼并非死掉的鱼,而是硬件条件不错但管理失灵的企业,一旦注入新的文化和管理制度就能重新活起来。后来,业界用"激活休克鱼"指称海尔兼并购和多元化扩张的创新模式。通过"激活休克鱼",海尔兼并、盘活了因管理失灵而休克的企业,也借助这些企业多样化的产品成就了多元化战略构想。

而在学理界,经济管理领域专家指出"多元化是一个陷阱"。1998年1月5日,《人民日报》刊载了原国家计委宏观经济研究院的一篇文章。文章指出:"无关联多元化使企业所有者与高层经理进入全新的领域,对购并对象所在行业不甚了解,往往难以作出明智的决策。同时,这种购并还使企业分支机构迅速增多。总部的管理人员可能没有时间熟悉产品专门知识,无法运用既有知识恰当评价经营单位经理的建议与业绩。公司总部的这种负荷过重,往往使无关联多元化企业在兼并之后无法获得规模经济与范围经济。"

就在社会进行"多元化模式"大反思、大讨论之时,海尔取得了多元化的成功。海尔是我国制造业企业中为数不多的多元化探索成功案例。除了海尔,90年代很多企业尝试多元化经营都失败了。海尔的多元化建立在完胜"七年质量战"以及张瑞敏提出"东方亮了再亮西方"理念的基础之上,即先把地基打牢、把专业做强,再拓展多元化产品和涉足其他行业。

从全球范围来看,通用电气(GE)是多元化的成功案例,西门子、三菱、三星都是多元化的企业,海尔亦如此。虽说多元,但从海尔多元化发展轨迹来看,我们能够发现两个基本特征:其一,多元是有边界的,不是无限外延。例如,从冰箱到空调、洗衣机,或者之后的食联网、衣联网、洗衣先生等,基本没有离开家庭消费这一阵地。其二,多元体系之内有较强的关联性,有强大的合理性。例如之后的医疗健康产业,最早是从海尔的低温存储技术衍生出来的,医疗只是其应用场景之一。只有满足了上述两个特征,才算真正具备了多元化发展条件。90年代,很多制造业企业搞多元化,并不是基于市场规律,而是投资热情(甚至是投机主义),外延产业之间毫无关联,而且大量消耗主业资源,最终败北。

为了满足日趋多元的市场需求,海尔加快了不同消费层次、多种功能诉求的产品布局。例如,与意大利梅洛尼公司合资创办海尔梅洛尼(青岛)电器有限公司,引进意大利设备与技术,生产代表国际领先水平的海尔系列"玛格丽特"滚筒洗衣机;与广东爱德集团公司合资建立顺德海尔电器有限公司,与杭州西湖电子集团合资组建杭州海尔电器生产彩电、VCD等产品,控股山东莱阳家电总厂,控股贵州风华电冰箱厂等企业。

海尔多元化不代表产业离散、缺乏专注。相反,在海尔多元化系统中,每个独立的单元都是高度聚焦、高度专注的。抛开家电板块不讲,海尔多年以后的衍生产业中,例如血液低温储存、工业互联网、供应链管理等,几乎都是每一个细分赛道中的头部企业。海尔多元化的实践,我们看到的不是从产业聚焦走向主业离散,而是从"做大做强"走向"做专做精"。

1992年初,邓小平乘坐专列由北京出发,开启了南方之行。自1979年起,邓小平就先后多次提出社会主义也可以搞市场经济,这次南方之行则进一步解除了思想束缚,开启了社会主义市场经济转轨的新进程。邓小平指出:"计划经济不等于社会主义,资本主义也有计划;市场经济不等于资本主义,社会主义也有市场。"[①]

同年10月,党的十四大胜利召开,提出了"建立社会主义市场经济体制"的改革目标,确立了邓小平建设有中国特色社会主义理论在全党的指导地位。党的十四大报告指出,要"更好地发挥计划和市场两种手段的长处",这就从理论上最终实现了计划和市场的统一,解释了一些长期混淆

---

① 《邓小平文选》第3卷,人民出版社1993年版,第373页。

不清的重大问题：第一，明确提出社会主义市场经济；第二，必须相应地建立健全市场经济体系，这就要求生产要素都要进入市场；第三，明确提出社会主义市场经济理论是适应我国参与国际竞争、参与国际分工需要的。邓小平南方之行和党的十四大召开，终结了长期以来的"计划"与"市场"之争，引发了新一轮思想解放，将改革开放推向了新阶段。

社会主义也可以搞市场经济，社会主义市场经济也需要建立现代资本市场。邓小平指出："证券、股票，这些东西究竟好不好，有没有危险，是不是资本主义独有的东西，社会主义能不能用？允许看，但要坚决地试。"[①]这一论断为我国资本市场的开放卸下了思想包袱，给股份制改革注入了强大的动力。

设立上海证券交易所（简称"上交所"）是我国资本市场开放的重要标志。1990年11月26日，上交所成立，次月开放营业。开业时，上交所工作人员从旧货市场淘换来一面旧铜锣，为新中国首家证券交易所敲响了第一记开市锣声，声音并不洪亮却如石破天惊，标志着社会主义中国正式利用股票市场这一工具发展经济。中央电视台《新闻联播》对此进行了报道："上海证券交易所的成立，表明我国正在坚定不移地继续奉行改革开放的政策，采用国际上通用的形式，利用证券筹措资金为社会主义建设服务。"

1993年11月19日，"青岛海尔"这个名字代表山东省首批上市公司登陆资本市场，在上海证券交易所挂牌，股票代码"600690"，募集资金3.69亿元，分别投资于出口冰箱技术改造、出口冰箱配套设施改造、无氟冰箱技术引进等项目，这些项目将使企业生产能力及技术水平大幅提高。

挂牌上市之前，海尔在青岛高科园征地800亩筹建我国第一个家电工业园。工业园建设可谓一波三折、九死一生：建设期银行一度中断贷款，基础工程刚完成就没资金建厂房了，职工工资也没了着落，很多职工及合作伙伴甚至担心企业会倒闭。这年除夕，张瑞敏来到建设工地和工人们聚

---

① 《邓小平文选》第3卷，人民出版社1993年版，第373页。

在一起吃饺子，安抚大家的情绪，给大家鼓劲儿。海尔顶着巨大压力在上交所挂牌，凭借其品牌影响力很快募集到资金，并采取了边建设、边投产、边收益的模式，工业园得以顺利投产。工业园的建成，让海尔从单一产品生产拓展到多元化家电产品的制造。

上市犹如一场及时雨，帮助海尔在多元化发展的关键时期渡过了难关。不过对于张瑞敏来说，企业上市更是健全公司治理、获得公众信任的关键一步。

> **相关阅读**
>
> "查阅上海、深圳证券交易所的历史，人们会发现无数个'第一'和'之最'。它们记录着这两个证券交易所的发展足迹，也折射出新中国资本市场的探索之路。当全球众多市场仍在沿用口头唱报和白板竞价相结合的手工竞价方式时，上海证券交易所自开业第一天就率先在亚太地区实现股票交易电子化，并在全球首次实现股票交易无纸化。"
>
> ——2010年12月18日，新华社发文《中国资本市场新起点：二十年风雨路　更辉煌资本图》

第二节

零售变革：做商品流通行业的"流量明星"

消费热潮倒逼着商品流通行业变革。

1992年，原国家物价局（1994年并入国家发改委）宣布将571种产品定价权交给企业，22种产品价格下放给省级物价部门，从此产品价格不再通过"双轨制"定价，而是通过市场定价。与此同时，计划经济时期批发零售机制已经无法满足商品"流量"的增长，国外零售模式进入我国，渐渐打破了我国供销社、五交化商店、百货大楼、药材公司形态。海尔提前布局新的商品流通体系，抢占了家电零售市场第一梯队位置。为突破传统流通机制对商品"流量"的限制，国内贸易部印发了《关于加强商业物流（配送）中心发展建设工作的通知》等文件，大刀阔斧改革旧有的商品流通制度。据统计，1995年社会零售经营网点达到1350万个，比1978年增长了11.9倍；社会零售从业人员达到2734万人，增长了6倍；社会商品零售总额达到16053亿元，增长了12.7倍。根据《全国连锁经营发展规划》要求，到2000年，连锁企业要发展到1500家，各种形式的网点6万个。

谈及零售业，不得不提及一个企业：美国的西尔斯公司。

在沃尔玛崛起之前，创立于1884年的西尔斯·罗巴克公司（Sears and Roebuck，简称"西尔斯"）一直是全球零售业的领导者。西尔斯早期是一家依靠发达的铁路网向农民提供邮购的企业。1900年，货到付款的销售模式在美国刚刚兴起，西尔斯敏锐地意识到它将是未来的消费趋势，便在邮购业务中全面推行，此举使西尔斯获得了大量订单，当年销售额达到1000万美元，成为美国零售业销售额最大的企业。1895年到1905年，西尔斯营业收入以年均50%的速度增长，飙升至3800万美元。在邮购业务如日中天时，西尔斯作了一个大胆的决定——布局建设实体店。1925年，西尔斯在芝加哥开设了第一家百货商店，这种在当时颇为先进的零售模式深受消费者喜爱，仅用4年时间就发展到324家门店。20世纪70年代，西尔斯年营业收入一度占到了美国GDP的1%，是全球最大零售商，员工人数达到数十万。然而好景不长，受实体经济金融化思潮的影响，西尔斯公司将经营重心转向金融和房地产等领域，结果显而易见，新领域做得不温不火，也让传统业务百病缠身，失去了最佳转型时机。1991年，后起之秀沃尔玛超过了西尔斯公司，它凭借精准的供应链管理、高效的门店配送和智能化的管理技术一跃成为全球最大的零售商。此后，西尔斯开始日落西山，仅剩余辉。

20世纪末，西尔斯决定重新"回归零售基业"，抛掉那些分散精力的金融业务，推出西尔斯五金店、果园用品等专门店。西尔斯还尝试数字化转型。然而，此时的西尔斯已然无力回天，其产品过时、体验差等问题，让西尔斯在年轻消费者中毫无竞争力，西尔斯的数字化转型最终宣告失败。2018年10月15日，拥有132年历史的西尔斯正式向美国破产法院申请破产保护。

回望西尔斯130余年发展史，不难发现，早期的西尔斯以敏锐的嗅觉发现了不同时代的变化，成长为全球最大的零售企业。但同样，让西尔斯轰然倒下的也是时代变化，西尔斯的下半场，因未能顺应变化陷入僵局。西尔斯的兴衰曲线，印证了张瑞敏的经典之言，"没有成功的企业，只有时代的企业"。

海尔进入海外市场，零售企业是重要的合作伙伴。20世纪末，海尔与西尔斯建立合作起源于一款洗碗机。张瑞敏考察美国市场时发现，市面上销售的家用洗碗机体型比较大，既占地方又笨重。他让人设计了一款全塑料迷你型洗碗机，希望在居住空间较小的单身职员和大学生群体中打开市场。当这款产品的样机出现在西尔斯采购部门时，他们对这一精准的定位和精美设计充满期待，并很快与海尔建立了合作。产品上架后赢得了目标用户的青睐，销售业绩令西尔斯十分满意。

海尔真正打开美国市场始于和沃尔玛的合作。时任美国海尔贸易公司总裁的迈克·贾迈尔试图将海尔牌冰箱、冷柜打入沃尔玛，但对方采购主管对这一陌生品牌并没有兴趣。贾迈尔凭借自己在美国家电销售领域多年经验，设计了一套巧妙的迂回策略：他先将海尔产品放在沃尔玛总部周边的几个小规模超市销售，让附近居民向沃尔玛打听"是否也有海尔品牌在售"，使沃尔玛采购主管产生好奇。同时，贾迈尔通过细心观察，发现沃尔玛的高管通常打开办公室的窗户，朝着远处的一块空地远眺，于是他联系广告商在这块空地竖立起一块大型广告，清晰地展示海尔品牌信息。贾迈尔的策略果然奏效，没过多久他就接到了沃尔玛采购主管的电话邀约，接下来的合作谈判十分顺利。

沃尔玛与海尔建立合作，最令其叹服的产品之一，是海尔专为学生设计的带活动台面的小冰箱。通过调研，海尔研发人员了解到美国大学生租房空间狭小，学生对冰箱产品的诉求是"必须体积小""最好还应该能当桌子用"，于是他们迅速研制了一款带活动台面的小冰箱。该产品在沃尔玛上架后，深受大学生的追捧，在细分市场的占有率一度超过40%。海尔通过美国连锁零售企业打造"缝隙产品"，让中国品牌与国际名牌家电产品同台竞争，率先树立了"中国制造"优质优价的形象。

回头来看同时期国内的零售渠道情况。随着消费品门类的丰富和价格"双轨制"的退场，以供销社、五交化商店、百货大楼为主体的零售格局被打破。1983年1月3日，我国第一家超级市场在北京市海淀区开业，它只有200平方米，只出售蔬菜和肉食两类商品，价格却比隔壁的菜市场贵很多，所以超市的顾客大多是外国人，普通市民出于好奇进来转一圈就离开了。新型零售业初入中国，多少有些"水土不服"。12年之后，家乐福北京创益佳店开业的情形就完全不同了，由于商品品类繁多、价格平民化，到店购物的市民络绎不绝，超市消费模式很快融入了北京人的生活。家乐福北京创益佳店，是外资零售企业在我国开办的第一家真正意义上的"超级大卖场"。

商品流通体制改革，是我国市场体系改革的一项重要内容。《国务院批转国家计委关于全国第三产业发展规划基本思路的通知》提出："积极推行物资配送制，加强物资配送中心的建设和集装箱运输，在一些中心城市形成部分物资加工配送网络系统。"不久后，郑州亚细亚、上海华联、武汉中百、利群百货、北京赛特等一大批综合零售企业在各大城市崛起，"逛商场"成为居民消费的新时尚。值得一提的是，商品流通业信息化建设工作也被提上日程，各地建设大型流通企业的同时，各零售企业也采用信息技术将"进销存"管理系统建立起来了。

零售业的发展为家电产品流通提供了便利，海尔也成为上世纪90年代零售业的"流量明星"。1993年4月，为期20天的"第七届国产电冰箱、电冰柜名优新品质量跟踪展销"在北京大型零售机构隆福大厦举办，展出18个企业的31个产品系列，日均销量43.8台。活动结束后，有关媒体将产品分为三类，即"名优产品""新产品""其他产品"。对于名优产品的描述是，"名优产品很受欢迎，特别是荣获国家金奖的琴岛－海尔牌电冰箱仍为消费者抢购的热点产品，198台冰箱不到半天抢购一空"。

回望我国家电零售渠道变革的历程，从最初的五交化商店到百货商场，再到之后的国美、苏宁等家电连锁零售机构，以及今天3C产品电商平台，逐渐形成了多种渠道并存的局面。多数家电企业快速成长，得益于与各时期渠道商建立了紧密的战略关系。不过，之后与渠道商形成的博弈关系也让厂家苦不堪言，甚至被零售渠道巨头"卡了脖子"。海尔自上世纪90年代开始就对销售渠道有了独立思考：需求是动态且多变的，能否跟上用户变化的脚步，关键在于走近、走进用户，缩短企业服务用户的距离和周期。在这样的理念指引下，力求"最懂用户"和"离用户最近"的专卖店体系成为海尔第一战略渠道。

1991年到1995年间，海尔销售模式跟其他企业没有太大区别，都是把产品销售委托给国营商场，即"批发＋零售"的模式。从今天来看，这种模式下厂家很难了解终端用户的使用体验、需求动态。1996年，海尔建立了直营专卖店，开创了厂家自建渠道之先河，是全国商品流通体系转型时期一个标志性事件。从1996年到2023年，海尔的专卖店开了3万多家，遍布全国城市乡村，实现了"有用户的地方就有海尔专卖店"。专卖店借助数字化平台实时采集用户需求动态，在售前、售中、售后为用户带来精准高效、全程无忧的体验。

> **相关阅读**
>
> 建立全国统一的开放的市场体系。继续大力发展商品市场特别是生产资料市场，积极培育和发展金融市场、技术市场、房地产市场、劳务市场、信息市场，实现各种生产要素交换的市场化；建设比较完备的流通基础设施，完善现代化的技术装备、信息系统和管理手段；合理发展适应各类市场活动的多种交易方式；打破地区封锁、部门分割、行业垄断，形成地方性市场、区域性市场和全国性市场分层发展、相互贯通、货畅其流的统一大市场；建立法律健全、规则统一、公平竞争的市场秩序；形成与国际市场接轨的开放的市场格局。
>
> ——1993年2月17日，国家计委颁布的《全国第三产业发展规划基本思路》

专家述评

上世纪90年代初期，社会主义资本市场陆续开放，一部分企业完成了股份制改革后先后在上交所、深交所挂牌上市。海尔是山东省首批上市企业，其股票以稳健的业绩增长回报投资者30余年，这种可持续特征显著的"蓝筹股"在国内并不多见。与多数企业乘势逐浪、争抢短期红利相比，海尔更专注于经营未来、探索更大的市场空间。海尔在风云骤变的竞争中建立起长期主义信心和战略步骤，它希望循着邓小平"三步走"路线和社会主义市场经济改革的步伐，走得更久、更远。

第五章　刀刃向内

◎ 本章导读

　　组织规模扩大、产品体系日趋多元、冗杂性管理问题频发，倒逼着海尔"刀刃向内"发起内部治理优化行动，随之展开"流程再造"变革、推出"日清管理法"，"人人都成为经营者"管理理念也初步确立。海尔还探索动态响应市场需求的研发机制，为布局未来技术、建立开放式创新体系以及十余年后的数字化转型提前热身。一时间，我国企业界掀起了"学海尔"热潮，学海尔的管理模式、组织文化、"创牌"经验，各类剖析海尔现象的著作畅销起来。那么，一家企业的内部治理改革何以引发全社会的强烈共鸣？海尔对我国现代企业制度的建立和推行，对企业界自我变革意识的形成发挥了怎样的作用？

第一节
流程再造：一场战胜满足感、刀刃向内的管理革命

"分税制"是我国经济体制改革史上的一个里程碑，它改变了税收增长的激励机制，激发了各级政府征税积极性，促进了财政收入增长，也加速了城市化的进程。根据《国务院关于实行分税制财政管理体制的决定》，1994年1月1日起，不再采取以总量承包的方式确定中央与地方的财政收入比例，而是根据税种来划分哪些属于中央财政税源，将以往税种合并调整，进一步分为国税、地税和中央与地方共享税三大类。改革全面推行之前，财政部在包括青岛在内的九个省、市率先进行"分税制"改革试点。试点完成后，青岛按照国务院要求推行了新税制。财税改革的影响可见一斑：1994年至1997年，青岛工业产值分别增长了24.3%、16.2%、9.9%和26%，年均增长18.9%。

与"分税制"并行推进的还有建立现代企业制度。现代企业制度的建立大致有两个标志性事件：一个是1994年7月1日起开始施行的《中华人民共和国公司法》，这使企业成为真正独立的法人实体和市场竞争的主体；另一个是按照党的十四届三中全会审议通过的《关于建立社会主义市场经济体制若干问题的决定》，在100家国有大中型企业中进行建立现代企业制度的试点。试点企业进行公司制、股份制改造，使之成为自主经营、自负盈亏、自我发展、自我约束的市场主体。该《决定》还指出了现代企业制度的基本特征，即"产权清晰、权责明确、政企分开、管理科学"。

现代企业制度是海尔管理模式创新的基石。尽管企业界大谈特谈"向管理要效益"，但真正明白这句话的人并不多。抓管理并非写写制度、开开会、发发言那样简单，否则张瑞敏履新青岛电冰箱总厂之初就不用抡起大锤"砸冰箱"了。在左手抓营销、右手抓管理的实践中，张瑞敏观察、研究和应用

企业管理规律愈发游刃有余，海尔的企业管理之道也随着上市锣声响彻南北。

日清管理法（Overall Every Control and Clear，简称 OEC）是海尔建设现代企业制度的创新管理工具，目标是实现"日事日毕、日清日高"。具体地讲，就是对每一个人、每一件事、每一天进行全方位的目标管理。这一管理法成为海尔管理理论化和体系化发展的开端。

为了培育 OEC 管理成效，张瑞敏提出了"斜坡球体论"。斜坡球体论认为，一个企业在外部市场上所处的位置，就如同一个球在斜坡上会自然下滑。企业受到内部职工的惰性以及外部市场的压力会让它下滑，只有让企业在市场上保持其竞争力，才能使其在斜坡上继续向上走。斜坡球体论就是告诉海尔人：第一，要克服内部员工的惰性；第二要研发最好的产品。克服内部员工惰性最直接的方法，就是施行"日事日毕、日清日高"。

1998 年是海尔完成产品多元化战略任务、开始实施国际化战略的第一年，当年完成销售收入 162 亿元。此时的海尔和张瑞敏并没有被赞美所陶醉，相反却从竞争日趋激烈的国际化视角中，看到了海尔与国外企业之间存在的差距。海尔人走出国门，感受到由于巨大差距所产生的阵阵寒意——张瑞敏曾在德国宝马公司流水线参观，被它们自动化程度产品下线速度所震撼。

张瑞敏在一次中层干部会上提出"业务流程再造"。再造，顾名思义就是重新建造。流程再造这一概念最早由迈克尔·哈默（Michael Hammer）提出。哈默认为企业的工作流程大多是根据经验设定的，许多环节并没有价值，如果用 IT 技术给业务提效就得重新设计流程，进而以"流程导向"替代"职能导向"。然而，经过几年试验，哈默的设想多数以失败告终，只有 10% 案例达到了预期效果。人们总结哈默的失败原因，认为他忽略了人性维度考量——改革常常遇到来自各个方面的阻力，尤其是不同岗位的职员出于对各自利益的担忧，常以消极怠工、办事拖拉等行为抵制改革。

张瑞敏仔细研究了"业务流程再造"理论失败的案例，提出了"流程再造先要再造人"。他说："企业的流程再造关键是观念的再造，所以流程再造的基础首先是海尔文化。另外一个基础是日清管理法。"

　　沙场上,利刃朝向敌人,是战士的本能;改革时代,刀刃朝向自己,是企业的气魄。否定、打破过去已然功成名就的海尔,再造一个全新的海尔,是一场刀刃向内的革命。对于在太多人眼中已经"功成名就"的海尔来说,这场革命无疑是挑战大于机遇,不仅需要张瑞敏要有超人的胆识,也要考虑好改革风险:如果失败怎么办?这个问题几乎困扰过历史上每一位改革者。在十几年后海尔全员创客化的变革中,张瑞敏公开承认,如果变革失败了,偌大一个企业可能就此解体。那段时期,"让飞机在飞行中换引擎"这句话在海尔内部经久流传——在飞行中换引擎,一方面看起来是不可思议的冒险,另一方面也说明了张瑞敏始终在进行系统性思考,即如何在保障组织运行安全之下实现根本和彻底的组织变革。

　　既要变革,又追求稳定,谈何容易!

　　海尔流程再造的第一刀砍向供应链体系。传统企业金字塔式的组织结构,决策命令通常是自上而下逐级传达,然后再自下而上逐级反馈,决策者与市场终端存在着无数人为"屏障"和信息"鸿沟",反映在供应链体系就是决策延迟、库存积压和不良资产增加等问题。例如,海尔各生产厂都是各自采购原材料、零部件,向海尔供货的大小企业足有2236家,这种"多头采购、多家小分"供应同一种原材料的模式下,供应商的供货能力、技术实力和质保体系参差不齐,严重影响到海尔产品质量和成本控制。

　　为了解决该问题,海尔最先启动了"仓库革命""市场拆墙"行动。

　　1999年初,时年33岁的梁海山担起了"仓库革命"以及组建"物流推进本部"的任务。物流整合是流程再造的重要一环,其做法是借助网络的优势,按照优胜劣汰的原则,在全球范围内对原有的分供方进行资格排队,保留、吸收有国际化供货经验的"正规军",淘汰不上档次、小打小闹的"杂牌军"。在梁海山的指挥下,海尔供应商从以前的2236家优化到840家。他感慨不已:"如果我们不通过流程再造优化掉那些不合格的分供方,不但企业要蒙受损失，更重要的是不规范的操作和与之而来的利诱贿赂，还会败坏海尔业务人员的作风，让一批人倒下去，削弱企业的凝聚力，进而削弱企业的市场竞争力。这是很危险的隐患。"

此时海尔营销体系也遇到瓶颈，例如岗位冗杂、行动效率低下等，通常情况下一家商场家电部只要有海尔多少产品，就会有相应数量的产品经理，到了零售环节各自为战，在同一家商场中冰箱、空调、洗衣机的促销员各人自扫门前雪，造成了资源的浪费和市场信息的紊乱、失真，亟待商流业务整合，即"市场拆墙"行动。

时任商流推进本部部长周云杰负责"市场拆墙"行动。随着商流整合任务下达，全国各地十几个产品事业部负责人以及总部300多人全部汇集到周云杰这里。由于人员众多，周云杰只好把办公桌搬进了刚落成的3000平方米厂房里。周云杰带领众人推进商流整合，对冗余岗位、陈旧机制"动刀"，推倒了干扰市场效率和用户体验的"无形之墙"。而让他始料未及的是，大家挥汗如雨奋力改革，换回的"成果"却是当月市场销售额大幅消减，非议之声也随之而来。

周云杰保持冷静姿态，继续大刀阔斧推进整改，最终获得良好成果。海尔一改过去"一个营销员只管一个产品，同一个商场要同十几个海尔营销人员打交道"的做法，采取一站到位和一票到底的流程，使得一个营销人员就能全部打理一家商场的所有海尔产品，费用降低、效率提高，商家也满意了。周云杰规定"市场经理的办公室必须设在销售现场"，让他们深入终端，帮助商家发现问题、解决问题，俯下身子了解用户的需求。流程再造使海尔的营销人员眼睛开始盯着市场，脑子里整天想的是如何才能捕捉到定单，如此一来，销售的产品门类大幅增加，销售人员却减少了30%，总部管理人员也由原来的300多人减到了46人。

由于按定单生产，生产线上的产品都是"有主"的，海尔与商家之间自然也就实现了现款现货。资金周转速度快了，不良资产当然也就少了。

整合前，海尔应收账款中超过一个月以上的部分可能会成为坏账、死账。整合后，业务按现款现货形式进行，国内应收账款几乎为零。流动资金周转速度明显加快：1999年为118天，2000年为91天，2001年为79天。年资金吞吐量高达千亿元，日均相互结算为3亿元。不久后，以"市场链"为纽带的业务流程再造改革获得第七届国家级特等企业管理现代化创新成果奖。这是海尔第二次获得管理领域的国家级大奖，前一次是OEC管理法获得国家级企业管理现代化创新成果一等奖——正因为有了OEC管理法创建的基础，快速满足用户个性化需求的市场链管理体系才得以形成。

创业仅有十几年的海尔，渐渐成为企业管理界的一面旗帜，国内掀起了学习海尔的热潮。是什么样的管理思想、管理模式使海尔取得了眼前的成就？海尔成功的背后揭示出怎样的规律？人们很难想象，一家企业的内部治理改革引发了全社会的强烈共鸣，让整个企业界对风险、对内控、对改革重新建立了清醒认知。然而，张瑞敏思考的，并不是把心得和经验兜售给热衷学习的管理人士，他要解决的迫在眉睫的问题，是让每一个海尔人都战胜自我满足感。

相关阅读

实现"九五"和2010年国民经济和社会发展的战略目标，关键是实现经济体制从传统的计划经济体制向社会主义市场经济体制转变，经济增长方式从粗放型向集约型转变。企业是实现两个转变的中枢。当前，在市场机制逐步取代计划体制、卖方市场转向买方市场和对外开放格局进一步形成的情况下，优胜劣汰作用不断强化，企业真正走向市场已成为现实，企业的管理必须适应变化了的环境，向市场经济下的企业管理转变。

——1997年7月国家经贸委办公厅印发的《"九五"企业管理纲要》

第二节
人人都是经营者:破解"分工魔咒"

形器不存,方寸海纳。海尔之"海",寓意着深邃、包容和开放。青岛出版社曾于2005年出版过一本名为《海尔是海》的图书。书如其名,容纳了海一样深邃的思想与广博的智慧,也道出了海尔全球化的发展愿景。

这本书是张瑞敏的随笔之作。"海尔是海"四个字,源于张瑞敏创作的一篇散文,阐发了他对海尔品牌文化、精神内涵的理解。"海尔应像海。惟有海能以博大的胸怀纳百川而不嫌弃细流;容污浊且能净化为碧水。正如此,才有滚滚长江、浊浊黄河、涓涓细流,不惜百折千回,争先恐后,投奔而来,汇成碧波浩淼、万世不竭、无与伦比的壮观。"张瑞敏的这段话,呼应了管仲在《管子·形势解》中提出的至今广为流传的那句话:"海不辞水,故能成其大;山不辞土石,故能成其高。"张瑞敏说:"一旦汇入海的大家庭中,每一分子便紧紧地凝聚在一起,不分彼此形成一个团结的整体,随着海的号令执着而又坚定不移地冲向同一个目标,即使粉身碎骨也在所不辞。因此,才有了大海摧枯拉朽的神奇。"

关于引才纳贤,张瑞敏认为,"海尔应像海,因为海尔确立了海一样宏伟的目标,就应敞开海一样的胸怀。不仅要广揽五湖四海有用之才,而且应具备海那样的自净能力,使这种氛围里的每一个人的素质都得到提高和升华"。人才聚集到一起,"同心干、不分你我;比贡献、不惟文凭。把许许多多的不可思议和不可能都在我们手中变为现实和可能,那么海尔巨浪就能冲过一切障碍,滚滚向前!"

流程再造改革基本完成后,海尔又推行了人力资源改革方案,旨在让"人人都成为经营者",人人都成为具有创新精神的"SBU"(策略事业单位),用一张"SBU经营效果兑现表"来替代所有的财务报表。

前文有述，海尔较早地打破"大锅饭"，对管理层实行了合同聘任制，给职工以充分的选择岗位的自由。SBU制度推行更是开创了许多个第一次：大学生第一次择业不受专业限制，可以在集团范围内自由选择岗位；工人第一次可以直接与管理层竞争上岗；管理层第一次不受部门约束，可以自由选择自己愿意去的地方。各部门的人选统一制定标准，考试上岗，许多人不相信"工人都可以不靠面子，不走后门，仅凭成绩进入部门工作"，而且供应处、销售处以及进出口公司等较"热门"的部门也都公开考试招聘。

张瑞敏这样诠释人才的发展规律："我坚信一条：不管是谁，都希望得到别人的承认，特别希望得到别人对他价值的肯定。其实，每个人的潜在能量有多大都是无法估量的。问题就在于你可能开发不出来。"1996年，海尔颁布了人才培养、升迁的有关文件，规定了员工可以从管理职务、专业职务和工人这三个途径得到培养和升迁，条件是"有能力、有业绩"，并且这三条路是交叉的，员工可以根据自身条件自由转换发展途径。这是海尔"赛马不相马"人才理念的进一步升华。一名职工从班组长"赛"起，只要业绩符合对应的职务级别的要求，就可以"赛"到处长、部长、事业部长，直至副总裁。如果想从技能系列发展的，则可以沿着"五个星级"一路"赛"下去。同时，从业务系列或技能系列去"赛"管理系列，即使季节工、农民工，也同样可以成为班组长，甚至更高的职位。例如，业务流程再造期间，成立物流、资金流、商流、海外四个推进本部，梁海山当时就任物流推进本部部长也是通过"赛马"模式获选的。

海尔涌现出多个SBU标杆部门。例如海尔特种冰箱事业部，他们以吸附机（一种生产设备）为单位成立了三个MMC公司（Mini Mini Company），职工成为MMC的经营者。MMC公司规定：每节约1度电，激励员工0.03元；每节约1立方气，则把节约金额的20%奖给员工，80%滚入员工个人账户。这一做法取得了明显的效果：每当吸附机吸附出最后一个内胆后，他们就立即断电、断气，一改过去用能浪费却无人监督的现象。SBU制度成功地证明了，能满足每个员工最深层、也是最本质需要的，不是金钱、物质，而是自我价值的发现和实现。海尔通过SBU机制告诉大家：每一个人都是人才，都能在工作中超越自己。SBU是"赛马不相马"理念的延展，也是之后人单合一模式、人人都是CEO文化的热身。传统管理理论认为，企业的产品可以有很多种，面对市场也可以有许多条线，但要让每一个员工都对准市场做不到。但在海尔，人人都可以通过创新成为SBU，实现了每个人的价值最大化，进而形成企业的强大竞争力。

SBU理念和机制也是十数年后"我经济"模式的雏形。让员工端的"我"连接消费端的"我"，企业需要的就是搭建平台，建立一种"我经济"的交互生态——对于上世纪90年代从事传统生产制造的企业而言，这个画面是很晦涩、很难理解的。或许提前嗅到了互联网技术隐隐约约释放出的变革味道，SBU的升级版——人单合一模式开始在张瑞敏心中悄悄酝酿。

> **相关阅读**
>
> 　　人才是企业发展的第一资本。要深化企业内部劳动工资人事制度改革，建立有利于促进人力资源优化配置和合理流动、激励人才成长的机制。企业应根据生产经营特点，本着精简效能原则，科学设置机构和岗位系列，制订岗位标准和要求，做到因事设岗、按岗选人、任人唯贤、量才聘用，严格进行考核，根据业绩晋职、提薪。
>
> 　　——1997年7月国家经贸委办公厅印发的《"九五"企业管理纲要》

第三节
洗小龙虾的洗衣机：开放式创新模式的雏形

时任美国海尔贸易公司总经理的迈克·贾迈尔提出了一项"为老年人生产不必弯腰取物的冷柜"需求。未承想，研发部只用了17个小时就提供了样品——这种开放式的、即时的研发模式成为海尔的工作习惯，并确立为制度。

通常情况下，夏季是洗衣机销售的淡季。夏季到来之前，洗衣机厂家会撤回他们的商场促销员。起初张瑞敏对此很疑惑："难道天气越热，人们就不洗衣服了吗？"他进行调查后发现问题并非在于人们不洗衣服，而是夏天使用大容量的洗衣机既浪费水又浪费电，老百姓不舍得用。为此，他敦促研发人员设计出一种洗衣量只有1.5公斤的洗衣机"小小神童"。"小小神童"首先在上海市试销，上海人对这种"世界上最小的洗衣机"产生了浓厚兴趣，很快它就风靡全国。不到两年的时间里，"小小神童"销售量已超过100万台。张瑞敏借此案例告诫市场人员："只有淡季的思想，没有淡季的市场。"这种主动寻找和满足细分市场的个性化服务精神，也为之后海尔走上大规模定制的先进制造巅峰奠定了经验和基础。

1996年，四川客服人员不断接到当地村民的投诉，反映海尔洗衣机"排水管频频出现淤堵情况"。工作人员下乡调查，发现了令其啼笑皆非的一幕：农民们用洗衣机洗地瓜、洗土豆。由于泥多，排水系统自然容易堵塞。用户的需求就是商机，何不以农民洗地瓜土豆为导向开发新产品？1997年，海尔立项研制出"洗地瓜的洗衣机"，次年4月批量生产。该洗衣机不仅具有一般双桶洗衣机的全部功能，还可以洗地瓜、水果甚至蛤蜊，价格仅为848元，首次生产1万台投放农村便被一抢而空。在此之后的几年，客服又发现青海和西藏地区的人们喜欢喝酥油茶，但打酥油很麻烦，往往要花很长时间。不久后,"打酥油洗衣机"在海尔问世了,这种洗衣机3个小时打制的酥油,相当于一位藏民三天的工作量。

在某地举办的龙虾美食节上,海尔推出了一款"洗虾机",上百台产品被抢购一空。在龙虾上市的季节,各大小龙虾店生意异常火爆,但清洗龙虾的难题一直困扰着店主们。由于龙虾生长在泥塘里,捕捞时浑身都是泥巴,需要专门安排人手工刷洗,费时又费力。海尔洗虾机采用了全塑一体桶和宽电压设计,能够轻松洗净龙虾,省时省力,定价也合理,过去一个人洗两公斤龙虾需要花费15分钟时间,使用洗虾机仅需3分钟。龙虾店店主们对此产品称赞不已。

"听说你们的洗衣机能为牧民打酥油,还给饭店洗过龙虾。能洗荞麦皮吗?"某天,一个电话打进了海尔总部,海尔洗衣机公司在接到用户诉求后,仅用24小时,就在现有洗衣机模块基础上推出了一款"可洗荞麦皮枕头的洗衣机"。传统习惯中,荞麦皮枕芯一直被视为枕头中的上品。然而,由于荞麦皮很难清洗和晾晒,长期不清洗又容易滋生细菌。海尔开发的这款洗荞麦皮枕头的产品叫"爽神童",既可以用于家庭的普通洗衣,又能洗荞麦皮枕头。除了基本的洗涤、脱水功能外,还配备了高效的转动烘干和自然风晾干两种干燥技术,配置了适用于荞麦皮包装的洗涤袋,完美解决了荞麦皮枕头清洗和烘干的难题,成为满足市场个性化需求的又一经典之作。

上述案例被传为佳话,海尔洗衣机被消费者称为"无所不洗的海尔洗衣机"。多年后有人与周云杰再次聊起海尔洗荞麦皮、洗小龙虾的创意时,周云杰笑着补充了一句:"海尔洗衣机洗小龙虾,而且不掉爪!"

在众多企业还没有真正品尝过技术创新、产品研发福利的年代,海尔已关注海外产品技术信息的获取,分别在汉城(即首尔)、东京、里昂、洛杉矶、蒙特利尔、阿姆斯特丹等城市建立了10个信息分中心和6个设计分中心,及时广泛地了解全球科技动向及当地的最新技术信息和用户需求。

根据市场信息，海尔建立了设计开发和技术创新体系，包括中央研究院、产品开发中心、生产手段开发中心、产品质量监测中心等。海尔中央研究院主要负责开发超前技术及新领域技术。通过该机构的工作实现跟踪和分析研究与集团发展密切相关的超前5至10年的技术，同时搞好这些技术的商品化工作，形成新产业。海尔的技术储备主要来源于这个机构的开发成果。海尔产品开发中心则直接和市场、生产、销售紧密联系在一起，随时了解市场需求，把握产品发展趋势，按照市场战略制定发展战略并开发新产品、新技术。

德国科隆家电博览会是规模盛大的白色家电博览会，云集了众多跨国公司，展示代表各国企业水平的产品。一般而言，企业参加这样的国际盛会，展台上核心的角色是销售人员，核心任务是产品推销出去。然而海尔参加该博览会，都会请研发人员一同参加，由他们向各国专业人士介绍自己设计的产品，由客户反馈直接验证其研发判断和能力水平，提高其参与感和成就感。

主动捕捉市场需求、快速研发的创新精神延续到2009年，海尔建立了开放创新平台。开放创新（Open Innovation）由哈佛商学院的亨利·切萨布鲁夫教授提出，其基本理念是：做创新不能仅仅靠自己企业内部，企业做得再大，能力也是有限的，要打开企业的边界，让外部的资源方进来参与你的创新。有了洗土豆、洗荞麦皮、洗龙虾这些令人不可思议的大胆探索，海尔开放创新平台便聚焦于"整合全球一流科技资源、智慧及优秀创意的开放创新生态平台，让供方跟需方在上面自由交互的全球资源对接平台"。经过多年发展，用户可以随时随地参与到创新过程中，从产品创意的产生、创意的确认、产品的开发、全球一流资源的整合到产品上市的过程都对用户开放。换句话说，用户不喜爱的产品，在海尔根本没有面市的机会。

相关阅读

　　企业只有不断拉近与用户的距离，真诚倾听、深入调研，才能及时准确地把握市场痛点，快速灵敏地调整经营策略。当年，海尔听说有农民客户反映"一洗土豆，洗衣机就坏"的问题，没有一笑而过，而是推出了适合农村市场、能洗土豆地瓜的洗衣机，就体现了对痛点的敏感与重视。如今，互联网时代来了，生产者与使用者之间"零距离"，捕捉痛点可以更便捷更细致，产品迭代升级可以更快速更频繁。

——《人民日报》2016年1月18日

专家述评

　　20世纪末的10年间，社会主义市场经济的大旗经受住风雨之考验，飘扬在960万平方公里的红色土地上，全国GDP增速高歌猛进，一度超过10个百分点，举世瞩目的发展成就回报了改革家、创业者和十数亿中国人民。尽管此时海尔规模已由小到大、由弱到强，但创业者们不断战胜成就感，于第二个战略阶段实施了较大范围、较深层次的流程再造。这场引发了业界不小震动的治理改革，巩固了成长的根基，斩除了腐败的萌芽，甚至成为海尔进一步推进"零库存"改革以及在2008年美国次贷危机中稳控风险的主要原因。

第六章　出海

◎ 本章导读

相较于"引进来","走出去"则通过输出国内的资本或产业到境外,开展跨国贸易、投资或经营,实现更高层次的对外开放。"走出去"是我国顺应全球经济一体化趋势的必然选择。然而,在工业基础薄弱、企业竞争优势不明显的年代,促进我国企业"走出去"的动力是什么?对于大多数企业来说,优厚的出口创汇补贴政策和相对稳定的国际代工利润是其动力之源。然而,海尔却选择了另一条"出海"之路:坚持出口"创牌"。海尔扛着自主品牌的旗帜开赴欧洲,把第一枚"本土化"的棋子落于美国,艰难地进入了高等级市场角逐的赛道。我国从发达国家引进先进技术和装备补自己的短板,现在转身走入对方的市场,甚至用"中国字号"与其产品试比高下,海尔凭什么取胜?师夷之长可胜夷乎?

第一节
出海创牌：中国品牌自信的萌芽

1995年，融合了世界各地文化元素的212集动画片《海尔兄弟》播出。这是海尔跨文化、跨地域品牌传播的经典之作，是迄今为止由企业投资拍摄的最长动画片。中国动画协会北京分会会长王启中在《海尔兄弟》封镜仪式上评价："海尔集团投巨资拍摄《海尔兄弟》动画片是一个大手笔，这样规模的投入的先决条件之一是它必定是成功的企业，否则就算有心做善举也会心有余而力不足！"

《海尔兄弟》为企业"走出去"做足了文化铺垫和品牌热身。以卡通作品为品牌铺路的做法，海尔不是第一家。早在20世纪60年代，日本卡西欧公司拍摄的《铁臂阿童木》也是在全球广为流传，以此方法影响几代人，达到了预期的品牌传播目的。《海尔兄弟》的设计更胜一筹，它实际上是一部"世界大百科"，搭着科普的主题让海尔兄弟两个卡通形象出现在荧屏，引领小观众、大观众环游世界。海尔兄弟一路经过五大洲、四大洋、56个国家，历经238种艰难险阻行程19万多公里。当人们走出剧情，不经意间，海尔兄弟的形象又出现在商场或者户外广告中，成功实现了引导消费的目的。

"海尔兄弟"卡通形象通过不同语言版本的电视频道传播到世界各地，尤其在华人聚集的东南亚地区，不少观众对其印象深刻。1996年，我国与东南亚国家联盟（简称"东盟"）建立全面对话伙伴关系。海尔及时响应这一重大政治事件，在印度尼西亚首都雅加达建立了海外第一家以生产电冰箱为主的合资企业——海尔莎保罗（印度尼西亚）有限公司。翌年，菲律宾海尔LKG电器有限公司成立、马来西亚海尔工业（亚细亚）有限公司成立。海尔"出海"探路东南亚首战告捷。

然而天有不测风云，亚洲金融危机于1997年在泰国爆发，使东南亚各国诸多经济建设成果毁于一旦。韩国、泰国、马来西亚、印度尼西亚等国经济损失近6000亿美元。

此次金融危机的起因，与一名叫索罗斯的人关系密切。乔治·索罗斯（George Soros），1930年生于匈牙利，毕业于伦敦经济学院，号称"金融天才"。1969年，索罗斯建立"量子基金"并创下了令人难以置信的业绩。1992年，索罗斯展开了袭击英镑的行动，两周的时间里，他从英镑空头交易中获利近10亿美元，被《经济学家》杂志称为"打垮了英格兰银行的人"以及"金融强盗"。5年后，索罗斯把目光锁定在东南亚。1997年，他开始大量抛售其持有的泰铢，泰国外汇市场立刻波涛汹涌，泰国被卷走了40亿美元，由此引发的"蝴蝶效应"让整个东南亚流失数百亿美元财富，几十年的经济增长化为乌有。

时任北京大学教授的林毅夫对该事件总结道："东南亚金融风暴的导火线是银行不良贷款比例太高，储蓄者对银行体系和本国货币的币值丧失了信心，因而给国际金融炒家提供了狙击本国货币的机会。国际炒家先向银行借入当地货币，然后拿到外汇市场上去抛售。政府为了维系汇率的稳定，拿出国内的外汇储备去托市，但国内储蓄者见到国内货币受到狙击，信心随之崩溃，也争相抛售本国货币，改持外币以保值，外汇市场出现墙倒众人推的局面。"

此时，我国金融市场尚未开放，人民币自由兑换受限制，而且拥有丰富的外汇储备和较低的外债，是少数几个不受这场金融风暴直接冲击的亚洲国家。人民币的稳定价值使东南亚国家的货币逃过了新一轮浩劫，对维护世界金融体系的稳定以及帮助东南亚国家走出危机作出了贡献。虽然直接冲击较小，我国仍提出了"坚定信心、心中有数、未雨绸缪、沉着应付、埋头苦干"的应对原则，并作出了扩大内需、扩大出口、适当增加进口等重大决策。针对国内需求对经济拉动力度不够、经济增长速度减缓的趋势，中央又果断决定实施积极的财政政策和稳健的货币政策，例如《关于应对东南亚金融危机、保持国民经济持续健康发展的意见》提出，"在东南亚出现金融危机的严峻形势下，要继续按照中央的部署，务必使全国经济增长速度保持在8%，进出口总额继续增长，人民币汇率基本稳定。为实现这个目标，当前要立足于扩大国内需求，发挥国内市场的巨大潜力"。政策的有效调控，帮助各企业化解了90年代以来的各种叠加风险。

值得一提的是，在东南亚金融危机期间，刚进入该地区不久的海尔却加大了其广告投入。赵忆宁在《瞭望》新闻周刊发表的一篇文章中指出："在东南亚金融危机爆发之后，一些企业盼望等待危机过后的好日子。张瑞敏则认为，世界各地的危机不断，缺乏对危机的认识和有效措施，终究难以逾越危机。"张瑞敏认为，东南亚家电保有率仍较低，处于持币待购状态，此时进行宣传可影响潜在购买者，经济好转后海尔品牌将产生好的效果。张瑞敏说："这期间马来西亚机场公路最大的广告牌就是海尔投放的，成本只有此前的1/3。"海尔及时调整出口结构，加大欧美市场拓展，使之占比达到60%，东南亚则降到16%。同时，在欧洲和中东设立物流中心，1998年出口总体增长36%。

东南亚金融危机的影响仍在扩散，我国企业"走出去"的决心却丝毫未减。企业"走出去"的难度水平依次为产品走出去、产能走出去、品牌走出去。产品走出去，即发挥中国世界工厂的优势，包括劳动力、土地等生产要素优势，以低廉的价格做代工业务，贴海外企业的牌子。这种模式操作简单，是产业链各环节、市场各方都能接受的方式，所以很长一段时期，企业以OEM（贴牌代工）模式"走出去"占据主流。当然，OEM模式也是低附加值的代名词，随着新要素在全球价值链中扮演的角色加重，这一模式在竞争中逐渐丧失话语权。

产能走出去即到国外投资、兼并或自建工厂。这种模式并不能利用我国低成本要素优势，更不能将这种优势转化为企业在境外市场的竞争优势。

加入WTO前夕，时任对外经济贸易大学教授章昌裕提出，从企业角度看，中国"走出去"的境外企业（不含金融企业）有5000家左右，其中真正成功的为数不多，大多数存在着投资规模小，抗风险能力差，出资方式、股权策略、投资主体单一，管理不规范等问题。

2004年6月，《成功营销》杂志发表了一篇题为《华凌电器：一只羊的"走出去"》的文章。文章称，全球微波炉第一生产厂家格兰仕每年1500万台微波炉产能中，有六成产品被贴上世界知名微波炉品牌；TCL在其数亿美元的出口产值中，有60%以贴牌形式实现；华凌电器50%以上的利润来源于OEM。OEM已成为国内家电企业寄予厚望的收入来源，也是快速进入国际市场的一个重要选择。

时任华凌集团董事总经理陈小石接受了《成功营销》记者的采访。他说，从出口方式来讲，我们也曾经想过打华凌品牌，但实事求是地讲，做这个事情很难。因为，在全球经济一体化中，作为一个企业你要非常清楚你的比较优势在哪里。"现在有许多企业还存在着非常强烈的民族主义情绪，在打国际市场的时候，非常强调自有品牌的重要性。但是中国市场经济发展不过就是20年的时间，在这个时间内，许多企业所储备的能量还远远不到与国际品牌正面竞争的程度。此外很多跨国公司在国际市场上的品牌优势和网络优势，都是国内企业所无法企及的。而我们中国企业的比较优势依然主要集中在用比较低的成本生产或组装出高质量的产品。在这种情况下，想走出去并能顺利生存下去的企业最好不要用自己的短板去比拼别人的长项。"陈小石一番话，道出了"走出去"的企业面临的重重阻力，以及到海外"创牌"更是多数企业可望不可即的目标。

"华凌计划在企业发展到一定规模真正有能力打自有品牌时，考虑以华凌品牌销售产品，但那一定是时机成熟时。"然而，华凌在海外打造自主品牌的愿望似乎更加难以实现了。就在该文章发表4个月之后，美的公司以2.3亿港元现金入主华凌，拥有其42.4%的股权，15年后以"WAHIN"

的新名字亮相市场。

世纪之交前后，能做到"品牌出海"的企业凤毛麟角，这些企业常会遇到各种意想不到的风险。例如，福耀玻璃于2002年在加拿大和美国都碰上了反倾销案。美国以"反倾销"为名对福耀产品加征11.8%的关税，这一案例后文会做详细介绍。又如，格兰仕在阿根廷的自有品牌占有率突破70%时，便遇到了"反垄断"诉讼。为了避开这一问题，格兰仕决定降低自有品牌份额，重返OEM阵营以提高产品的市场总体占有率。

时至今日，人们在欧洲市场最常见到的中国品牌是华为、海尔和联想，这得益于它们早期放弃OEM，转向海外渠道建设和自有品牌传播的坚持。当然，这背后必然要承受短期回报受损的压力，以及对长期主义的笃信。作为引进技术求发展的中国企业，海尔走出国门到欧美、日本等技术输出国拓展市场，无疑相当于"学生与老师竞技"。学生能赢老师吗？在"先难后易""先有市场、再建工厂"的战略思路指引下，海尔决定首先把产品出口到自己"老师"——德国的家门口。

上世纪90年代初，虽然海尔通过了德国的安全认证，但德国的经销商依然不接受中国品牌的冰箱。因为在他们眼里，来自第三世界的商品都是"低档货"，哪怕是日本冰箱也很少出口到德国，因为日本冰箱的设计寿命是8年，德国冰箱的设计寿命是15年，差距很大。负责出口业务的海尔员工对自己精心制造的产品有充足的自信心，他提出做一个试验：把海尔冰箱和德国冰箱摆在一起，都把商标揭掉，让德国经销商自己选，看能否挑出哪个是中国的、哪个是德国的。挑中谁的，就经销谁的。揭掉商标挑冰箱，把产品出口到德国接受"老师"检验，结果德国的经销商最后挑中的是海尔冰箱。德国人服气了，一下就给了海尔2万台订单。1993年，在德国TEST杂志一年一度的对德国市场上销售的进口家电的抽检结果报告中，海尔冰箱获得了8个"+"号，在受检的冰箱中名列质量第一名。

彼时的欧洲人对中国企业是陌生的，对中国企业的产品也是有偏见的，这是海尔在发达国家市场遇到的最大难题。同时，海尔对欧洲消费者的生活习惯、家电使用习惯以及市场竞争机制也比较陌生。1998年，张瑞敏偶遇了曾经在飞利浦公司工作了16年的意大利人亚默瑞，经深入沟通，决定邀请亚默瑞担任欧洲海尔贸易公司总裁，共同研发符合欧洲消费习惯的产品，争取欧洲市场份额。亚默瑞深知中国产品想要叩开欧洲市场大门，产品性能与质量难以让挑剔的欧洲人信服，况且海尔缺少的是符合欧洲人消费需求的产品。然而让亚默瑞吃惊的是，在欧洲，一个新产品从设计到制造一般需要一年的时间，在海尔仅用一个月。亚默瑞与青岛的研发部门约定好每两个月见面一次，把市场信息和研发思路交代给研发人员。两个月双方再次见面时，研发人员已经拿出了样品，亚默瑞逐一检查每个样品，深感震撼。如果提出一些改进意见，研发人员也能连夜赶制，次日拿出新样品。亚默瑞称，在这家创业仅有14年的中国企业工作，让他感受到媲美"百年企业飞利浦对市场工作的娴熟和游刃有余"。

相关阅读

> 张瑞敏说，品牌建设，走出去只是第一步。要真正走进海外消费者心里，将自身打造成为世界品牌，任重道远。简单而言，"走出去"就像到国外留学，让人家认识你；"走进去"相当于拿到绿卡，有了一定身份；"走上去"，你就成为当地名流，这个过程非常难。
>
> ——《人民日报（海外版）》2017年8月24日

第二节
境外"本土化"模式的开端

海尔认为"走出去"不只为创汇,更重要的是在海外建立中国品牌。同行们"出海",多数通过相对容易的 OEM、ODM 模式出口创汇,海尔则走上了最艰难的"出口创牌"之路,这个选择在一定程度上影响了其整体利润率。张瑞敏提出"先难后易"思路,即首先进入发达国家创名牌,再以高屋建瓴之势进入发展中国家,逐渐在海外建立起设计、制造、营销的"三位一体"本土化模式。

"先难后易"选择的背后,源自张瑞敏头脑里潜藏着的逆向思维。20世纪八九十年代,西方国家不认中国产品,无形中给中国企业创造了一个机会——都说中国货不好,我偏要摆出一台来,而且标价还比较高,尽管他们不买,但会引起注意:中国产品价格都很低,唯独这台这么高,为什么?高标价起初只会引发猜想,但渐渐地,海尔不断向其释放信息,总会有人尝试购买的。这时候海尔产品货真价实的优势就体现出来了,使用者满意,口碑自然很快就传出去了。"先难后易"的策略开始时十分困难,一旦迈出第一步,以后就容易多了。

迈克·贾迈尔就任美国海尔贸易公司总裁之前,曾作为合作伙伴到青岛参观海尔。海尔给他的第一印象是,厂里整洁有序,而且工人们很忙。令他惊讶的是,海尔人居然提出要在销往美国的产品上打"海尔"牌。他说:"我去中国其他工厂商量进货的时候,他们往往只是想方设法要把东西卖给我,挂不挂牌子无所谓。我认为,贴牌的厂商希望躲在别人的品牌后面,自己不想承担责任。"当时海尔在美国并不像 GE、惠而浦(Whirlpool)那样知名,人们甚至连"Haier"这个词怎么读都把握不准。"我们为什么选择了海尔?"贾迈尔说,"因为这是一个机会,一张白纸可以画出最美丽的图画"。事实表明，他的选择是正确的。1998年，贾迈尔为海尔创造的销售额超过2000万美元。

张瑞敏被邀请到哈佛商学院讲学，为海尔在美国本土创牌赢得了一次极好的舆论时机。1998年3月，哈佛商学院教授潘夏琳（Lynn Sharp Paine）把"海尔激活休克鱼"的一组案例写入哈佛教材，并邀请张瑞敏去哈佛商学院课堂讲课。正是3月25日这一天，成就了中国企业史上的两个第一：海尔成为第一个进入哈佛商学院的中国企业案例；张瑞敏成为第一个在哈佛讲坛开讲的中国企业家。张瑞敏的哈佛之行引起了国内企业界的轰动。不过对于海尔而言，这次演讲仅仅是其在美国本土建立海尔品牌以及投资建厂的一个前奏。

海尔国际化的真正里程碑是在美国投资建厂。1999年4月30日，海尔在美国南卡罗来纳州占地700亩、年产电冰箱50万台的工厂开工建设。至此，海尔在美国形成了"三位一体"的布局：设计中心在洛杉矶、营销中心在纽约、生产中心在南卡罗来纳州。建厂之前，海尔在美国本地的销售额不到3000万美元，在工厂建设带动下，之后三年的内售额增长了8倍。

海尔美国工厂投产后，针对美国用户消费习惯设计的本土化产品就更加丰富了。例如投放市场后占有率一度超过90%的海尔冷藏酒柜。海尔美国的技术人员从葡萄酒消费中洞察到商机：啤酒要冰镇才好喝，那么葡萄酒、白酒呢？什么条件下这些酒冰镇的口感最好、营养最佳呢？他们以此为线索投入研发，试制小批量冷藏酒柜投放市场，幸运的是产品获得了包括B&B在内的知名商场的订单。该产品从构思、设计到投放市场，只用了不到一年时间。美国市场实践丰富了海尔"开放式研发模式"的海外案例，也为其"本土化"战略树立了早期样板。

让海尔美国职员及合作伙伴惊叹不已的是，在纽约曼哈顿百老汇大街，曾经是纽约的标志性建筑的格林尼治银行大楼成了海尔在美国的总部。美国纽约曼哈顿中城繁华的商业区内，位于百老汇大街1356号，昂然矗立着一幢已有77年历史的古罗马风格的建筑——格林尼治银行大楼,该楼是美国纽约的标志性建筑,也是美国人身份和地位的象征,它一直是美国人关注的焦点。2002年3月4日,美国人惊奇地发现该楼有了一个新的名字"The Haier Building",即海尔大厦,在大楼外墙上,醒目的海尔旗与美国国旗比肩而立,6幅巨大的海尔产品广告为这幢标志性建筑赋予了新的内涵。

海尔大厦揭幕这一天,海尔组织召开了第二届全球经理人年会。海尔大厦让来自全球各地的经理人感受到海尔打造世界一流企业、一流品牌的决心。时任欧洲海尔贸易公司总裁的亚默瑞甚是感慨:"这是一次令人难忘的经历。'海尔大厦'不仅是美国的,也是我们共同的'海尔大厦',我会努力将欧洲海尔做成与美国海尔一样的本土化名牌。"沃尔玛连锁店副总裁凯文·特纳(Kevin Turner)专程赶来拜会张瑞敏,"这座大厦给了我强大的震撼,看到了海尔的实力和潜质。我从未见过一个中国企业下这么多的功夫创自己的牌子,海尔有一群让我激动的人,我今天到这儿来是找对地方了"。这位特纳先生,之后被《时代》杂志评为"最有眼光的国际商业家"。

照理说,一家年轻的中国家电企业进入美国本土市场,不可能让惠而浦、通用家电这样的大型跨国公司感到威胁,因其差距实在悬殊。然而,有位敏锐的美国经济人士洞察到中国改革开放的逻辑,看懂了海尔战略路线和创牌决心,于是以"提醒"的口吻在美国商业周刊上刊发了题为《海尔能否将惠尔浦和通用公司挤出去?》的文章,建议美国公司密切关注海尔的成长。文章认为,有着上百年历史的名牌产品要"当心"来自中国企业海尔的"威胁",因为老品牌不再是美国年轻人的首选,他们很愿意尝试一些新品牌,中国的海尔正利用这一特征伺机抢占美国市场。

感叹于海尔数十年如一日的海外"创牌"历程,细数我国企业"走出去"的实践成就,毋庸置疑,"走出去"的确是影响、改变了全球经济格局的一场重大选择。站在更长的历史时期看，唐宋元国力强盛之后，明朝郑和下西洋"走出去"，走出国门的中国商人以极强的优越感和文化自信与世界各地的人民做生意。然而遭遇之后几次闭关锁国，中国失去了与世界科技、文化、经济互动与同步的最好时机，甚至被贴上了落后的标签。新中国成立后，我们以改革开放的名义再次"走出去"，此时带着中国商标走向全球市场的产品，尤其是技术水平总体落伍于欧美日韩等国家的电器产品，更需要足够的文化自信。好在第一批走出去的人，积累了丰富经验，绘制了新出海指南，为之后的"入世"和"一带一路"倡议落地打下了坚实基础。

相关阅读

当前，世界经济贸易形势总体趋好，我国加入世贸组织的进程加快。我们必须抓住新的机遇，迎接新的挑战，采取更加有力的措施，以更为积极的姿态扩大对外开放，力争对外贸易和利用外资有新的增长。

鼓励国内有比较优势的企业到境外投资办厂，开展加工贸易，或者合作开发资源。

——2000年政府工作报告（时任国务院总理朱镕基）

专家述评

随着社会主义市场经济体制的建立，我国在世界经济新的分工体系中找到了适宜的定位，一些企业也初步具备了参与国际市场竞争的能力，"走出去"战略恰逢其时。海尔跨国投资建厂，采取了"先难后易"的路径，所以第一步踏入了美国的土地，把创业经验带进哈佛讲堂，把工厂建设在南卡罗来纳州，把中国品牌的广告竖立在美国消费者的家门口。在洋品牌涌入中国并霸占高端市场位置的时代，海尔"出口创牌"实践的成功，为中国品牌自信开了新篇，写就了中国品牌史书里最值得品读的一页。

03

第三篇

新赛道

• • • •

  新世纪伊始，党的十六大胜利召开，指出"我国社会主义市场经济体制初步建立"。这一年，我国GDP首次突破10万亿元，吸引外资总额突破6000亿美元，首次成为世界吸引外资第一大国。然而，在新的经济格局、新的产业赛道上，多数中国企业仅仅是拿到了入场券、迈出了国际竞争第一步。与新世纪一起到来的，还有人们始料未及的经济社会变化：我国城镇化步伐加快，地产经济登上时代舞台成为拉动内需的主力军；信息和通信技术发展迅猛，IT产品向普通家庭渗透，资本界正酝酿一场聚焦互联网的投资热潮，经济增长开始出现"脱实向虚"苗头。企业人士从中嗅出大变革的味道。例如，张瑞敏用"颠覆性"一词表述互联网带给制造业的影响，提出了一石激起千重浪的论断：不触网，就死亡。互联网开始普及、地产经济兴起、传统产业市场竞争加剧，让刚刚经历大浪淘沙洗礼、以传统思维建立战略构想的创业者又陷入困惑，他们不晓得如何在不确定中做出正确选择。回望过去，我们会发现每个时代都是不确定的时代，但相比今天，彼时信息不对称的情况下做出正确判断则更显不易。

  本篇回顾新世纪之初国内外宏观环境骤变，海尔通过超前研发、培育高端品牌和新商业模式以适应不确定性、创造有利发展条件的过程。此期间，海尔改善"大企业病"问题，优化决策效率的人单合一模式诞生，海外板块加速深耕，缔造出"海尔e家"和工业互联网的雏形。从宏观层面看，这一时期我国社会主义市场经济体制也在曲折发展中渐渐形成。然而，正当人们开始了解并适应上述变化，一场来自大洋彼岸的金融危机席卷全球，正热情投身于国内外市场耕作的中国企业，将面临一次严峻磨难，社会主义市场经济制度也将再次经受历史的考验。

第七章　城市增量

◎ **本章导读**

新世纪是令人期待的，也令人不安。我国正式加入WTO，制造业国际竞争力提升，甚至被贴上了"世界工厂"的标签。国内方面，随着"分税制"政策的实施，城市土地资产被激活，房地产成为新的经济增长点，加之西部大开发战略、中部崛起战略等逐一落地，新一轮的改革红利开始显现。继20世纪末相继开放的沿海、沿江、沿边城市之后，哪些城市将在这一时期的政策赋能下迎来重大机遇？城市化进程加快为家庭消费增长创造了巨大空间，以海尔为代表的家电企业，怎样"各显神通"承接这波不同于以往的市场红利呢？

2001年11月11日，在卡塔尔首都多哈，中国签署加入世界贸易组织的议定书，历经20多年磨砺和锤炼的社会主义市场经济体系，与世界经济并轨了，中国全面融入经济一体化的游戏规则中。这对于早已习惯和海外用户打交道的海尔来说，有了更多的施展空间。这一年，海尔与约旦MEC集团合作的海尔中东电器有限公司投产，约旦国王代表、工贸大臣欣达维，张瑞敏以及中国驻约旦大使罗兴武等出席开工仪式。除了中东地区，海尔也开始了探索非洲的尼日利亚市场。在奠定了欧美发达国家的市场基础上，海尔加大了发展中国家市场拓展力度。

"中国制造"工业产品全面进军和占领国际市场已成为不可逆转之势。2001年5月，日本经济产业省在《通商白皮书》中首次提出"中国世界工厂"概念后，日本媒体大量报道了有关中国世界工厂的各种信息，诸如"珠江三角洲是世界最大的OA机器生产基地""长江三角洲是世界半导体生产基地""北京中关村将成为中国和世界的硅谷"，都成了轰动一时的新闻。由于日本媒体的报道，东亚以及欧美各国也都开始谈论起了中国制造，开始用"世界工厂"指代中国制造业，中国迅速成为跨国公司的最重要的生产加工基地。

中国被贴上"世界工厂"的标签，青岛则被戴上了"名牌之都"的桂冠。到2002年底，中国家电行业中销售收入超过百亿元的有5家企业，分别是海尔、海信、长虹、美的和春兰，其中青岛企业占了前两名。海尔通过并购的方式从白色家电向黑色家电扩展的同时，同城的海信集团也开始从黑色家电向白色家电扩张。海信集团达成与荣事达合作开发与生产的模式，由海信提供产品研发设计，在生产环节中实施技术与质量控制，荣事达负责生产海信电冰箱。次年又与北京雪花分别出资55%、45%，成立海信（北京）电器有限公司，制造、销售家用电冰箱及其他电器。其中，电冰箱的年生产能力迅速达到50万台。紧接着，海信"蓝贵人"牌冰箱推向市场，海信电冰箱的产品扩展到6大系列50多个品种。2005年，海信收购南京伯乐生产基地，成立海信冰箱南京生产基地，产能进一步扩大，海信集团跻身国内冰箱行业的前列。

世纪之交，有人预测继上世纪80年代中后期、90年代末期之后，我国的家电消费即将迎来第三个高峰期。第三个高峰期形成的因素大致有三个：其一是80年代家电产品的更新迭代；其二是城镇化进程和住宅商品化的影响下引发大规模家电消费；其三是农村电网改造和农民外出打工潮创造的契机。与此同时，银行的消费信贷给家电消费迭代插上了一双翅膀。众多企业认为，农民由村镇进入县城再到城市这个迁移过程中，在收入、居住环境、消费能力上有很大提升，所激发出来的对家电等耐用消费品的需求很大。于是，新一轮家电消费的红利涌向了"有准备的人"。

金融危机对东南亚的影响持续发酵，房地产泡沫成为经济界讨论的焦点。林毅夫教授指出：在经济快速发展时期，房地产和股市的发展容易产生过热的现象。为了降低房地产在经济快速发展期的过热现象，政府应考虑经济的合理地理布局，增加土地的有效供给，避免经济活动过度集中于一两个城市。在热烈讨论的同时，我国城镇化的步伐不断加快，城镇住房改革工作已推进数年，关于进一步深化房改政策、改住房分配福利为货币化分配方式的呼声也越来越高。国务院颁布《进一步深化城镇住房制度改革加快住房建设的通知》，房改工作迈出关键的一步。全国大多数城市房改方案出台并付诸实施，停止住房实物分配，实行住房分配货币化。与此同时，金融机构也提供了丰富多样的住房贷款产品以提高居民的房产购买力，并且加大了风险防控力度。

在青岛，新住房制度的大幕徐徐拉开，地产市场对城市建设的作用渐渐显现。1999年，青岛市住房资金管理中心将职工政策性住房担保贷款最高额度由原来的10万元提高到15万元，担保贷款的最高期限由原来的最长15年延长到20年。同期出台了《青岛市职工住房担保组合贷款暂行办法》，与工商银行签订了办理组合贷款的合作协议。截至1999年12月末，青岛市住房消费贷款余额8.9亿元，比年初增加7.39亿元，增长487.67%。当然，取消福利分房之后，过去的整批、整栋、整层大批量的销售方式被终结，房地产业面临新挑战。

2000年，国家经济和社会发展"十五"计划中首次把"积极稳妥地推进城镇化"作为国家的重点发展战略之一。到2004年底，我国城镇人口5.4亿，城镇化水平达到41.8%，全国城市660个，其中100万人口以上的特大城市49个，50万~100万人口的大城市78个，50万人口以下的中小城市533个。"十五"期间，农村剩余劳动力向城镇转移4000万人，第一产业就业人员比重降到46.9%。5年间，城镇化水平提高近7个百分点。

有关学者分析，一方面，城市化水平的提升及家电价格的下降促进了城镇居民家电消费量的提高。家电产品种类随着新技术的开发更为丰富多元化，这些因素都将促进城镇居民的家电使用。另一方面，城镇化进程导致的城镇居民自用性住房和改善性住房需求的增加将推动居民家电的购置和替换。城镇化带来的潜在家电需求将会逐步得到释放。农村人口涌进城市，住宅商品化步伐加快。而进城获得居民资格的条件之一就是购房，进城提高改善生活条件的途径也是购房。在住房分配市场化、住房二级市场、住房税收、住房信贷和经济适用住房等一系列政策的综合作用之下，家电消费市场增长被带动起来。统计数据显示，2002年底，家电行业的销售收入突破2000亿元，其中海尔营业额突破720亿元。

城市化建设步伐加快，也受到了西部大开发、中部地区崛起等国家战略的重要影响。为响应国家西部开放、中部崛起的政策部署，海尔相继建设合肥工业园、贵州工业园、武汉工业园、重庆工业园，通过本土化设计、本土化生产、本土化销售填补中西部区域家电产业空白，为加快区域产业结构调整，拉动中西部出口经济增长和就业，作出了表率。

设重庆为直辖市，是西部大开发战略实施前一项重大的政治安排。

重庆地处长江大动脉上游，云、贵、川三省的交界点，是东部经济发达地区和西部资源富集地区的接合部。解放初期，重庆为西南大区代管的中央直辖市。1954年，遵照中央人民政府的指示，重庆市与四川省合并，由中央直辖市降为四川省辖市。之后，考虑到重庆的历史地位、在西南地区的特殊区位优势和经济上的巨大影响力，国家对省辖市时期的重庆先后实行了三次计划单列，其中的第三次计划单列使重庆享有了相当于省一级的经济管理权限。1997年3月，第八届全国人民代表大会第五次会议决定，将原属四川省的重庆市、万县市、涪陵市、黔江地区合并设立中央直辖市。设立重庆直辖市标志着继北京、上海、天津之后，重庆市成为全国最年轻的中央直辖市。成为直辖后的重庆由过去辖24个区县（市）、5.8万平方千米、1520万人口，增加到辖43个区县（自治县、市）、8.2万平方千米、3002万人口。

重庆市区域消费潜力优势明显。3000多万人口蕴藏了巨大的消费潜力，农村居民消费水平逐渐向城镇居民靠拢。设立直辖市后，重庆乡村人口向城镇的转移速度加快，农村劳动力从事非农产业的比重也由25.5%提高到39.3%，年均提高1.97个百分点。2003年，按户籍人口计算的重庆城镇化水平为38.1%，按常住人口计算为41.9%，总体进入城镇化加速阶段。同时，重庆是我国西南地区近代工业化程度最高的城市，工业门类齐全，配套协作能力较强。

随着西部地区经济提速，百姓收入稳步增长，家电产品陆续走入千家万户。作为"四大火炉"之一，夏季重庆主城区温度经常达到40摄氏度，局部地区超过45摄氏度，使之成为制冷类家电企业竞相争夺的主战场。刚履新集团副总裁、负责中国市场销售工作的周云杰，将海尔西部市场的棋子率先落在重庆。2005年7月，重庆海尔工业园落户于港城工业园区，它是集研发、制造、营销、物流服务四大功能为一体的综合性产业基地。在重庆，海尔专门推出了几款专为重庆消费者量身打造的产品。例如，重庆人爱吃辣椒，但因天气潮湿，辣椒不易保存，于是海尔研发人员在冰箱内专门设置了辣椒储存盒；又如，重庆夏季高温，一些居住在楼宇顶层房间的消费者以房屋面积测算空调"匹数"，降温效果并不理想，于是海尔研发人员将顶层和阳光照射时长等因素融入产品设计中，投放了"西晒房间空调"，受到了消费者欢迎。

在海尔探路重庆、服务西部区域市场期间，"中部崛起"大幕轰轰烈烈开启了。2004年的中央政府工作报告明确提出"促进中部地区崛起"，引起社会广泛关注。同年12月，中央经济工作会议再次提到促进中部地区崛起，河南、湖北、湖南、江西、安徽以及山西六省的连线，勾画出中国经济版图上的新增长极。武汉是中部六省唯一的副省级城市、全国超大城市，一直保持着中部地区龙头城市的地位。无论城市规模、人口数量、科教实力、交通优势，还是产业基础、经济总量、辐射带动力，武汉都长期处于中部城市前列，是中部崛起的重要战略支点。海尔开始将如火般的创业热情释放在武汉的大地上。

海尔与武汉情缘颇深。1995年，海尔收购武汉冷柜厂60%的股权，以控股方式实施兼并。武汉冷柜厂生产的希岛冰柜曾是国内畅销产品，一度坐上全国同类产品产量冠军宝座。90年代中期，希岛冰柜销量却陡然下降，企业陷入困境，经与武汉市有关部门协商，海尔控股了该企业。在武汉深耕数年后，2002年，海尔在武汉经济技术开发区投资建立武汉海尔工业园，占地面积500亩。两年后，海尔热水器基地首条生产线在工业园投产，设计年生产能力200万台，承担节能热水器、商用热水器的研发和生产，渐渐发展成为世界上最大的热水器生产基地。

相关阅读

按照国家产业政策要求，在充分发挥地区比较优势的基础上，鼓励东部和中部地区与西部地区开展以市场为导向、以效益为中心、以互利为目的、以企业为主体的全方位经济技术协作。比照外商投资的有关优惠政策，采取有效措施，改善投资环境和提高服务水平，吸引东部和中部地区企业通过独资、控股、参股、收购、联合、兼并、租赁、托管和承包经营等多种方式，到西部地区投资设厂、合作开发。

——2001年9月，国务院办公厅颁布《国务院办公厅转发国务院西部开发办关于西部大开发若干政策措施实施意见的通知》

专家述评

在改革开放走过了20个年头的世纪之交,社会主义市场经济崛起让一些资本主义国家感到压力重重,它们甚至以"中国威胁论"挖了一个限制我国经济增长的舆论陷阱。可另一方面,我国加入WTO之后开放程度更高,城镇化建设进度加快、家庭消费水平升级等释放出巨大的购买力,又吸引着它们前赴后继来华投资。作为紧跟时代节拍、勇当探路者的海尔,也把握这一时期的市场脉动,响应西部大开发、中部崛起战略部署和城镇化建设方向,加快了在重庆、武汉、合肥等城市的制造基地布局,深耕区域市场并赢得了佳绩。

第八章　未来之屋

◎ 本章导读

随着3G技术商用和互联网普及,以通信技术为主题的国家竞争或将重新配置全球产业资源,形成新的格局。在传统家电领域,产品同质化问题日趋严重,国际国内品牌皆卷入了持久的"价格战",计算机类、通信类和消费类电子产品(统称"3C产品")取代了传统家电的地位,成为市场新宠。如此背景下,企业怎样顺应网络化趋势、拿出新产品、创造新需求,进而避免掉进"价格战"的陷阱?该怎样识别互联网时代的特征,应对它引发的一系列消费行为的变化?"海尔e家"、卡萨帝高端品牌以及"互联网+制造"模式等一系列的探索,或许能回答上述两个问题,并给予当下的创业者们一定的启示。

第一节
未来之屋：布局网络化家庭产品与技术标准

20世纪90年代，微软公司创始人比尔·盖茨（Bill Gates）耗资1亿美元、耗时7年建成了一座"未来之屋"。这座房子的智能化程度远远超出了同时代人的想象：主人驾车回家途中，浴缸将自动放水调温；主人如厕时，生物传感系统会监测主人身体状况并记录数据；当有客人来访，就会得到一个记录了客人信息的别针，它会自动向控制中心发出指令根据客人喜好调节房屋设备。这种利用总线技术把家居生活中各种家电、通信、安防设备进行管理与监控的系统，当时称之为Smart Home，也就是智能家居的雏形。

盖茨在1995年出版的《未来之路》中预言："不远的未来，没有智能家居系统的住宅会像不能上网的住宅一样不合潮流。"对此论断，张瑞敏深以为然，于是在公司内部提出了"不触网就死亡"的警示。

新世纪之初，我国家电市场开始呈现出"红海化"态势，为了提前取得网络时代的市场席位，2001年海尔就开始了物联网技术和智慧家居领域布局。

智能家居是传统电子信息产业发展的驱动力之一，其研发、应用、普及是产品升级换代的关键动力。海尔先后参加了原国家信息产业部等在家庭网络标准领域先后组建的"家庭网络标准工作组""资源共享、协同服务标准工作组（IGRS）""数字电视接收设备与家庭网络平台接口标准工作组"并担任组长单位。上述工作组的目标，是制定家庭网络系统平台标准、开发拥有自主知识产权的相关标准规范，并为之后《信息设备资源共享协同服务第4部分：设备验证》（SJ/T1 1 31 1—2005）、《家庭控制子网接口一致性测试规范》（SJ/T1 1 315—2005）、《家庭网络系统体系结构及参考模型》

（SJ/T1 1 316—2005）等标准的起草和推广做了大量的铺垫。

与此同时，海尔也开始探索基于上述技术标准研制的智能家电一体化方案并陆续应用到产品中，其申报的"智能家居集成及其平台技术研究"于2002年获得了国家科技进步二等奖。技术标准创新，成为海尔应对市场"红海化"竞争的强大基因。

2004年7月，参与"数字电视接收设备与家庭网络平台标准工作组"的骨干成员单位发起，又成立了中国家庭网络标准产业联盟——"e家佳"，时任海尔科技总经理李莉担任该联盟秘书长。李莉在联盟成立之初说："'e家佳'本身不做标准，而是以工作组制订的家庭网络标准为基础，进行标准产业化推进，完成从标准到产品的转化才是根本任务。"

之后两年，"e家佳"取得了关键性进展，包括推进广东省数字家庭行动计划、与英特尔等公司联合推出数字家庭控制中心"速启梦"等，尤其是产业化成果"海尔e家"全套家庭网络系统，很像是盖茨"未来之屋"的迭代版，它不仅拥有环境测试系统、安防报警系统、家电控制系统，还增加了灯光窗帘控制系统、医疗监护系统、多媒体娱乐系统和故障反馈系统。值得欣慰的是，这个系统推出当年就接到订单2000多份，使智慧家居产品团队信心大增，20多年一路披荆斩棘创造出"海尔优家""全屋定制""三翼鸟"等一系列智能家居新作品。

2003年，一场非典型肺炎疫情（以下简称"非典"）在包括中国、美国、加拿大在内的全球32个国家和地区蔓延，威胁着人们的生命健康，也引起世界卫生组织高度重视。非典期间，海尔通过北京市接受救灾捐赠事务管理中心，捐赠了一大批健康家电产品，按照需要分别运送至北京市的16家非典定点医院。产品包括大型柜式空气消毒机、空气清新机、氧吧空调、电热水器和消毒微波炉。随后，呼和浩特非典急救指挥中心战时应急医院也选中海尔产品，700套空调仅用2天的时间全部安装调试完毕。非典疫情期间，海尔探索性推出了杀菌氧吧空调、保健消毒洗衣机、立体杀菌微波炉、纳米抗菌冰箱等产品,是一次健康领域新技术、新产品的大胆尝试。

这一年,作为海尔总部所在地、家电产业重镇,青岛GDP达到1780亿元,在中国城市成长竞争力排行榜中位居第八。青岛的海尔、海信、青啤等10家"中国名牌"企业的经济总量占全市工业增加值的比重达50%左右。经信息产业部审核,海尔集团、澳柯玛集团按实现年营业收入总额排序,位列第18届全国电子信息百强企业第一、第三十三名。同时,海尔的9种产品在国内市场位居同行业之首,3种产品在世界市场占有率居同行业前三位,其网络技术、大规模集成电路和新材料等技术达到了世界领先水平。

相关阅读

未来之屋整个建筑根据不同的功能分为12个区,通道出口处都装有电脑:来访者通过出口,其个人信息,包括指纹等,就会作为来访资料储存到电脑中。此外,室内所有的照明、温湿度、音响、防盗等系统都可以根据需要通过电脑进行调节。设在地板中的传感器能在15厘米内跟踪到人的足迹,在感应到有人到来时自动打开照明系统,在离去时自动关闭。除了厨房内的全自动烹调设备外,甚至在厕所里都安装了一套检查身体的电脑系统,如发现异常,电脑会立即发出警报。如果发生火灾等意外,消防系统可自动显示最佳营救方案,关闭有危险的电力系统,并根据火势分配供水。智能豪宅里唯一带有传统特色的是一棵百年老树,先进的传感器能根据老树的需水情况,实现及时、全自动浇灌。

——《环球人物》2012年第5期

第二节
卡萨帝 & 斐雪派克：补齐高端家电品牌短板

欧洲是海尔创业初期冰箱技术的引进地，也是世界家电行业的发源地。自上世纪90年代初出口德国2万台冰箱开始，海尔的欧洲市场份额逐年递增。2001年6月19日，海尔并购了意大利迈尼盖蒂冰箱工厂，加之在法国里昂和荷兰阿姆斯特丹的设计中心、意大利米兰的营销中心，海尔在欧洲实现了与北美市场相同的"三位一体"的本土化格局。

欧美市场成熟后，海尔不断探索一种适用于全球不同地区的本土化发展思路。例如，在沙特、阿联酋等中东地区，全年高温，夏季最高温能达50摄氏度以上，空调基本上一年365天都要使用。再加上风沙大，产品运行环境比较恶劣。海尔针对此痛点研发出防沙尘、高效、氧吧等一系列适合中东用户需求的差异化空调，能在65℃室外高温下正常运行，用"不怕热""不怕脏""自清洁"等技术征服中东消费者，避免了陷入当地的价格战。而在尼日利亚等非洲国家市场，海尔推出适用于当地消费习惯的电视机、DVD、热水器、微波炉、小家电、手机、电脑产品，在"成套家电"服务方面也取得了一定成功。随着国内、国际市场深耕步伐加快，2004年，海尔集团营业收入首次突破千亿元，这一数据是其创业初期的29000多倍。海尔由此成为我国家电产业第一家"千亿企业"。

加入WTO之后的几年间，越来越多的中资企业以贴牌代工模式"走出去"。然而，随着代工利润不断降低，多数企业仍处在价值链的末端位置，没有与国外品牌竞争的勇气。基于欧美市场的成功经验，海尔下决心要在发达国家"市场货架"的中低层"走上去"，建立中国家电的高端品牌。根据张瑞敏的提议，周云杰牵头创建"卡萨帝"品牌。

卡萨帝的定位是高端家电品牌，是从网络化家居生活出发，为高层次消费群体量身打造的全新家电产品。首批上市的产品,涉及冰箱、冰吧、洗衣机、空调、平板电视、油烟机、燃气灶、消毒柜等8大类别。关于高端家电,市场上出现过不同的声音,同业者甚至认为这将导致产品小众化,最终"有价无市"。

实际上,卡萨帝是海尔作为中国家庭网络标准产业联盟"e家佳"牵头单位,推进技术标准产业转化的代表作。"e家佳"技术标准赋能卡萨帝使之成为名副其实的高端产品,反过来说,也只有高端产品才能搭载网络家电新技术、新标准完美落地。中国家用电器协会理事长姜风认为,"中国家电行业从大到强,必须要有自己的高端品牌。不要让消费者一提到中国家电就是物美价廉和性价比高"。

17年前给海尔冰箱做"盲评"测试的德国 TEST 杂志又组织了一次对卡萨帝品牌影响深刻的抽检测评。该杂志对德国家电市场的各品牌冰箱抽测时,卡萨帝法式对开门冰箱被评为高分值的国际品牌。一起参与测评的,还有在欧洲享有"艺术品"之称的奢侈家电品牌米勒等。

论及奢侈家电,我们在这里提前介绍一下数年之后海尔并购的享有"奢侈品家电品牌"之称的斐雪派克。

创立于1934年的斐雪派克(FISHER & PAYKEL)是澳洲白色家电的领导者,在这一领域几乎没有竞争对手。斐雪派克拥有全球领先的DD(Direct Driver)直驱电机技术,该技术电机更加静音和节能。凭此技术,2003年斐雪派克与惠而浦公司展开了战略合作,至今双方每年仍有50万台DD直驱电机的采购量。斐雪派克走出大洋洲,开拓国际市场,并在泰国、意大利、墨西哥等地相继建设生产基地,实际上,它与家电巨头竞争过程中难言优势。2007年,斐雪派克决定进一步全球扩张。然而造化弄人,斐雪派克遇到了席卷全球的美国次贷危机,企业走进了"财务巨亏"的低谷。

海尔与斐雪派克的合作始于2004年,当时斐雪派克的部分洗碗机已在海尔国内工厂生产。斐雪派克遇到财务危机后,海尔和斐雪派克一拍即合达成合作。其背后的原因是，海尔在实现了冰箱的全球领先地位之后，希望做洗衣机产品的高端品牌，于是决定入股斐雪派克。海尔通过新西兰投资控股有限公司参与斐雪派克一项股权融资计划，成为斐雪派克持股20%股东。

我国高端洗衣机市场一度被西门子垄断。海尔与斐雪派克合作开发的水晶系列高端滚筒洗衣机，以静音速洗的技术领先国内，再次提升了海尔在高端领域的份额。在实现了冰箱和洗衣机的领先之后，海尔又瞄准了厨房家电产品，这又是斐雪派克的强项。作为大洋洲最古老的家电企业，斐雪派克以生产厨房电器、冰箱、洗衣机、洗碗机为主，大多数新西兰家庭都拥有一台出自斐雪派克的抽屉式洗碗机。斐雪派克还拥有提高节能率30%以上的冰箱压缩机技术。

2011年底，海尔向斐雪派克提出全资收购意向。完成全面并购之后，斐雪派克品牌为海尔所有，海尔赋予斐雪派克最大的自主性和自治权。公开资料显示，斐雪派克系列产品在新西兰拥有55%的市场份额，居全国第一；在澳大利亚拥有18%的市场份额，居全国第二。至此，在海尔的全球化品牌战略中，斐雪派克与卡萨帝、海尔、Leader（品牌中文名"你的"）以及之后的AQUA品牌，初步形成了完整的中高端品牌布局。

时至今日，不少品牌放弃了高端市场布局，主打平民化路线，但海尔为什么仍坚持高端消费市场深耕呢？这是产品禀赋和战略选择决定的。例如斐雪派克，它在澳洲坚持奢侈家电品牌定位已有百年历史，获得了几代消费者的认同，不会为了争抢平民化产品份额放弃高端定位。又如卡萨帝，其高端定位主要目的是打破"洋品牌"垄断高端家电市场的格局，配合"e家佳"网络技术标准落地，也获得了成功。从文化内涵来说，卡萨帝的名字的灵感源于意大利语，意为"家的艺术"，其理念是"像做艺术品一样做家电"，这一定位也被意大利、法国等奢侈家电品牌云集的国家的消费者广泛接受。2015年4月，中央电视台《新闻联播》以《海尔：在世界家电市场争夺自己的领地》为标题对海尔的全球化高端探索进行了报道。报道指出，在法国巴黎市中心玛德莱娜广场的达蒂商场，全球最顶级的奢侈品品牌都在此汇聚，而最贵的冰箱来自海尔。Boulanger是法国连锁家电和电子产品零售商，该企业也将核心位置留给海尔的高端产品，海尔旗下高端品牌卡萨帝双子云裳洗衣机等高端家电产品都在这一区域进行了核心展示。

曾几何时，提及中国制造，人们总会想到廉价、山寨、低劣。如今，包括海尔在内的一大批中国制造业企业通过高端品牌塑造，突破了这一固有印象，全球消费者改变了对中国品牌的认知，改变了他们对中国产品和技术水平的认知，Made in China被赋予了新的含义。

相关阅读

迈向中高端，要主动走出去。好品牌是培育出来的，也是竞争出来的。国人的消费已日渐国际化，海外抢购洋货现象持续升温、消费额度连年上涨。要想形成更多在国际市场上有影响力的中高端品牌，中国企业就要在国际竞争中锻造实力，在与世界一流品牌的对标中追赶超越。

——《人民日报》2016年8月22日

第三节
两化融合：为智能制造时代热身

卡萨帝品牌获得成功，离不开网络新技术、新标准赋能。网络技术日趋成熟，也为海尔企业管理信息化创造了条件。我们在这里简略回顾一下海尔企业管理信息化建设的大致脉络。1992年，海尔制定了企业信息化发展规划，提出"靠信息占领市场、靠信息控制市场"，迈出了信息化的第一步。1994年海尔正式设立信息技术专责部门，信息技术开始应用至生产领域。1998年，海尔实施计算机集成制造系统（Computer Integrated Manufacturing System，简称CIMS），即通过计算机技术把分散在产品设计制造过程中孤立的自动化子系统有机地集成起来，适用于多品种的批量生产，也就是网络化制造。

2001年11月，基于国内各企业探索实施CIMS的相关成果，原国家计委和科技部将"网络化制造"列入优先发展的高新技术重点领域，发布了《当前优先发展的高技术产业化重点领域指南》，引导社会资源投入和提高资源利用率。该指南提出，"网络化制造是按照敏捷制造的思想，采用因特网技术，建立灵活有效、互惠互利的动态企业联盟，有效地实现研究、设计、生产和销售各种资源的重组，从而提高企业的市场快速响应和竞争能力的新模式。它正对传统制造业的生产和经营产生着巨大的影响"。从这段话理解，网络化制造即智能制造的雏形。

新世纪之初，为了适应全球信息技术发展趋势，海尔以"流程再造"改革为契机，委托思爱普公司（Systems，Applications & Products in Data Processing，简称SAP）按新业务逻辑建设了集团ERP系统，企业的采购、仓储、生产、销售、财务等实现了数字化集中管理。同期，海尔B2C电子商务平台根据用户的需求，收集各方信息，在3C（CAD，CAE and CAM）系统、PDM（Product Data Management）系统的支持下不断对产品的设计、功能实行改进，内部的营销网、服务网、物流网也向外逐步开放。

之后的七八年，海尔进入了信息化建设黄金时期。

根据2007年海尔全球增值系统（Global Value Systems，简称GVS）项目立项调研统计，集团内部有包括SAP、用友等大小数百个系统，大部分系统之间无统一数据定义标准，数据交换接口都是个别定制，数据质量较低，维护成本高，业务部门很难得到真实的业务数据分析和报表。2005年推出人单合一模式后，组织转型，数字化系统也要配合进行改造升级。原来的ERP系统已无法满足业务需求，因此对ERP系统进行升级改造，部署了海尔全球增值系统。海尔的信息化建设广度、深度、力度在同时期的企业中实属罕见，GVS项目实施者甚至称其为"中国乃至全球最大的ERP项目"。

海尔信息化探路的背后，我国"两化融合"政策指挥着二进制编码，开始渗透到工业生产的每个角落。两化融合，即信息化和工业化的高层次的深度结合，是指以信息化带动工业化，以工业化促进信息化。

改革开放20余年工业发展取得了卓著成就，但与发达国家相比仍有不小差距，核心技术和关键技术专利持有量并不大。2007年，我国高新技术产业产值只占工业产值的8%，发达国家为40%左右；研发投入占国内生产总值的1.44%，发达国家平均为2.5%，美国为3.2%。工业产出效率和产品附加值较低，传统产业亟待利用信息技术等改造提升。这段时期，正逢我国信息技术的快速发展与广泛渗透，为发挥后发优势、缩短工业化进程，为"信息化带动工业化，工业化促进信息化"创造了良机。

自2002年党的十六大报告首次提出"以信息化带动工业化，以工业化促进信息化"，到2007年党的十七大报告正式明确"推动信息化与工业化融合，走新型工业化的道路"，再到2008年国务院设立工业和信息化部，都表明了我国走"两化融合"道路的决心，只有如此，才能实现"科技含量高、经济效益好、资源消耗低、环境污染少、人力资源优势得到充分发挥"的新型工业化。海尔正是这条新型工业化道路上砥砺前行的探路者。

此时，一个代表"两化融合"前进方向的高频词走入公众视野：物联网。与互联网不同的是，物联网不仅实现人与人的连接，更形成一个连接无数传感器、与人类实时交互的庞大网络，采集和存储海量信息，通过分析处理这些信息创造解决问题的能力。前面讲述的"e家佳"技术标准、"海尔e家"平台、卡萨帝系列产品都是物联网的范畴。有人大胆猜测，物联网还将肩负起打破旧经济格局、建立新秩序、重新分配生产要素和消费要素、带动新的生产供给和消费需求等时代使命。

> **相关阅读**
>
> 智能发展,建立现代生产体系。把智能发展作为信息化与工业化融合长期努力的方向,推动云计算、物联网等新一代信息技术应用,促进工业产品、基础设施、关键装备、流程管理的智能化和制造资源与能力协同共享,推动产业链向高端跃升。
>
> 深化研发设计、工艺流程、生产装备、过程控制、物料管理等环节信息技术的集成应用,推动信息共享、系统整合和业务协同,提高精准制造、高端制造、敏捷制造能力。
>
> ——2011年4月,工信部颁布《关于加快推进信息化与工业化深度融合的若干意见》(工信部联信〔2011〕160号)

专家述评

欧美国家的工业化起步早,在技术、标准、专利和市场方面占据了先入为主的优势,使发展中国家失去了竞赛的资格。信息化浪潮兴起后,我国在信息通信技术领域与欧美国家、日本、韩国展开竞赛,其中比较典型的是中国信息通信研究院、华为公司、中兴公司等开展的自主知识产权的第三代通信技术产品与标准研究,和以海尔、联想等为企业代表的网络化家庭产品与标准研究。尽管条件有限、起步较晚,但它们发挥社会主义制度优势,集体攻坚克难,在对标学习中实现局部超越,努力提升我国信息通信产业在全球产业价值链的位次,培育了部分产品和领域的比较优势。今天看来,如果没有这一阶段的战略性探索与积累,我国很难在短短20多年间连续发力4G、5G技术和产业,不会实现智慧家居产业的异军突起,并且一跃成为全球信息通信产业大国和数字经济强国。

第九章　推倒金字塔

◎ 本章导读

众所周知,"科层制"在工业革命后的社会治理和工厂管理中取得了巨大成功。无论欧美兴起的股份制,还是日韩株式会社模式,一切管理实践探索都离不开"科层制"这一基础。然而随着跨国企业组织规模扩大,总部战略计划和业务指令向下贯彻的难度越来越大,每一级都会发生信息的跑漏、理解的偏差和执行的滞后,自下而上汇集的信息也会失真、扭曲。"我的感觉是越来越不会做企业了,原来许多成功的发展模式现在都不好用了",张瑞敏在组织规模变化中洞察了科层制的瓶颈,认为它是互联网时代羁绊企业成长、泯灭组织活力的根源,所以在SBU、"人人都是经营者"的实践基础上提出了人单合一理论。诞生于2005年的人单合一理论为何有足够强大的底气向"科层制"经典理论提出挑战?它又是怎样在管理实践产生影响且被管理界所认识和接受的?

第一节
人单合一：推倒科层制的金字塔

"首席执行官"一词在我国的传播普及，始于海尔。首席执行官（Chief Executive Officer，简称CEO）是跨国企业惯用的企业管理职位名称，它与内资企业"总经理"角色近似。管理界通常认为，CEO既是企业经营一把手，又是股东权益的代言人，这一角色出现在中国企业，使传统的"所有权经营权分立"的观念得到了优化和修正。2000年5月，张瑞敏任海尔集团CEO，这一称谓逐渐被国内企业界熟知和使用。

2002年，导演吴天明，演员石凉、马跃等合作了一部以《首席执行官》为名的电影作品。该片由中国电影集团、央视电影频道节目中心等单位出品，以张瑞敏为人物原型，讲述了一群创业者胸怀振兴民族工业的志愿，17年如一日奋力拼搏，把一个欠债百万元、濒临倒闭的集体小厂发展成为全球销售额600多亿人民币的跨国企业的经历。

不久后，这部影片在日本放映。日本富士映像公司负责人评价："我对《首席执行官》怀有浓厚兴趣，因为它不同以往的中国影片，是以一种全新视角和姿态来描述决非众多日本人固有概念中的中国。它展现了社会主义国家新兴企业的领导者形象，且讲述的是海尔集团的真实故事。"一位日本职场女性观影感触颇深："中国的海尔使我想到了二战后的索尼、松下等企业，这些企业在废墟般的日本国土上实施变革，靠自强不息的奋斗精神发展成世界级的品牌。"[①]

CEO是建立在科层制组织结构上的管理角色，相对于传统"所有权经营权分立"模式有积极意义，但也受到了科层制组织结构本身的制约。德

---

① 《影片〈首席执行官〉在日本公映　海尔精神东渡到日本》，半岛网，http://news.bandao.cn/news_html/200410/20041014/news_20041014_59047.shtml。

国社会学家马克斯·韦伯（Max Weber）于20世纪初提出的科层制理论，指导社会治理、公共管理和企业经营领域实践至今已有100多年。

科层制在社会治理和工厂管理中取得了巨大成功。无论欧美兴起的股份制，还是日韩株式会社模式，一切管理实践探索都离不开科层制提供的理论基础。科层制组织结构通常是正三角形的"金字塔"，其核心特征包括合理的分工、层级节制的权力体系、依照规程办事的运作机制等。众所周知，正三角形的结构具有稳定性，而稳定是企业发展的前提。

随着互联网的出现，传统组织形态、组织逻辑被重构，科层制的理论地位被动摇了。新生代消费群体的崛起和新消费观念的改变，重构了市场供需关系、企业生产逻辑和行业竞争格局。消费与市场、员工与企业的关系发生了巨大变化，倡导扁平化管理的张瑞敏认为，扼杀创新、压制冒险精神的病根就是科层制。他坚信，在传统金字塔式的科层制管理逻辑下，让每个人获得重新分工的权利是不可能的。他提出人单合一模式。人单合一是破解科层制桎梏、建立新型生态组织的关键利器，它推倒传统组织的"金字塔"，进行重新分工，使劳动者走向自主劳动，生产力得到进一步解放。

2005年9月，人单合一在海尔推行。推行初期，"单"和"人"之间还受制于传统习惯，须先从这些习惯入手破冰。例如，让专卖店员工、配送司机、电器安装师傅与用户深度互动，触及每个真实用户的真切需求，如了解家庭主妇榨果汁用什么橘子、冰箱霜冻带来的烦恼、家居清洁周期等，随后，用户也主动加入了这个体验反馈网络，实现了零距离的真情交互。只有人与单的价值合一了，平台才能越运行越流畅、越稳固。

这年夏天，一位刚生完孩子的女士打电话询问空调型号与价格，计划购买和安装空调。海尔服务人员在电话中听到了婴儿的啼哭声，考虑到天气太热孩子容易长痱子，所以在其确定从商场购买后，嘱托安装师傅带了一包痱子粉送过去。未曾想到，这包痱子粉派上了大用处，这位女士非常欣喜，说没想到海尔服务能这么用心。事情虽小，但阐明的道理是：人单合一让每个环节的员工拥有了与用户交互的自觉性，员工不再是简单的执行者，而成为创造价值的主体——他们直接回应用户需求，通过满足用户需求来实现自我价值。

让用户获得良好体验，是海尔一以贯之的理念。在人单合一模式实施之前，海尔面对愈演愈烈的家电行业价格战，决计把工作重心转移到提升用户体验上，率先推出了星级服务体系，从1994年的"无搬动服务"到1996年的"先设计后安装"，再到1997年的"五个一服务"、1998年"星级服务一条龙"、2001年的"全程管家365"，每次服务升级，都让用户走近海尔一步，实现零距离交互。

有学者提出，日本京瓷公司创始人稻盛和夫推行的"阿米巴组织"与人单合一模式甚为相似，引发了学界对两者进行比较研究的浓厚兴趣。京瓷公司的阿米巴经营模式是把企业划分为更小的组织单元，也就是阿米巴组织，通过与市场挂钩的独立核算机制进行运营，培养具有经营意识的领导人，让全体员工参与经营，以便更好地快速响应复杂多变的市场，满足个性化的用户需求，从而使企业通过做小而做大，创造高收益。

张瑞敏和日本管理之圣稻盛和夫曾有过一次对话。稻盛和夫认为阿米巴是最好的组织形态，因为在阿米巴内部大家的利益是均分的。阿米巴的原形，就是随环境变化而生成与消亡的组织。然而张瑞敏认为，在互联网时代，阿米巴会遇到问题。因为阿米巴还是"正三角"结构，不能很好地把握瞬息万变的用户需求，上级的指令如果是错误的话，整个组织就会出现问题。人单合一模式下的自主经营体与阿米巴最大的不同是，前者创造了平台和机制，把握用户需求则是个人的事情。

企业初创期，管理事务相对简单，管理层次和管理幅度不大，凭经验管理也能十分有效。随着企业组织愈加庞大、复杂，管理模式需要随之调整，使两者更加匹配。在市场瞬息万变情形下，大企业很难通过一个庞大的决策信息系统做出及时反应,然而人单合一模式下的个体,被赋予更大自主权,可以在市场变化中快速响应、迅速行动。当然,他们的决策前提是有战略方向和统一的平台,这个平台是建立在目标和价值共识前提下的,是无界拓展的,是生态进化的。

科层制管理逻辑建立的企业组织,其规模越大越需要强化纪律、完善制度,使决策与执行保持自上而下的高度一致,进而提高风险控制水平。然而,管理权力集中统一、决策与行动高度一致,未必能产生良好的管理结果,正如张瑞敏所言:"一致性不等于正确性。"对于大规模的组织来说,正确性应该大于一致性,错误决策可能导致全局风险。人单合一模式促进执行层自主决策、正确决策,分散集中决策失误的风险,比一致性更重要。此外,传统的科层制难以尊重员工的差异性,难以满足市场快速变化的决策需求,无法避免地使管理陷入被动。

> **相关阅读**
>
> 海尔集团经营管理的案例《海尔:一家孵化创客的中国企业巨头》成为美国哈佛大学商学院教材案例,这也是海尔的案例第三次进入哈佛课堂。2005年,海尔首次提出人单合一模式,经过长时间探索,形成了整套管理体系,取得很大成功。海尔人单合一模式中,"人"即具有"两创"(创业和创新)精神的员工,"单"即用户价值。"人单合一"就是每个员工都直接面对用户需求,为用户创造价值,从而实现自身价值、企业价值和股东价值。这顺应了互联网时代"零距离"和"去中心化""去中介化"的特征。在人单合一模式下,海尔实现了企业平台化、员工创客化、用户个性化,从而激发了员工的创造力,成为物联网时代的成功探索,并引起国际著名商学院的关注。
>
> ——《人民日报》2018年3月12日

第二节
人单合一模式下的财务管理变革

党的十六大报告提出："国际局势正在发生深刻变化。世界多极化和经济全球化的趋势在曲折中发展，科技进步日新月异，综合国力竞争日趋激烈。形势逼人，不进则退。""适应经济全球化和加入世贸组织的新形势，在更大范围、更广领域和更高层次上参与国际经济技术合作和竞争，充分利用国际国内两个市场，优化资源配置，拓宽发展空间，以开放促改革促发展。"

经济全球化对跨国企业治理提出哪些新挑战？随着我国加入WTO贸易协定生效以及海尔北美、日本、东南亚、欧洲产业布局深化，海尔开始以"产品本土化"策略适应跨文化市场的消费需求。

2007年，海尔已拥有数百家成员企业，在全球30多个国家建立了本土化的设计中心、制造基地和贸易公司，并已建立具有国际竞争力的全球设计网络、制造网络、营销与服务网络。而这家千亿级跨国企业健康有序的运行，有赖于健全的内部风险控制和成员企业间的高效协作机制。

海尔数字化治理工程已初具成效。海尔运行的ERP系统，可以实现一天内完成"客户—商流—工厂计划—仓库—采购—供应商"操作，准确率较高。对于每笔收货，扫描系统能够自动检验采购订单。财务在收货的同时自动生成入库凭证，使财务人员从繁重的记账工作中解放出来，财务管理与财务监督的效率比此前有了很大提高。

随着人单合一模式的确立和推行，海尔又拉开了一场里程碑式的数字化革命。风控挑战增加，倒逼治理水平进一步提升。HGVS（Haier Global Value-added System，简称HGVS）信息化整合项目提出用1000天实现流程系统的创新，将信息化全面升级进入系统化集成阶段。HGVS是一个以

ERP为核心的平台，外围有很多的系统，集成的平台可为企业提供实时的可视化数据。2008年1月，HGVS实现8个事业部、31个工贸公司的同步上线，合并或替换了约320个旧系统，其余分别规划整合到36个外围大系统群。此外，它在全球以国内为模板逐步实施，截至2010年9月，全球13个贸易公司中12个已上线运行。

在人单合一的业务逻辑下，传统的财务治理模式显然不能胜任新要求。为了配合这次数字化变革，海尔财务变革以共享服务为切入点，由原来的管钱、管物、管账会计型财务组织向能够规划未来的管理会计型财务组织转型。为保障"全球化"目标的实现，首先从财务环节开始进行变革，以会计流程的重组为核心，完成了中心组织重构、人员和信息平台建设等，将集团业务分部的基础财务业务与会计核算业务进行集中共享。

财务共享服务中心以财务标准处理流程为基础，以优化组织结构、规范业务流程为实施手段，以建设统一的核算管理平台为载体，以价值创造能力和核心竞争力提升为主要关注方向，进而提升管理效率，最大程度降低风险。时任集团首席财务官谭丽霞介绍说："我们把28条产品线的财务人员分成三个组：业务财务、专业财务、共享财务。"其中，业务财务是各产业板块业务端的合作伙伴角色，融入业务、通过事前算赢，优化投入产出，支持战略落地；专业财务包括资金、纳税等事务的管理专家角色，通过扎根行业做深、充分理解产业用户，随时发现机会、转化机会，并通过资源整合创造增值；共享财务是建标准、建平台的全局统筹角色，提供高效、合规的交易处理，也是支持人单合一落地的基础平台。2007年海尔实现了青岛范围内的"小共享"，2008年海尔在全国范围内的贸易公司、工厂园区做到了共享，进而实现了"全球共享"。

共享的另一面是风控，数字化治理也要求实现海尔全球资金风险整体防控。海尔财务共享中心通过资金计划、投融资管理、外汇管理、结算中台等功能，对集团资金流动性进行预警分析，防控集团在资金收支、外汇敞口、流动性等方面的风险，提升资金风险防范能力。同时，密切关注全球市场变化，建立动态的全球资金风险预警机制并有效运作，对风险事件要实现"一点投石、全域响应、全球0险"，确保资金安全。

此次数字化变革的逻辑起点是人单合一。那么，怎样才能让每个人都能随时关注自己的损益，且在公平公正的前提下实现呢？海尔财务共享中心为此开发了"云抢单"，即建立一个订单池，人手一张损益表，所接订单与绩效考核收入挂钩，这样一来，每个人都关注自己的损益表。在人单合一平台上，海尔财务共享中心设了电子看板，大家的抢单情况实时滚动显示，这样更能促进每个人抢单的积极性。在相对应的评价机制中，不仅考察了订单的完成数量，更体现了工作成效和服务质量。除了"云抢单"，还实行了"云单证""云清算""云往来"。"云单证"是指所有的电子凭证全部在平台上，在线生成、调取、管理；"云清算"从预算、订单，到收入的确认、费用的结算等，都同步上传，自动清算；"云往来"，即针对供应商、客户、银行等的往来管理。

海尔还推出了诚信管理运营模型，为每个人建立了诚信档案，一旦触碰到底线，其诚信就会受到影响。个人诚信记录自动反馈给人力资源系统，为薪资调整、职位晋升提供参考。所以，财务共享使人单合一模式下的绩效考核更加客观、精准，让战略目标以量化的形式与个人绩效挂钩，为各类经营主体实时展现绩效成果提供了最好的支持。

资金管理是大型跨国企业财务管理乃至战略管理的核心，而成立财务公司是实现资金集约化管理的主要措施。2002年，海尔集团成立海尔财务公司，战略定位为海尔全球金融运作中心，借助金融手段对集团及成员企业的资金进行统一配置和集约服务，并通过有偿调剂集团内部企业资金余缺，优化配置资金资源，降低外部融资规模，满足了成员单位产业发展过程中的内部融资需求，实现了集团流动资金对外"零"贷款。海尔财务公司成立后的两年间，利用对内集约管理累计置换外部贷款30多亿元，向成员企业提供票据融资近60亿元，节约资金成本约2亿元。

海尔财务公司还作为外汇资金集合管理的操作主体，负责集团内部纳入试点范围内的成员单位的外汇资金的集合管理，即内部以财务公司作为统一外汇账户，外部依托外汇专业银行，开展内部外汇资金划拨以及对外的统一收付业务，实现集团外汇资金的集中收付和集合管理，实现了集团内部各成员单位之间外汇资金的余缺、币种调剂的重大突破。

基于"人人都是经营者"理念建立起来的人单合一模式，基于流程再造成果开展的"零库存"变革，以及基于全球汇率、原材料价格波动风险建立的全球财务治理机制，皆成为2008年美国次贷危机发生后，海尔免遭其害的重要原因。

> **相关阅读**
>
> 集团营业收入刚过1000亿时，财务人员大约1200名。现在接近3000亿元了，财务共享中心大概只有200多人。在数字技术和人单合一模式双重作用下，海尔集团设立财务共享中心至今，财务治理效率发生了颠覆性的变化。
>
> ——2020年5月，周云杰参加电视访谈节目时介绍

专家述评

建设社会主义市场经济体制下的现代企业管理制度，是一项长期且艰辛的工作，也是我国企业参与国际竞争的主要内容。现代企业管理制度起源于欧美国家，他们较早地建立了企业管理理论、标准、实践方法和评价体系，通过现代知识体系推广至全球各地，发展中国家很难突破其框架建构新的管理思想和方法。近些年，我国部分学者积极探索，试图跳出西方管理学理论，建立以中国传统哲学为底色的"中国式管理学"，然而经过实践检验，这些探索多数夭折或演变成企业文化的一部分。真正突破了西方管理学价值取向和逻辑框架，而且较为系统的，只有海尔于2005年提出的人单合一模式及其理论体系。人单合一模式经历了近20年的实践检验，最终赢得了全球管理学界的声誉，被称为继美国"福特制"、日本"丰田制"之后的管理创举，成为在社会主义市场经济体制下成长起来的、中国原创管理理论的代表。

第十章 变局

◎ 本章导读

日本曾因家电产业规模大、品质高享誉全球半个多世纪，被称为"家电王国"。然而，新世纪以来，日本家电业的辉煌时代一去不返，巨头企业们的家电板块相继步入衰退。这一现象是家电市场疲软导致的，还是日本企业自身出了故障？2023年6月20日，总部设在瑞士洛桑的国际管理发展学院(IMD)发布了2023年全球竞争力排行，日本受经济恶化影响，排名连续两年下降，位列第35位，创下历史新低。那么，让"家电王国"的企业跌下神坛、走向衰退的内在原因到底是什么？以海尔为代表的中国企业怎样避免重蹈日本企业覆辙？尤其当美国次贷危机发生后，该如何在变局中独善其身？

第一节
三洋兴衰记：日本企业放不下的"精益信仰"

上世纪八九十年代，我国本土家电企业凭借价格优势在市场获得了一席之地。从1996年4月1日起，我国大幅度降低进口商品关税，从过去的36%的算术平均税率降至23%，涉及4900种商品，为加入世界贸易组织谈判做足了准备。大幅降税意味着包括日本、韩国等国在内的家电产品具备了更大的价格竞争空间，日本家电巨头准备在中国市场发起新一轮的攻势。可问题是，进入21世纪，日本的技术优势不再明显，家电行业成本更加透明，日本品牌也不可避免地参加到价格战之中。若以今天的目光回望过去20年家电市场格局变化我们可能会发现，日本制造业滑坡迹象在家电产业反映得尤为明显，它们革新慢、品牌老化，虽说仍在老一辈消费者中扮演着"怀旧担当"，但对于年轻一代的吸引力渐渐消失了。这让中国家电品牌"反扑"日本市场有了可乘之机。

2002年1月8日，海尔6个集装箱的50L、90L冰箱和4.5KG小洗衣机首次落地日本，以自有品牌"Haier"进入日本市场，标志着海尔与三洋建立的合作关系进入新阶段。三洋是日本家电行业的典型代表，与海尔是老朋友。新世纪伊始，海尔与三洋的合作更加密切，为之后海尔并购三洋做足了铺垫。

我们有必要简要地回顾一下三洋的发展历史。

三洋于1947年在日本大阪创立。1947年，担任松下电器行政管理主任的井植薰离职后，创办了自己的企业，取名"三洋电机"并开始使用"SANYO"商标。三洋电机从生产自行车用照明灯开始，依次进军收音机、洗衣机、电视机等领域。上世纪60年代，三洋逐渐确立了家电头部企业的地位，其年销售额一度超过2万亿日元，股价远超松下、东芝等对手，员工数量达到10万人。

上世纪90年代，三洋电机眼看家电市场需求呈现爆发式增长态势，于是做起了代工业务，此举为其短期内创造了大量利润。尽管秉承了日本制造业的特质——精细的生产质量控制、完备的零配件供应，但三洋电机高品质的代工却成就了竞争者的品牌，自身却无暇顾及核心技术创新，错失了家电业数字化转型的最佳时机。2000年之后，三洋电机衰败迹象频现，不得不依靠拆分、出售产业板块保持发展。2007年5月，通用电气公司获得三洋电机信贷公司的全部股份；2008年1月，日本京瓷公司收购了三洋手机部门。

耐人寻味的是，这家由松下职员离职创立的企业辗转半个多世纪，最终又回到了松下的怀抱——2010年8月，松下通过股票公开买卖，获得三洋电机80.77%的股份。2011年3月29日，三洋电机从东京证券交易所退市。松下收购三洋电机之后，表示全面弃用"SANYO"品牌，并"分期分批"地将其约1500家零售店改制为松下品牌零售店。三洋电机业务和产品要么被收编，要么被剥离，辉煌了60多年的日本家电巨子全盘退出历史舞台。

海尔刚进入日本市场时，日本家电市场竞争相当激烈，三星、LG等韩国品牌高调抢滩日本，但业绩并不理想。海尔选择与三洋电机合作，成立三洋海尔合资公司，得到了三洋电机在日本建立的渠道关系。彼时，日本三洋也希望更深入开拓中国市场，双方各取所需，达成了资源共享合作协定。

2006年，三洋电机经营举步维艰，海尔并购了其在日本的冰箱业务，将日本冰箱工厂全部关闭搬到青岛，组织原生产技术和研发人员成立海尔三洋电器株式会社。此次并购让海尔得到了三洋制造基地、技术以及6个国家的渠道和客户关系等，并获得了1843项专利的所有权。为了进一步缓解财务压力，翌年三洋电机又将最大的冰箱工厂——泰国工厂出售给海尔。

2011年，海尔从松下电器手中收购了三洋电机在日本、东南亚的白色家电业务，由时任海尔集团执行副总裁梁海山和日方签署协议。三洋电机洗衣机和家用冰箱业务及其在印度尼西亚、马来西亚、菲律宾和越南的洗衣机、家用冰箱和其他家用电器销售体系悉数纳入海尔麾下，近3100名员工也并入海尔团队。有关专家认为，这项收购使日本工业链体系向海尔倾斜，或将引导全球工业链的结构变化。而投资界人士认为，这种"少吃多餐"分段收购的交易方式并不多见，其收购成功率大于一次性整体收购。

除了海尔，与三洋有深度合作的中国家电企业还有安徽合肥的荣事达等。1994年，中日合资合肥三洋洗衣机有限公司成立，后更名为合肥三洋荣事达电器有限公司，主营"荣事达 Royalstar"品牌，与海尔、小天鹅等品牌一样，也成为上世纪末中国人美好生活的印记。10年后，该企业在上海证券交易所正式挂牌上市，成为我国首家合资家电上市企业。又过了10年，三洋败局已定，不停兜售在全球各地的股权，也包括将该企业所持股份转让给惠而浦，原合肥三洋更名为惠而浦（中国），这家中日合资企业变为中美合资的家电上市公司。

荣事达与日本三洋合资的同时，还与美国美泰克公司成立荣事达中美合资公司，控股方美国美泰克公司占50.5%的股份，荣事达占49.5%的股份。经过几年合作，两家公司由于在文化、管理上的差异，导致经营业绩不佳，不得不选择"散伙"。不久之后，欲进军冰箱和洗衣机领域的美的集团收购了美泰克持有的合资公司50.5%股权，并于此后两度增持，最终全面收购合资公司股权。收购了合资公司后，美的加大了在安徽合肥的投资力度，国内诸多家电企业也纷纷在此投资，合肥由此成为国内外家电巨头的投资聚集地，加之海尔、格力等著名企业的入驻，使合肥的家电品牌聚集度与青岛、顺德并驾齐驱，成为全国三大家电生产基地之一。

海尔之所以在合肥投资建设工业园，起源于合肥黄山电子的并购事件。

1997年，破产重整的黄山电子被合肥市无偿转让给海尔集团，要求其接收2500多名在岗职工。根据张瑞敏激活"休克鱼"的企业兼并理论，它恰好符合其"休克鱼"的定义：硬件条件较好，因管理不善而深陷困境的企业。一经注入海尔文化，这条"休克鱼"便迅速复活了，海尔也因此在合肥经开区扎根，进军黑色家电市场。重组第一年，彩电产量从5万台猛增至40万台，海尔在黑色家电市场初露锋芒。随后海尔成立合肥海尔电器有限公司，并扩建为工业园，至今已建成3大园区，总占地面积1948亩，拥有涉及冰箱、空调、洗衣机等全系列产品研发生产线，是海尔除青岛之外的第一大工业园区。

国内家电行业并购事件频发、国内外家电品牌短兵相接，这些情况的出现与我国加入WTO不无关系。2001年11月11日的《人民日报》头版刊登了题为《中国改革开放进程中具有历史意义的一件大事——祝贺我国加入世界贸易组织》的文章，文章称，加入WTO既是机遇，"有利于实施'走出去'战略，在更广阔的天地参加国际竞争与合作"，同时也面临一些严峻的挑战，"随着更多的境外产品和服务业进入国内市场，我国的一些产业将面对更激烈的竞争，特别是那些成本高、技术水平低和管理落后的企业会遭受一定的冲击和压力"。

在加入WTO机会和挑战的双重影响下，如果我国企业不能树立居安思危的意识，及时地实施自我变革，或许会重蹈三洋的覆辙。

以三洋为代表的日本家电企业的衰落，引发了人们对日本全球家电产业地位的重新思考。业内人士分析，日本六大家电企业中，白色家电产品销售量所占比重逐年减少，全球白电市场份额基本由中国的海尔、韩国的三星等中韩企业所占有。曾经风光无限的日本家电业尽管在某些方面仍有一定的领先优势，但如何快速提供更适合消费者需求的产品却是亟待解决的问题。

企业应做大做强还是做精做细？中国企业多选前者，日本企业多选择后者。在日本文化中，精益成为一种信仰，渗透在日本人的生活、学习、生产、筑造、管理、服务等一切领域。精益化、极致化的产品质量，让日本企业受益了半个多世纪。然而，成也萧何，败也萧何，精益信仰又成为日本企业转型的精神羁绊。

张瑞敏将企业增长模式分为两种类型：过去叫质量效益型，而今应该改成生态增值型。质量效益是企业发展的基础，但不是必胜的条件。质量效益型的标准是企业自己去定义，自己觉得"好的不得了"，但用户往往不买账。他说："假如只是盯着质量，就算海尔做到极致，可能至今也做不过日本，更做不过德国。"生态增值型则是用户说了算。从质量效益型转化为生态增值型，才符合物联网时代的要求。尤其到了今天，我国电商平台的产品价格低到不可想象，企业如果打价格战，肯定是一条不归路。那么出路在哪里？出路在生态增值，生态有无限的场景等待去探索。哪怕一个很小的场景，也有空间——可是问题在于，企业想知道用户的需求在哪里，可是找不到。所以，只能是让每个人发挥作用去找，有很强的动力去找。在海尔，这个动力源自人单合一，源于"人的价值最大化"。

日本家电产业衰败，我国制造业也面临着信息化与工业化融合的时代主题转向。2008年6月29日，在位于北京西单原信息产业部正门前，工作人员拉下了红布，工业和信息化部正式挂牌，为国家服务10年的信息产业部正式退出历史舞台。当日上午10时，原信息产业部办公所在地——北京西长安街13号和万寿路27号院，"信息产业部"牌匾被悄然更换为"工业和信息化部"。工业和信息化部揭牌，给了企业人士更广阔的想象空间——工业与信息化究竟应该怎样融合？作为立国之本、兴国之器、强国之基的中国制造业，或将迎来一场重大的、持久的变革。

> **相关阅读**
>
> 这些年日本很多大企业都垮了，日本的质量没的说，为什么不行了？因为和市场脱节，没有用户愿意选择。比如三洋的白色家电部门卖给我们，我和他们接触发现质量没有下降，不是质量问题。但原来是产品供不应求的时代。现在用户需求不断变化，他们还是一年甚至两年才开发一款新产品，怎么能行呢？它没有和用户的交互，而交互是生态的基础。
>
> ——2022年，张瑞敏接受秦朔访谈时分析日本企业衰败的原因

第二节

走出危机：投身家电下乡，勾画海外事业第二曲线

2005年，中央政府工作报告将"抑制房价过快上涨势头"作为当年经济调控的一项任务。国务院办公厅随即以"国办发明电〔2005〕8号"文件颁布了一份关于切实稳定住房价格的通知。

该通知涉及八条指导意见，旨在大力调整住房供应结构，调整用地供应结构，增加普通商品房和经济住房的土地供应并督促建设，也就是赫赫有名的"国八条"。各级政府从调结构、征税收、控土地、紧信贷等环节调控房地产，力度之大前所未有，使当年全年房地产开发投资增幅回落，价格涨幅趋缓。2005年也被业内人士视为我国房地产发展史第一个"政策调控年"。

做好房地产和金融市场调控，避免发生系统性风险，是国家经济健康运行的前提保障和基本底线，否则就可能如同2007年的美国，因为住房抵押贷款市场调控失灵，点燃了次贷危机的导火索。

美国次贷危机爆发以美国第二大次级房贷公司新世纪金融公司破产事件为标志,最终演变为全球金融危机。危机的发生,对各国金融市场和实体经济的影响不断加深,多家金融机构出现巨额亏损甚至倒闭,股市债市剧烈波动,全球经济陷入衰退的风险日益加大。

为消解美国次贷危机造成的负面影响,我国在"四万亿"政策颁布之前,推行了一系列扩大内需的措施,具有代表性的是"家电下乡"。我国8亿人口住在农村,随着农村购买力较快增长,农村市场空间进一步扩大,"十一五"规划纲要也正式提出了社会主义新农村建设,所以,企业开拓农村市场、深挖农村消费潜力正逢其时。2007年末,财政部、商务部颁布《家电下乡试点工作实施方案》,提出"先选择既有利于改善农民生活,又有利于促进生产发展的彩电、冰箱和手机三大类产品进行试点。对农民购买试点家电产品,由中央和试点地区财政以直补方式给予一定比例的资金补贴,以邀活农民购买能力,加快农村消费升级,扩大农村消费,促进内需和外需协调发展"。

2007年12月1日至2008年5月31日,"家电下乡"活动在山东、河南、四川三省进行试点,主要内容是引导工商联手开发、生产适合农村消费特点的家电产品,并对农民购买的纳入补贴范围的家电产品给予一定比例(13%)的财政补贴,以激活农民购买能力,扩大农村消费。一年后,企业试点产品销售350万台,销售额达50亿元。与上一年同期相比,销售量增长40%。

据国家统计局测算,农村人口每增长1元的消费支出,可对整个国民经济带来2元的消费需求。全国2.3亿农户对任何家电产品的普及多增加1个百分点,就可增加238万台(件)的消费需求。以山东潍坊为例,截至2008年12月末,潍坊市销售"家电下乡"产品13.5万台,实现销售额2.09亿元,向10.8万户农民发放补贴2193万元,主要指标均居山东省第1位,拉动潍坊市农村消费增长1个百分点。

家电下乡，是海尔由城市全面进军农村市场的重要入口，空调、冰箱、洗衣机各板块均匹配了适宜农村家庭的产品。家电下乡政策实施后，海尔持续推动专卖店深入三、四级市场，支持专卖店派家电下乡产品展示车下到镇或村进行宣传，向农民宣传家电下乡政策，产品销量得以增长。至2009年，海尔连续三年赢得满堂彩，农民得实惠、企业得市场、政府得民心。

为应对全球经济衰退变化，海尔还借助海外的本土化渠道优势，由周云杰牵头组建了海尔国际商社，构建了小家电进出口、海外政府项目和海外大客户OEM采购等平台，其核心任务是发挥境外资源优势，尤其在非家电业务领域进行有益探索，包括为智慧教育、智慧城市管理、政务数字化、医疗卫生、新能源及应用领域提供"一揽子"解决方案，进而开辟海外发展的"第二曲线"。这些探索为之后海尔更深入服务"一带一路"国家市场、融入"双循环"新发展格局积累了丰富经验。

开放发展是我国的基本国策。尽管受美国次贷危机影响，全球经济陷入深度衰退，但由于我国及时的内外对策实施，最终经受住了大变局的考验。为更好地参与世界经济发展，党的十七大审时度势地提出，"拓展对外开放广度和深度，提高开放型经济水平"。2007年，我国进出口总额突破2万亿美元大关，2008年进出口总额同比增长近18%，2009年进出口总额虽然同比下降近14%，但仍然是全球外贸表现最好的国家之一：出口总额跃居全球第一位，进口总额上升至全球第二位。

相关阅读

在国家扩内需政策持续作用下，电子信息产业内销保持快速增长。2010年，规模以上电子信息制造业完成内销产值26733亿元，同比增长24.7%，连续11个月保持20%以上增速。家电下乡政策大大激发三、四

> 级市场的发展潜力，产品销售再创新高，2010年全国家电下乡产品累计销售7718万台，实现销售额1732亿元，同比分别增长1.3倍和1.7倍。以旧换新推动城市家电产品更新，市场销售取得新突破，2010年家电以旧换新销售量和回收量均超过3000万台，比上年增长2倍以上。
>
> ——2011年2月，工业和信息化部发布的《2010年电子信息产业统计公报》

第三节
"零库存"改革：大规模定制的热身运动

受美国次贷危机的负面影响，我国工业经济运行压力增加，出口明显下滑，部分外向型行业、企业经营困难。为扭转下滑趋势，中央及时采取了扩内需、保增长的一系列政策措施，"去库存化"成为2008年、2009年我国制造业的主题词。摩根大通发布的报告指出，中国工业企业库存调整的广度和深度远超过预期，可能将面临一个较长时间的库存消化过程。美国次贷危机对跨国公司的供应链打击尤为沉重，海尔的海外工厂能平安"渡劫"吗？

早在金融危机发生之前的几年，海尔就已在探索"零库存下的即需即供"模式，目标是既要去掉库存，还要第一时间满足用户需求。完成这种"高难度动作"，海尔就必须建立准确的信息交互和实时的市场反应机制。

改革的手术刀交到了时任集团高级副总裁、首席市场官的周云杰手里。他认为，"零库存下的即需即供"是一个看似两难的挑战：既要零库存又要高增长。倘若坚持以创造客户价值为导向，所提供的方案是客户所需要的，就不是两难了。面对金融危机，企业要想"过冬"，必须做到丰衣足食。"食物"就是订单，"衣服"就是现金流。没有订单就等于没有"食物"，不饿死也会饿晕；有了订单却不能迅速变现，产品成为库存，没有了现金流，等于没有"衣服"，还是要冻死。早在1998年，海尔就在市场率先实行"现款现货"。当时也遇到了很大阻力，因为彼时所有人都认为"没有必要""劳民伤财"，但是海尔还是咬着牙坚持了下来。海尔在"现款现货"基础上提出要防止"两多两少"，即库存多、应收多，利润少、现金少，"零库存下的即需即供"是解决"两多两少"问题的技术手段。

"零库存下的即需即供"模式，是以现代技术和先进理念为依托，取消仓库，围绕客户订单组织生产，通过先进的供求信息传播和高效快捷的产品研制手段，将市场开发、产品研发、供应链形成一个从用户需求到用户满足的流程，即研发上实现即需即变，制造上实现即需即制，营销上实现现款现货、零库存，物流上实现即需即送。"零库存下的即需即供"模式的运用，使海尔库存资金占用天数由过去的20天下降到了5天，是中国工业企业平均值的1/10。为了不让经销商承担改革成本，海尔先调整了供应链流程，周下单、下周单、按单生产。通过订单模式和流程的变革，海尔"把货放在公路上""把货放在集装箱上"，真正实现了"零库存下的即需即供"。也正是这一做法，让美国次贷危机中的海尔避免了很多损失。

金融危机波及各国市场，这段特殊时期被经济界称为"寒冬"。然而就是这一年，海尔营业收入不降反增，像是寒冬里的一抹春色。张瑞敏在《求是》杂志发文介绍海尔应对次贷危机的经验，标题便是"在冬天里创造春天"。对于零库存改革，张瑞敏认为，由于消费市场大幅度萎缩，企业遇到的主要问题，一是库存积压严重，二是应收账款难以回笼，特别是出口型企业，资金链断裂、企业库存过多，是面临倒闭的主要威胁。要克服这两大难题，必须进行商业模式的创新，努力实现速度和结构、质量、效益相统一。健康的资金链为海尔规避危机风险、保持良好运转提供了有力保障。

之后几年，家电行业继续面对大宗原材料价格波动大、人民币升值、国内信贷紧缩、房地产市场低迷等复杂因素的影响，库存问题更是导致

"价格战"硝烟四起、此起彼伏。

除了"零库存下的即需即供"业务流程改革，产品定制化也是有效推进去库存、避免陷入"价格战"的有效途径。2012年2月，海尔与苏宁签订了三年500亿元的合作协议。根据协议，海尔冰洗、空调、厨卫等全线产品将通过苏宁的零售门店、B2C渠道、定制服务渠道进行销售，以挑战500亿元的销售目标。2011年，海尔全线产品在苏宁的销售额超过百亿元，同比增长超过20%。海尔根据苏宁销售数据，加强定制产品开发、包销模式的升级。"零库存下的即需即供"、联合流通企业进行产品定制等一系列行动，既是上世纪末海尔洗土豆、洗荞麦皮、洗龙虾特需研发模式的延续，也为数年后推出卡奥斯工业互联网平台、建构大规模定制机制练了手、热了身。

相关阅读

2008年下半年以来，随着国际金融危机的加剧，"去库存化"这个经济学上的专用名词越来越频繁地出现在人们的视野之中。事实上，"去库存化"正在成为我国工业行业面临的难题。专家表示，企业只有消化积累的库存，才能重新整装前进，经济回暖才能更加稳健。当前以美、欧、日为代表的发达经济体和以韩国为代表的新兴工业化经济体的"去库存化"过程仍在持续。例如美国，随着发货下降和存货上升，美国产能利用率开始出现明显下滑，其2009年1月的读数为72，已经直逼1982年12月70.7的历史低位。

——《中国财经报》2009年8月25日

专家述评

社会主义市场经济实践以马克思主义中国化的创新理论为指导，准确把握经济发展规律、科学识别周期性变化特征，运用宏观调控措施防范市场机制失灵时经济发展蒙受的巨大损失。尤其面对单边主义盛行、全球产能过剩以及美国次贷危机的诸多威胁，社会主义市场经济更是表现出强大的韧性，平稳度过了各种周期性挑战。同样，作为社会主义国家的市场主体之一，海尔亦擅长于拿起社会主义政治经济学的理论武器，在唯物辩证法指导下以变应变、以不变应万变，准确把握国际市场规律、应对全球家电市场大变局，在抵御外部风险和宏观变化威胁中不断赢得新的发展机会。

第四篇

04

改革先锋

••••

  如果一家企业能够打破管理定律、跳出历史的周期率，就相当于改造了自己的"命数"。是谁决定了企业的"命数"？答案或许只有一个，那就是时代。"没有成功的企业，只有时代的企业"，源自海尔的这句管理箴言一直盛传至今。唯靠主动的、持续的自我变革，才能使企业不受制于环境、不落伍于时代，甚至可以去影响环境、创造发展条件。

  党的十八大以来，以习近平同志为核心的党中央面对国内国际经济环境变化，做出重大研判，提出指导中国经济适应新变化和构建新格局的重大理论，形成了习近平经济思想。习近平经济思想是习近平新时代中国特色社会主义思想的重要组成部分，是经济领域全面深化改革、实现产业转型升级、企业高质量发展的行动指南。改革是永恒的话题。推动企业改革的力量是多方面的，从其意愿来看有两种，一种是受到外部环境变化影响发起的，是被动的改革；另一种是为了免受外部环境变化制约，事先发起的，是主动的改革。尽管两者看上去很像，但改革逻辑和最终结果可能大相径庭。

  本篇介绍美国次贷危机发生之后10年间，我国经济社会发展遇到的新情况、新问题以及实施的改革思路、改革措施，及其对企业产生的深刻影响。这期间，作为社会主义市场经济改革事业的忠实践行者，海尔在确立了人单合一模式、智能制造进阶目标的基础上，进一步推进组织变革、数字化转型，以改革之力尝试打破经济周期、企业生命周期、帕金森定律（即大企业病）的"魔咒"，力争为新发展阶段树立企业改革的典型样板。2018年12月18日，在庆祝改革开放40周年大会上，党中央、国务院授予张瑞敏"改革先锋"称号，认定语为"注重企业管理创新的优秀企业家"。

第十一章　数字化变革

◎ 本章导读

　　2013年被称为"4G元年"，互联网阵地从PC端转向移动端，物联网技术开始向各个领域渗透。物联网的广泛应用彻底颠覆了传统管理逻辑，那些创业数十年的企业家突然感到"此前的成功管理经验不好用了"。当互联网背景下传统管理模式变革话题争辩得难分高下时，海尔走向一条旗帜鲜明的数字经济与制造业融合的发展之路——传统制造业怎样走好数字时代的路？数字时代的海尔，还能成功代言企业改革的前进方向吗？

第一节
电器变"网器"：创造新的消费市场空间

2012年，中国网民规模突破5亿。根据中国互联网络信息中心《第29次中国互联网络发展状况统计报告》显示，截至2011年12月底，中国网民规模达到5.13亿。这一年，海尔宣告进入网络化战略阶段，开始了企业发展史上的第五次转型。张瑞敏将网络化战略阶段特征归纳为三个"无"。

第一，组织无边界，即探索平台型团队、按单聚散。第二，管理无领导，用户是领导，用户说了算，继续探索人单合一的驱动机制。人是员工，单就是用户，把员工和用户合起来，最后的目的就是自主经营体，给予其最大自主权，使其作出更快的反应和更多的决策，最后做到人单自推动。第三，供应链无尺度，满足大众和小众的需求。传统时代是大规模制造，互联网时代是大规模定制。现在海尔探索的就是按需设计、按需制造、按需配送的体系，这是最高境界。

2013年，为使传统企业加快适应互联网技术带来的新变化，国务院颁布的《关于促进信息消费扩大内需的若干意见》提出，"支持数字家庭智能终端研发及产业化，大力推进数字家庭示范应用和数字家庭产业基地建设"。海尔网络化战略阶段的主要任务之一，就是全面推进家电互联网化，变电器为"网器"。

在第十二届中国（上海）家电博览会上，海尔展出的产品格外引人瞩目，展位上聚集了大量业内人士和媒体记者。博览会期间，海尔发布了全球首套物联网智能家电——用户通过手机进行空调、冰箱、洗衣机、酒柜和电视机功能操作，以及更多的人机交互。例如，冰箱可以记录食品信息、推荐菜谱，只要轻点屏幕，平台上的供应商可即时配送食品到家。这些让普通消费者产生浓厚兴趣的"新面孔"背后，暗藏着一场家电产品网络化升级的大变革。

将电器升级成网器，把家电变成一个个的数据传感器，向大数据平台实时反馈使用过程中产生的设备数据和用户行为数据，然后打造一个个智慧生态圈。通过网器的实时数据传送，用户购买家电后使用了什么功能、使用的时长与状态、有什么样的体验等，都会一目了然。

互联网为海尔与用户搭建了交互的平台，其数据也让海尔对用户群体特征有了清晰认知。比如40岁以下人数占近七成，用户群体偏向年轻化，本科以上的高学历用户占比近45%，等等。数据不仅是这份用户画像的表象，更重要的是海尔用数据在营销、产品、网器升级三个层面上的应用提供了一条与用户零距离沟通的通道。

前文有述，海尔参与发起"中国家庭网络标准工作组"是原国家信息产业部、原国家经贸委联合设立的技术标准研究组织。之后，在该工作组基础上，海尔又联合清华同方、中国网通、上海广电、春兰集团、长城集团、上海贝岭等200余家企业成立了中国家庭网络标准产业联盟（I Top Home），简称"e家佳"。"e家佳"的会员单位涵盖了消费电子、半导体、通信、IT、安防、建筑、网络运营、软件等众多行业，形成一个巨大完善的产业链，产品与3C、ISP和房地产等市场领域息息相关。"e家佳"标准以其先进的技术性和高度实用性，在获得用户和国家认可的同时，也赢得了国际上的注目，它不断参与产业标准制定、行业技术合作。

在网民数量激增的几年间，中国智能家居行业标准领域的先行者们开始撼动海外技术标准体系的地位，并衍生出一批产业化成果，其中最具代表性的是"优家"（U-Home，或简称U+）。"优家"是基于"e家佳"的技术和战略延伸。"优家"和"e家佳"本质上是一脉相承的，或者说"优家"如同卡萨帝一样，是基于"e家佳"提出的标准协议在智能家管理场景的落地应用。

2006年7月4日，时任海尔集团副总裁的周云杰在发布会上解读"优家1.0"时描绘了这样一张蓝图，"通过其一系列核心技术，可以实现家电与家电、家电与人、家电与社会的网络互动"。为此，自海尔新研发的家电设备都开始预留家庭网络接口。随后几年间，海尔一直沿着这条路持续探索。2007年7月，科技部公布首批企业国家重点实验室，海尔数字化家电国家重点实验室获批；2008年8月，海尔"优家"首个智能家居大型示范社区——青岛东城国际建成；2010年1月，海尔第一台物联网冰箱发布；2012年启动网络化战略转型，见证了海尔从传统家电制造业转型为孵化创客的平台型企业的决心。

"优家"手机App是一款面向用户端的家庭智能设备管理平台。就软件本身而言，它整合了海尔、卡萨帝、Leader等品牌的智能空调、智能洗衣机、智能热水器和智能冰箱等4000+种海尔智能家电的接入绑定、远程操控、信息查询、状态提醒、能耗管理、智慧场景联动等功能，实现"一个App掌控全屋智慧家电"。"优家"App除了控制家电之外，还能通过"拟人化"人机交互、模糊识别、大数据分析以及内置的人工语音助手，让用户与家电对话，或者通过指令轻松控制家电，甚至任何位置损坏也都能及时了解。

自发布"优家"App后，海尔继续加速智能家居布局。例如举办"优家"创客大赛，寻找可孵化的智能家居创业项目；开发"U+"智慧生活平台以及"UHomeOS"智慧家庭操作系统等。值得一提的是，海尔在智慧家居芯片领域也取得了重大进展。海尔与瑞昱公司（Realtek）合作发布的"U+云芯"是软硬件一体化方案，赋能家电产品的物联网升级转型，包含"U+物联云1×3"和"智慧家庭IoT芯片"等芯片产品，进而提升海尔"优家"系统的使用体验。

物联网技术让智慧家居走入普通家庭，还有一个关键条件，即互联网从PC端转战手机端。2008年10月，世界上首款搭载谷歌安卓（Android）

1.0 系统的智能手机"T-Mobile G1"在美国亮相,其竞争对手是传统的"功能机"——当时智能手机领域还是诺基亚的天下,塞班系统在智能手机市场中更是占有绝对优势,安卓系统并没有被外界看好,有言论称最多一年谷歌就会放弃安卓。

两年后,苹果公司发布 iPhone4,给用户带来了耳目一新的智能化体验,也宣告了诺基亚时代的终结。不过,对于普通消费者来说,iPhone4 的高价并非每个人都负担得起,相对价廉的安卓操作系统机型更加平民化,所以,安卓作为同期的"非主流"却点燃了燎原之火,成长速度惊人。之后智能手机普及期间,几乎所有的知名厂商都选择低成本的安卓。根据公开数据,2012 年第二季度搭载安卓操作系统的手机市场份额已经增长至 68.1%,稳居移动操作系统的霸主地位。之后的几年,安卓为智能家居与手机建立连接,实现繁多的控制功能提供了诸多技术便利。

2016 年 3 月,历经九次迭代的海尔"优家"智慧生活平台发布全新 2.0 版 App,电器全面转型为"网器"。智能家居赛道上,海尔要面对的竞争者不仅是传统家电企业美的、格力、TCL、海信等,还包括百度、小米等互联网企业入局带来的压力。智能家居之战,已经上升为物联网资源争夺战。

2013 年,德国政府提出"工业 4.0"战略,目的是提高德国工业的竞争力,在新一轮工业革命中占领先机。"工业 4.0"意味着利用信息化技术促进产业变革时代的来临,或者说,智能制造时代的来临。

相关阅读

鼓励传统家居企业与互联网企业开展集成创新,不断提升家居产品的智能化水平和服务能力,创造新的消费市场空间。

提升终端产品智能化水平。着力做大高端移动智能终端产品和服

> 务的市场规模，提高移动智能终端核心技术研发及产业化能力。鼓励企业积极开展差异化细分市场需求分析，大力丰富可穿戴设备的应用服务，提升用户体验。
>
> ——2015年7月，国务院颁布的《国务院关于积极推进"互联网+"行动的指导意见》（国发〔2015〕40号）

第二节
互联工厂：奏响大规模定制的序曲

海尔没有将智能制造简单地理解为生产智能化或"机器换人"。因为人工替换成机器，只能解决生产效率和质量控制的问题；如果没有订单，生产系统无法准确把握、满足多样化的用户需求，效率再高也无济于事。

海尔智能制造最早在沈阳的冰箱工厂实现，该厂通过打造自动化、智能化生产线，率先形成企业与用户需求数据无缝对接的智能化制造体系，满足用户个性化、碎片化需求。经过一年多的试运营，该工厂可支持9个平台500个型号冰箱的柔性大规模定制，人员配置减少60%，单线产能提升100%，单位面积产出提升了100%，定单交付周期由15天降低到7天。按照个性化需求生产的定制产品比标准化家电售价高7%~8%，但用户完全可以接受。

为了建设沈阳互联工厂，海尔在全球范围内召集了包括德国弗劳恩霍夫协会、诗道芬公司等26个顶级设备商共同设计、建造。传统工厂中，一台家电零部件少则数百、多则上千，部分是供应商通过招标提供，部分则是海尔自行生产。假如一个定制家电需要动用数百个供应商，短期交货、控制成本将是一件不可能完成的任务。为实现柔性生产，海尔彻底重组了供应链，将320个零件优化为23个模块，转由23个供应商提供；

互联工厂一改过去"大而全"生产模式，只做最为核心的模块组装环节。以前，制冷部分需要四五个管件商供应零部件；如今，海尔将其与内胆集成为制冷模块，由一家研发、技术实力更雄厚的供应商参与设计并供货。

2014年，海尔还建立了"海达源"资源平台。这是全球家电业第一家为供应商提供的服务平台，模块商可以进行自行注册、抢单、交互、交易、交付和优化。"海达源"有4万家以上的供应商入驻，海尔与用户均可直接提出需求，供应商在线提出解决方案。以瑞士西卡公司为例，2014年4月该公司在海达源平台获知海尔发布的"解决冰箱玻璃门闪缝漏气"的需求，在线提交了解决方案。同年6月，西卡公司提供整套方案被海尔选中并投入生产。这使得供应商进入时间从半年缩短到三个月，推动海尔新品的上市周期缩短了一半。

投建互联工厂，一方面基于物联网提供的技术条件已足够充分，另一方面则是近些年市场骤变的特征让海尔人越来越坚信，"大规模定制"才是未来竞争的主题。互联网带来了个性化需求，解构了原有的营销流程并使其碎片化——谁能高效率收集起这些碎片、满足用户需求，谁就能赢得市场。企业为适应碎片化的特征，就得将大规模的标准化制造转型为"大规模定制"。

2015年12月16日，第二届世界互联网大会在浙江乌镇开幕。120多个国家和地区的政府代表、国际组织负责人、互联网企业领军人物、著名企业家、专家学者、大学生等各方代表参加。大会期间，张瑞敏应邀出席并演讲，提出了"企业任务要从大规模制造变成大规模定制"的观点。张瑞敏说："在中国特别现在这个状态下，主要是解决过剩产能的问题，具体到企业我觉得很简单，就是提供有效供给、创造有效需求。"

畅销书《失控》的作者凯文·凯利（Kevin Kelly）访问海尔时，也十分认同海尔的转型理念："海尔一定要变成一家互联网企业，而不应该再是科层组织。"海尔通过人单合一模式的流程再造、HGVS数字化治理、互联工厂建设等奋力推进自身数字化转型的近10年间,海尔的决策层在互联网业务和传统产品之间进行了大胆取舍。

这一过程中,海尔报表数据变化和新管理动作让外界质疑,社会舆论表达出对海尔转型激进的疑问和担忧。许多人看不懂海尔的操作,甚至对"海尔算不算一家制造业企业"产生疑惑。周云杰对此的回应是:海尔要做一家"互联网公司"。他坦言,未来是一个泛工业的社会,工业互联网将成为主流,它本质上是把生产和消费打通的社会互联网,其撬动的经济规模、量级也是难以想象的。可以预见的是,泛工业的革命将是伴随着产品、管理和商业模式发生重大变化的变革,工厂内的制造革命只是其中的一部分而已。

继海尔沈阳冰箱互联工厂建成后,2014年至2017年间,海尔又陆续打造出郑州空调、佛山滚筒、青岛热水器、FPA电机、胶州空调、中央空调等7大互联工厂。互联工厂的建成,标志着海尔全面推动大规模制造向大规模定制的转型,展开了全流程、全要素和全价值链的逻辑重塑。

相关阅读

大力发展智能制造。以智能工厂为发展方向,开展智能制造试点示范,加快推动云计算、物联网、智能工业机器人、增材制造等技术在生产过程中的应用,推进生产装备智能化升级、工艺流程改造和基础数据共享。着力在工控系统、智能感知元器件、工业云平台、操作系统和工业软件等核心环节取得突破,加强工业大数据的开发与利用,有效支撑制造业智能化转型,构建开放、共享、协作的智能制造产业生态。

——2015年,国务院颁布的《国务院关于积极推进"互联网+"行动的指导意见》(国发〔2015〕40号)

专家述评

数字化转型成为传统产业发展的大势所趋,以数据和数字技术为基础支撑的数字化转型正深刻影响着国际经济格局。从生产力发展的角度来看,数据带动劳动、资本、土地、知识、技术、管理等要素优化配置,推动经济社会发展发生质量变革、效率变革、动力变革。在第一次、第二次工业革命时,由于历史原因我们都输在起跑线上,而今数字化时代,我们布局早,有机会占据新高地(事实证明我们的确做到了)。海尔数字化工作始于上世纪90年代,经过近20年努力,从传统制造业企业转型成为"互联网企业"。

第十二章　供给侧改革

◎ **本章导读**

"看不见的手"这一概念源自亚当·斯密（Adam Smith）。斯密认为，国家对进口或对使用自己的资本所作的限制没有必要，因为有一只"无形之手"在自动调控，指价值规律及其表现形式，即市场机制调节。"看得见的手"则源自约翰·凯恩斯（John Keynes）的《就业、利息和货币通论》，指政府宏观经济调控，也称"有形之手"，其目的是补救市场机制在调节经济运行中的失灵问题。我国推进社会主义市场经济体制改革的总体思路是，不建设放任的自由市场经济，也不增加大政府对市场干预，而是发挥好"无形之手"和"有形之手"的双重作用，让市场机制和政府作用有机统一、相互补充、相互协调、相互促进。就企业而言，怎样才能深刻认知这"两只手"的作用机制，适应它、融入它并与之共舞？

第十二章 供给侧改革

关于"无形之手"和"有形之手"的争辩由来已久。部分国家推行新自由主义经济模式，把政府干预这只"有形之手"收起来，让市场那只"无形之手"自由发挥，却不断暴露出巨大的脆弱性。例如，放松金融监管，致使逐利型金融衍生品链条越来越长，1998年东南亚金融危机、2008年的全球次贷危机的发生，都与此不无关系。政府对经济的调控，不是哪一个国家特有的调控方式，货币政策、财税政策、产业政策等调控工具是世界通行的。

我国的经济工作原则是在遵循市场规律的基础上，保持经济发展节奏的协调性，根据不同历史阶段的社会主要矛盾、经济特征、发展方向为参照进行科学研判，是改革开放40余年经济高速发展、没有出现无序甚至混乱的根本原因。习近平总书记指出："在市场作用和政府作用的问题上，要讲辩证法、两点论，'看不见的手'和'看得见的手'都要用好，努力形成市场作用和政府作用有机统一、相互补充、相互协调、相互促进的格局，推动经济社会持续健康发展。"[①]

在收入效应、替代效应和偏好改变的共同作用下，我国居民消费总体仍呈升级趋势，但国人对国产品牌缺乏信任感，很多有条件的消费者选择到境外疯狂"买买买"。时任国务院总理李克强曾举例阐明了这一现象的普遍性："好一点的饭店，还有中等收入以上的家庭，连刀具、剪刀等等，都要买欧洲的产品。"

面对外流的消费，国家适时提出了"以质量持续提升，不断增强大众对国产消费品的品质信任度和品牌认可度"，从政策层面引导消费回流。我国人口基数大，进入中等收入行列的家庭逐年增加，消费升级的需求日趋旺盛，抓住这一巨大的消费需求，就能激发、释放新一轮的市场红利。

21世纪前10年，我国供需关系经历了难以调和的结构性失衡，"供需错位"成为经济发展的主要障碍。一方面，过剩产能像包袱一样制约着经

---

① 《习近平关于社会主义经济建设论述摘编》，中央文献出版社2017年版，第58页。

济转型;另一方面,供给体系总体上是中低端产品过剩、高端产品供给不足。例如,2012年我国经济总量占世界的比重为11.6%,但消耗的能源占21.3%、水泥占54%、钢材占45%,这种粗放型的增长已经无以为继。2013年11月,党的十八届三中全会通过的《中共中央关于全面深化改革若干重大问题的决定》,涉及15个领域、336项重大举措,会议部署的全面深化改革涉及范围之广、力度之大,被国际社会誉为当今世界"最具雄心的改革计划",引领中国实现历史性巨变。

对于我国经济结构改革原则,习近平总书记用"加减乘除"数学运算进行了一段生动论述:"增长、质量、效率从哪里来?只能从经济结构调整中来。经济结构调整,要做好加减乘除法。加法就是发现和培育新增长点,减法就是压缩落后产能、化解产能过剩,乘法就是全面推进科技、管理、市场、商业模式创新,除法就是扩大分子、缩小分母,提高劳动生产率和资本回报率,这是调结构这个四则运算的最终目标。"[①]

2015年10月召开的中央财经领导小组第十一次会议上,首次明确提出供给侧结构性改革,简称"供给侧改革"。会议指出,一方面要合理增大总需求,另一方面要有效推动供给侧改革,提高企业效率,提升产品质量,促进经济持续有效增长。

关于供给侧改革,一些人将其等同于西方供给学派,这是错误的认识。西方供给学派是针对20世纪70年代美国等西方国家出现的"滞胀"问题而产生的一种经济学说。供给学派认为,滞胀完全是长期推行凯恩斯主义需求管理政策所造成的累积效应,为此在政策主张上,一要减税特别是削减边际税率,二要减少政府干预。我国推行的供给侧改革,是马克思主义政治经济学基本原理同中国实践相结合的产物。"供给侧结构性改革,同西方经济学的供给学派不是一回事,不能把供给侧结构性改革看成是西方供给

---

① 《习近平关于社会主义经济建设论述摘编》,中央文献出版社2017年版,第82页。

学派的翻版。"[1]

供给侧改革的目的，是使产品供给更好地满足广大人民日益增长、不断升级的消费需要。在微观层面，企业供给侧改革要求增加有效供给，压缩无效供给，就是在提升产品品质的同时，适应消费者个性化的需求。已担任海尔集团轮值总裁的周云杰肩负着海尔网络化战略转型重任，他认为企业传统经营模式遇到的麻烦，是面对用户群体时无法"细化到每一个人"，造成了大量的无效供给。要改变这一困境，就得实现供给端和需求端深度融合，让企业和每一个用户零距离交互，甚至让用户参与研发、设计、制造的全过程，进而创造与个性需求高度契合的有效供给。

周云杰将供给侧改革理解为两个层面，即"产品端的供给侧改革和资源端的供给侧改革"。在产品端，须变消费者为"产消者"——就是要把用户需求在产品上市之前就连到一起。海尔的实践方式，就是通过互联工厂直连用户，从过去的大规模制造产品变成大规模定制。海尔的这种定制不仅反映用户的需求，而且让用户能够参与到前端社群，现在平台上不仅有资源方、设计公司、设计团队，还有一些个体创客、工业设计专业的大学生，他们都可以把创意发到上面。

除了产品端改革，还要有资源端改革。实现的方式就是"拆掉企业的墙"，让企业资源为更多人所用，让全球的资源成为企业的资源，也就是海尔提出的"世界就是我们的研发部""世界就是我们的人力资源部"。企业自己的资源永远有限，而打开以后资源就是无限的。所以说，资源端的供给侧改革，首先要开放，要打破企业的墙，让全球的资源为我所用。这种"拆墙"的行动，在海尔创新生态平台上可见一斑（后文将以专门章节介绍）。

"供给侧改革的核心问题是创造有效供给，对于企业说到底就是你生产的是库存还是用户需要的产品。"周云杰认为，生产的目的归根到底是

---

[1] 《习近平著作选读》第1卷，人民出版社2023年版，第441页。

消费，只有围绕消费升级的方向进行投资、创新和生产，协同推进消费升级和产业升级，才能最大限度地提高投资和创新的有效性。引导供给侧的结构性调整，能更好满足和创造消费需求、实现供给与需求的有效对接。2015年，国务院印发了《关于积极发挥新消费引领作用加快培育形成新供给新动力的指导意见》，消费升级大致有六大方向，主要包括服务消费、信息消费、绿色消费、时尚消费、品质消费和农村消费，通过发挥新消费的引领作用，培育形成新供给的力量。这是贯彻落实党的十八届五中全会精神的重大举措，是在经济发展新常态下充分发挥新消费引领作用、满足居民消费需求、提高人民生活质量的一个全面、系统的政策性文件，是充分发挥新消费引领作用、加快推动产业转型升级、实现经济提质增效的总体部署，具有重大而深远的意义。这份文件是海尔实施供给改革、在智能家居市场和非家电板块探索新增量的"行动指南"，如果将其行动目标总结为一句话，即"通过数字化革命，实现大规模制造向大规模定制的转变"。

值得一提的是，优化服务供给也是海尔供给侧改革的关键一环。海尔曾于1985年推行规范化服务、1994年推行标准化服务、2001年推行增值化服务、2017年推行社区管家服务以及"七星服务""七心服务"等。中国标准化协会发布的家电行业首个《家用和类似用途电器七星服务规范》，即以海尔七星服务为蓝本设计的。七星服务包含了产品之星、质量之星、设计之星、健康之星、便捷之星、速度之星、服务之星七个方面。其中每一颗星都是站在消费者的角度，进行了高标准的规范，包括售前、售中、售后全流程的服务范围，是真正为用户设立的高效、便捷、快速的高增值服务。时任中国标准化协会秘书长马林聪表示，七星服务规范代表着目前行业最高水准，它的发布给整个行业的服务升级树立起了新标杆，可以带动更多的企业提升服务水平。

相关阅读

构建新发展格局的关键在于实现经济循环的畅通无阻。能否实现，主要取决于供给和需求两端是否动力强劲、总体匹配，动态平衡、良性互动。这就需要把扩大内需战略同深化供给侧结构性改革有机结合起来，供需两端同时发力、协调配合，形成需求牵引供给、供给创造需求的更高水平动态平衡，实现国民经济良性循环。

——2023年1月，习近平总书记主持二十届中央政治局第二次集体学习时的讲话

专家述评

如何在社会主义制度下处理好政府与市场关系，是社会主义市场经济理论的重大命题。我国的主要经验是用好政府的"有形之手"与市场的"无形之手"：用好"无形之手"，尊重市场机制、发挥市场机制的主体作用，同时通过"有形之手"让市场经济不脱离社会主义轨道，沿着正确的道路行进，有效防范市场机制的失灵。为应对新时期经济发展矛盾提出的供给侧结构性改革，体现了"有形之手""无形之手"兼顾的特征。在市场机制层面，以海尔为例，自上世纪末实施名牌战略、质量变革、管理流程再造，到新世纪伊始提出人单合一模式、推进零库存改革、建设互联工厂，一系列改革行动的目的都是以市场需求导向创造"有效供给"，是企业层面的供给侧结构性改革逻辑。同理，在政府调控层面，供给侧结构性改革亦从提高供给质量出发，用改革的方法推进结构调整，矫正要素配置扭曲、扩大有效供给，进而满足人民群众的需要，促进经济社会持续健康发展。

第十三章　跳出周期率

◎ 本章导读

　　世界上总有许多尝试与"定律"掰手腕的改革者，不少人也获得了成功。帕累托（Vilfredo Pareto）提出的"二八定律"被广泛接受，人们用它诠释经济现象、指导产业决策。然而，个体的理性选择可能导致集体的非理性结果——由于人们都依照这一原则行动，该原则被推搡着、裹挟着，在集体博弈的力量中发生扭曲，导致"定律"失灵。尤其进入物联网时代，"二八定律"的适用性开始被质疑，"长尾效应"等新理论有机会向其提出挑战。海尔是一家擅长研究规律、把握规律，敢于颠覆"定律"的企业，通过不断反思旧的认知、突破惯性束缚，才使其从一家传统的家电企业转型互联网公司、生态型创客平台。那么，企业跳出哪些"定律"、突破哪些认知，才能获得持久的生命力？

第一节
再思人单合一模式

美国《财富》杂志公布的2015年度"世界500强"榜单中，有106家中国企业名列其中。从这一年榜单的企业总规模、利润、雇员人数来看，都达到了历史新高度。按照传统理解，企业组织规模过大、管理层次过多、"委托—代理链"过长，就会导致交易成本上升，陷入帕金森定律，也就是人们常说的"大企业病"。

上世纪80年代，美国通用电气公司发展成为一家10余个管理层级、雇员40万人、业务范围遍及140多个国家和地区的超大跨国企业，其规模是全球绝大多数公司难以企及的。然而，通用电气的"大企业病"也日益凸显，例如股票收益和投资收益率不断下降、产业板块竞争力骤减、经营业绩令董事会产生不满等。新任董事长杰克·韦尔奇（Jack Welch）下决心扭转这一窘境。

韦尔奇出生于1935年，曾在马萨诸塞大学阿默斯特分校学习化学工程，1960年获得伊利诺伊大学博士学位。同年，韦尔奇加入通用电气担任化学工程师。1972年，他被任命为副总裁，16年后又担任董事长兼CEO，成为该企业历史上最年轻的董事长和CEO。韦尔奇就任CEO后，清醒地看到通用电气"大企业病"的背后，关键症结在于管理层结构臃肿，他推行组织改革，减少管理层次和冗员，将原来8个层次减到3到4个层次，撤换了部分高层管理人员。之后又砍掉了25%的下属企业、削减了10多万个岗位，将350个经营单位裁减合并成13个主要的业务部门。韦尔奇运用铁腕政策，让通用电气从萧条中恢复过来，他也因此获得了各种个人荣誉，如"最受尊敬的CEO""全球第一CEO""美国当代最成功最伟大的企业家"等。

第十三章 跳出周期率

美国人杰瑞·迈朗（Jerry Marlom）写了一本书，名为《韦尔奇与张瑞敏》，这本书被翻译成中文后在国内发行，引起了不少人关注。在作者眼中，张瑞敏就是"中国的韦尔奇"，他用通用电气与海尔的管理作比较，试图阐明东西方管理思想之异同。2008年，张瑞敏在波士顿与韦尔奇共进午餐时，曾询问："外界都认为GE的接班人模式很好，您自己怎么看？"然而，韦尔奇引用西方管理学理论和企业权力交接模式回答该问题，没有让张瑞敏觉得满意。在张瑞敏看来，欧美、日本等企业的传承模式并不成功，原因在于两点：一是"固化"，固化的企业传承，而不是生态的传承；二是"因固化导致的路径依赖"，因为是固化的传承，所以接班人只能照着原来的路继续去走，这就有了路径依赖，不可能继续进化。固化传承造成的企业衰败，其责任不在接任者本人，而在于企业是否为生态型组织。

前文有述，马克斯·韦伯提出的科层制是大多数企业采用的一种组织方式，它明确企业战略目标，通过专业化、层级化、权责一致以及建立严密的流程与规则来开展活动，形成了一个高效率的金字塔式管理体系。从古至今，几乎所有的组织都采用了同样的科层制结构。在确定可控的经营环境下，科层制的管理模式非常有效甚至完美：确定目标后，组织可以进行清晰的规划，建立严密的分工、流程和规则来提高效率。然而，在不确定的竞争环境中，科层制组织模式也面临巨大挑战。

科层制治理下，业务线上岗位人员的行动受到严格规范，组织线上信息的流动受到严格控制，财务线上资源分配也受到严格监控。在这样的设计下，组织的一切行动都以工具理性的思维为基础，保证了极高的效率和完美的权责利分配，却扼杀了人的创造力。韦伯对科层制的弊端也直言不讳："科层制会压制人的创新精神，但为了高效率、高收益，还是要推行。"科层制并不是错误的、落后的组织结构形式，问题在于，当一个企业成长为超级庞大的科层制组织，它在响应瞬息万变的外部环境变化时，表现得行动迟缓甚至牵一发而动全身。

人单合一模式自2005年提出后，在海尔管理实践中产生了深远影响，也为治疗"大企业病"提供了新的解题思路。管理学界对人单合一模式进行了跟踪研究，将其确立为"向传统科层制宣战的新理论代表"。2018年，《哈佛商业评论》全球版刊登了名为《科层制的终结》的封面文章。文章主要以海尔为研究对象，正是海尔的管理实践支撑了"科层制终结的判断"。"传统企业的企业理念是利润最大化。我认为应该改过来，企业理念就应该是2500多年前老子在《道德经》中的一句话，上善若水，水善利万物而不争。也就是说企业与社会、与用户的关系，不是去争利，不是只管自己赚钱和长期利润最大化，而不顾及别人。"张瑞敏的这句话道出了人单合一模式与科层制的本质区别在于价值追求的不同，前者关注于人的价值创造，后者则诉诸于经济利益最大化。

2022年9月，在第六届人单合一模式引领论坛上，MLab管理实验室创始人、伦敦商学院客座教授加里·哈默（Gary Hamel）提醒人们："无论是全面质量管理还是六西格玛、敏捷开发等思潮，他们从前沿理论变成为全球认可的实践都经历了20年甚至30年，但即便如此却没有一直成功风靡下去，是因为这些管理理念依然存在于守旧的模式中，没有试图撼动科层制的基础。"人单合一模式完全不同，如今的平台、技术、通信手段给人单合一模式的推行带来了前所未有的机遇，它的普及速度是历史上其他任何管理理论普及速度的两倍，并且能产生五倍以上的绩效。"你要有多大的勇气才能甘于放弃沿用了150年的传统管理模式，变科层制为扁平化的组织？"哈默坦言，对大多数企业负责人而言，让他们从意识上接受这一观念就已经非常困难了。

> **相关阅读**
>
> 张瑞敏拆分了海尔公司，转化成了上千个小微企业，每个小微都可以自由地制定自己的战略。他告诉我，他的愿景是激励员工成为企业家，因为每个人都有无限的潜力，每个人都是自己的CEO。海尔给了我希望，这是我的肺腑之言。人单合一模式和科层制的差别就好像是在对比奈飞公司（Netflix）和广播电视、ChatGPT和搜索引擎。虽然没有任何一种创新能够让一家企业永立不败之地，但是他已经向我们证明：如果你想为人类的未来创立一家企业，必须首先创立一家适合人类的企业。
>
> ——MLab管理实验室创始人、伦敦商学院客座教授加里·哈默（Gary Hamel）

第二节 论企业生命周期率

1945年7月1日，褚辅成、黄炎培、章伯钧、冷遹、傅斯年、左舜生等"国民参政员"访问延安，与毛泽东、朱德、周恩来等商谈国是。黄炎培谈道："其兴也浡焉，其亡也忽焉，一部历史总之没有能跳出这周期率，希望中共诸君找出一条新路，来跳出这周期率的支配。"毛泽东回答说："我们已经找到新路，我们能跳出这周期率。这条新路，就是民主。只有让人民来监督政府，政府才不敢松懈。只有人人起来负责，才不会人亡政息。"此番谈话，就是著名的"窑洞对"。"窑洞对"回答了如何跳出治乱兴衰历史周期率、避免人亡政息、确保政权长期存在的问题，对企业获得持久活力、实现可持续发展亦有重大启示。

企业寿命是管理界讨论的最热门话题之一。纵观海内外，一部分企业历经数次全球或区域性经济危机、数次产业技术革命以及企业领导者更替，为什么依然保持鲜活的生命力？在这些企业中，既有万亿资产的跨国公司，也有规模较小历史悠久的"老字号"，还有"军工转民用"的家族型企业。在不少人的观念中，企业安身立命、保持活力且长期立于不败之地，先得"做大做强"，而且"做大"是"做强"的前提，是可持续发展的先决条件。

但从经验来看，规模大的企业未必竞争力强，竞争力强的企业也未必做得长久，反而在一些名不见经传的传统作坊、中小企业中诞生了百年老店。在我国认定的"中华老字号"中，企业共同特征是品牌历史悠久，但经营规模偏小。据统计，截至2023年2月，被授予"中华老字号"的企业共1128家，地方老字号3277家，其中701家创立时间超过100年，65%的企业年营业收入低于1亿元，30%的企业年营业收入低于1000万元。很显然，这些百年老字号企业中，中小规模的占多数。

历史悠久、经久不衰的小店也常见于西欧国家的大街小巷。据英国有关档案记载，1515年9月罗伯特·巴尔松被授予经营两家屠宰场的权利，自此他和他的家族所经营的巴尔松（Balson）屠宰店历经23位君王和52位首相的时代更迭，经历了大革命、内战、英国工业革命的开端、网络时代的兴起以及若干经济萧条期，创立500余年屹立不倒，成就了一段非凡长寿老店的传奇。

上述现象启发着管理学者们的思考：究竟是什么决定着企业寿命？其背后的规律是什么？

早在上世纪50年代，马森·海尔瑞（Mason Haire）以生物学上的"生命周期"概念来审视企业发展规律，提出"企业生命周期"的概念。他认为，组织的成长过程类似于有机体，经历着萌芽、发展、成熟和衰退四个阶段，需要管理者不断创新以开辟新的增长曲线，避免滑落至衰退的轨迹。之后的哥德纳（J.W.Gardner）认为企业的生命周期与生物学中的生命周期有很大不同，斯坦梅茨（Steinmetz L.L.）则在此基础上系统地观察了企业成长过程，划分出组织的四个阶段。此时企业生命周期理论初见雏形。

1972年，格林纳（Larry E. Greiner）提出了组织成长与发展的五阶段模型，即一个组织的成长大致可以分为创业、聚合、规范化、成熟、再发展或衰退五个阶段，每阶段的组织结构、领导方式、管理体制、员工心态都有其特点。每一阶段最后都面临某种危机和管理问题，都要采用一定的管理策略解决这些危机以达到成长的目的。那么，企业的兴衰周期率是铁律吗？有没有办法突破这一铁律？对此，海尔人单合一模式基础上建立的创客制将提供答题线索。

海尔的创客制，是在不改变企业现有产权性质的基础上，为激发全员创客创新活力而设计的创新机制。创客制通过竞单上岗、对赌跟投、按单聚散、用户付薪、增值分享等一系列操作工具和方式来落实，是人单合一模式运行过程中的核心驱动力，有效解决了员工的动态激励与持续创新问题。

海尔是国内较早提出"创客"这一概念的企业。2012年，海尔推动创客制组织变革，力求实现"人人创客""人人小微"。换句话说，就是在人单合一逻辑下，把庞大的企业组织裂变为无数个小微，通过竞争机制让有创业愿望的员工成为小微主，在海尔大平台上"有根创业"。变革过程中，海尔2015年之前两年的在册员工数量由86000人减至64995人。

虽然在册人员减少，但海尔的"平台员工""创业员工"数量增加，企业的生产效率同比增幅明显，员工人均收入也大幅提高。创客制的落地，不仅搭建了让每个人价值最大化，实现高效率、高收益的平台，也从一定程度上影响甚至颠覆了企业生命周期率的传统认知。

20世纪关于组织变革和企业生命周期的研究，都是基于半封闭型的组织、科层制的组织和非物联网化的组织。而今，当这些理论进入了一个始料未及的空间——物联网化的、开放式的企业组织空间，像云一样的空间。创客制推广过程中形成的新组织体系称作生态链上的小微群，简称"链群"。链群是海尔人单合一模式以及"创客制"的组织载体，每个链群都对应着某一消费场景（细分市场）。

链群的连接方式是"链群合约"，它拥有"分布式记账的可追溯"和"不可更改"两大特点，还能实现信息实时交互，改变了小微间的各自为政的格局。通过创建链群，彼此独立的小微因为满足用户特定需求并联起来了，链群上的所有人都是同一目标、同一薪源，互相咬合，每个人的"利己"都是为了创造增值，产生的增值则通过"链群合约"自动分享。相反，如果一个人不利己，全"链群"的人也就没有分享可言，契合了量子管理理论"各自独立又相互依存"的精髓。

"海尔是云"是张瑞敏寄语创客群体时的表述。他说，我们又一次站在了时代的风口。"零距离""去中心化""分布式"的互联网思维把我们带进一个充满生机与挑战的人人时代，一个人人创客的时代。

通过"海尔是云"的寄语，张瑞敏进一步阐释了"创客"的内涵："创业家，与企业家只有一字之差，其内涵和本质却有天壤之别。企业家还是以企业为中心，而创业家却是以用户为中心。企业家以创造完美的产品和服务为使命，而创业家以创造用户最佳生活体验为中心。企业家以规模和利润为成就标尺，而创业家以用户资源和粉丝为荣耀北斗。企业家以管理和控制为权力之杖，而创业家以自组织为魔法宝盒。成千上万人成就一个企业家，而每一个创新的个体都可以成为一个创业家——在海尔的创业平台上，创业家的名字叫创客。"

从上世纪末"海尔是海"到新世纪"海尔是云"文化命题的转变，张瑞敏押对了时代的主题。依靠规模竞争的时代，海尔是海，博大精深，容纳了海一样深邃的思想与力量；在互联网时代，海尔是云，开放、互联、人人创客，云虽小却可接驳万端。

海尔集团第七届职工代表大会第七次会议上，通过了《海尔集团公司创客合伙人管理办法》《海尔集团公司创客合伙人创客股权实施细则》等议案，全员创客机制升级，未来海尔将激励更多优秀人才进入创客激励平台。企业员工皆希望创造个人价值、赢得个人尊严，这是一种源自内在需求的动力，只要适配良好机制对这种动力进行科学引导，势必能源源不断涌现出创新成果。

海尔创客不仅来自内部职工，还有很多是社会上的创业者，创业项目也不局限于家电产品，任何好的创意和想法都可以在创客平台上尝试。海尔为创客们提供资金、生产、物流、售后、法务咨询和财务的支持和服务。在海尔创业大舞台上，创造将成为一种享受。

创客是企业家精神的代言人，企业家精神则写照出一个国家的经济活力。习近平总书记指出："市场活力来自于人，特别是来自于企业家，来自于企业家精神。"[①] 2017年4月，中央全面深化改革领导小组第三十四次会议强调："企业家是经济活动的重要主体，要深度挖掘优秀企业家精神特质和典型案例，弘扬企业家精神，发挥企业家示范作用，造就优秀企业家队伍。"2021年，建党百年之际，中宣部发布第一批纳入中国共产党人精神谱系的46种伟大精神，企业家精神位列其中。企业家群体显著的人格特征就是不断面对和迎战新环境、新问题，并为之付诸及时的有效的行动，敢为天下先。

> 📖 **相关阅读**
>
> 如何跳出历史周期率？党始终在思索、一直在探索。毛泽东同志在延安的窑洞里给出了第一个答案，这就是"让人民来监督政府"；经过百年奋斗特别是党的十八大以来新的实践，党又给出了第二个答

[①] 《习近平关于社会主义经济建设论述摘编》，中央文献出版社2017年版，第62页。

案，这就是自我革命。自我革命就是补钙壮骨、排毒杀菌、壮士断腕、去腐生肌，不断清除侵蚀党的健康肌体的病毒，不断提高自身免疫力，防止人亡政息。

——2022年1月，习近平总书记在十九届中央纪委六次全会上的讲话

第三节
把大企业做小

2015年，世界经济增速继续放缓，国际金融市场震荡加剧，影响和改变着我国经济运行的节奏。国内方面，深层次矛盾浮出水面、经济下行压力日渐加大，中央适时提出"大众创业、万众创新"，成为稳增长、扩就业和促进社会性流动的重要措施之一。

当年的中央政府工作报告中提出，要把"大众创业、万众创新"打造成推动中国经济前行的双引擎之一，以推动发展调速不减势、量增质更优。随后，国务院发布的《关于大力推进大众创业万众创新若干政策措施的意见》，从9大领域、30个方向明确了96条政策措施，用以助力经济结构调整、打造发展新引擎、增强发展新动力、走上创新驱动发展的道路。

"大众创业、万众创新"引发全国范围内创业创新的热潮，"创客"成为潮流，众创、众包、众扶、众筹等一系列新概念相继诞生，创客相关服务机构、平台也在全国各地纷纷成立。一些地方还专门建立"创客"科技园，为年轻人创业提供支持，青岛专门打造了"创客之岛"。这一年，我国平均每天新登记注册的企业达到1.16万户，平均每分钟诞生8家公司；这一年，创业创新不再是小微企业的专用标签，大企业主动拥抱"双创"，以期助推传统产业改造升级和管理模式转型。

第十三章 跳出周期率

海尔的"海创汇"应运而生。

海创汇是一个创业孵化服务平台，它依托海尔生态产业资源及开放的社会资源，努力实现创新与创业、线上与线下、孵化与投资的系统结合，为创客提供包含投资、学院、供应链及渠道加速、空间、工厂、创新技术等一站式孵化服务。

例如在海创汇推动下，杨铁男等三位"85后"员工开发了互联网家装平台"有住网"。2014年7月，该平台正式上线，发布了首款互联网家装产品"百变加1.0"，涉及家装、B2B2C、商城三大业务板块。翌年6月，"有住网"引进A轮投资1亿元，估值一度达到5亿元，创业团队也从最初的3人发展到200多人，渠道扩展到全国21个城市。

青岛小帅智能科技股份有限公司（以下简称小帅科技）是海创汇2015年孵化的小微之一。创业8年之后，小帅科技已从投影仪硬件发展成为中国最大的酒店屏幕运营商和酒店数智化生态引领者。创业之初，小帅科技创始人马文俊和两位创业合伙人孙春晓、徐冰，怀着在海尔平台上创业的信心，抵押了各自的房子，获得800多万元的创业资金，开启了置之死地而后生的创业之旅。一开始，小帅科技也曾想做硬件投影仪，但是很快他们就发现，硬件竞争激烈，需要大量的现金流，难挣钱，而且做硬件主要是通过OEM来进行，对初创企业挑战极大。他们意识到只做硬件是一条没有未来的路。2017年，受到集团倡导的场景化的启发，小帅科技抓住酒店互联网化、娱乐化的趋势，瞄准酒店商务场景，为酒店提供智慧影音SaaS系统，开始转型做生态。在转型过程中，小帅科技根据用户需求，联合各生态方为用户提供个性化的解决方案。而今小帅科技运营着全国50多万个酒店客房屏幕，签约量达到100多万块屏幕。

2016年到2018年，我国创业孵化机构如雨后春笋般快速增长，从7553家增加到11808家，但海创汇是创业孵化机构中最不同的一个，因为它的任务之一，是配合海尔进行新一轮的平台化、小微化改造，把一家近10万员工的大企业，拆解成无数的小企业，以组织变革破解周期率的魔咒。截至2024年10月，海创汇平台上已经汇聚了100多万创业者，6万多认证投资人，200多个科研院所，平台上链接的投资机构、服务机构等超过9万家，已经逐步发展成为一个创业创新的生态，赋能中小企业加速发展。

2008北京奥运会之后的青岛，成了全球瞩目的"帆船之都"。奥运会帆船赛事带给青岛的不仅是国际知名度，还有奥帆精神。何为奥帆精神？简言之就是"千帆竞渡、百舸争流"。海尔的全员创客行动，最终要营造出千帆竞渡、百舸争流的文化氛围。

海尔把一个庞大的组织体系打散，人人争做CEO，让每个人都能敏锐地嗅到市场变化和机会，实时响应并进行个性化产品设计、生产加工、销售服务。这条路，是多数大型企业能看懂却不敢轻易走下去的路。

"我相信德鲁克提出让每一个人都成为自己的CEO，也是这种精神，把每个人都变成点燃的火把。"2019年11月17日，周云杰在德鲁克中国管理论坛上提出，"人人都是CEO其内涵是释放每个员工的价值，使其心中追求和现实的价值创造实现统一，即价值最大化"。周云杰解释说，这种理念不是导致"内卷"的原因，是促进"内卷"走向终结的因素。因为人被工具化、被局限在某个被动角色中，才形成了内卷现象。角色重构之后，同样是开车送货，被动分配者眼里是"活儿"，主动创业者眼里则是"实现事业目标的单"。

"人人都是CEO"这句话，是创业创新精神的展现，与之对立的是"工具人假设"理论。"工具人"指的就是完全受生产资料所有者支配的劳动者，被剥夺了自由与人格。"工具人假设"支持者们认为劳动者在生产活动中产生的作用和机械没什么区别。然而，在社会主义市场经济体制之下，劳动者不是工具，而是目的。坚持"以人为中心"，倡导"人民至上"是马克思主义的本质要求，是马克思主义政党的执政理念和价值信念，从毛泽东同志号召"全心全意为人民服务"到习近平总书记提出"我将无我、不负人民",中国共产党人对"以人民为中心"的价值追求正随着时代进步不断丰富和发展。

> **相关阅读**
>
> 鼓励大企业建立服务大众创业的开放创新平台,支持社会力量举办创业沙龙、创业大讲堂、创业训练营等创业培训活动。
>
> 积极倡导敢为人先、宽容失败的创新文化,树立崇尚创新、创业致富的价值导向,大力培育企业家精神和创客文化,将奇思妙想、创新创意转化为实实在在的创业活动。
>
> ——2015年,国务院办公厅颁布的《国务院办公厅关于发展众创空间推进大众创新创业的指导意见》(国办发〔2015〕9号)

第四节
复活三洋:突破跨国并购的"七七定律"

企业跨国兼并购有一个规律,即跨国并购案例中约有70%以失败告终,而失败原因中70%缘于文化差异,管理学者总结为"七七定律"。所谓文化差异,既包括不同国家文化语言、宗教信仰和社会风俗,也包括企业之间不尽相同的价值观念、制度习惯等。

海尔并购三洋家电时,也面临着"七七定律"的挑战。

日本企业以团队精神著称,"服从"上级指令是对员工的基本要求。海尔想用过去那种"激活休克鱼"的方法改造他们,是不容易的,而且即便改善了管理效率,依然解决不了"活下去"的问题。三洋市场端的问题也很严重,尤其近几年各门店都被松下改头换面了,复活三洋阻力巨大。

1986年，杜镜国从山东大学（原山东工业大学）机械系毕业加入青岛电冰箱总厂，历任总厂技术处处长、海尔集团售后服务中心总经理、海尔集团销售公司总经理等职。之后，杜镜国带着海尔国际化的使命赴日，掀开了海尔日本市场开疆拓土的帷幕。通常情况下，日本职场人士较难接受与日本企业文化相异的观念和制度。鉴于这一经验，杜镜国到日本并没有立即推行人单合一，而是围绕着日本的"居酒屋"文化，自掏腰包和员工喝酒谈心，了解他们的想法与顾虑，也让他们看到了新模式创造的价值。后续，通过人单合一模式的持续落地，海尔在日本破除了阻碍企业经营的年功序列、平均主义和终身雇佣"三座大山"。

人单合一模式刚在日本推行时，海尔日本公司与7名销售职员签署协议书，约定实现目标后的奖励与处罚机制。起初仅有4个人签约，其他3人拒绝签约。直到半年之后公司业绩大涨，签约职员收入增长，未签约者一改往日的姿态，主动要求签约。海尔先在三洋进行组织结构创新，之后又进行了为期6个月的考核体系改革，其间，一位35岁的企划部科长由于为企业创造超额利润而被提拔为企划部部长。员工感受到了改革带来的新活力以及个人价值的实现。渐渐地，职员接受了人单合一模式，产生了强烈的信赖与认同，甚至自发地将年销售目标从70亿日元提升到350亿日元。海尔打破了日本企业"年功序列"和"终身雇佣"的人事管理机制、打破了"平均主义"的分配机制，将人的价值最大化理念、人单酬表管理工具、自主研发和自主决策方法等带进日本企业，带去了新的生机。

尊重文化差异并不表示跨国企业需要完全遵照当地运作模式，而是要在充分理解当地文化特色后，用符合当地文化价值的方式和程序取得当地员工的接受，但是在实质项目上，仍然能坚持完成自己所设定的目标。海尔在日本落实制度的方式，完全体现了跨文化管理中尊重文化差异的精髓。

2012年初，海尔在日本大阪成立"海尔亚洲国际株式会社"作为其在亚洲地区的总部，负责在日本和亚洲地区的白色家电开发、制造和销售，同时推出AQUA这一品牌。随着AQUA品牌亮相，海尔在日本市场正式开启"双品牌"竞争策略。完成了对日本三洋的并购，"海尔亚洲"展现出一个更完善组织体系，成员包括2个研发中心、4个工厂，服务于6个国家市场，尤其拿下了三洋在东南亚培育了30多年的市场资源，海尔的供应链整合能力又上了一个新台阶。此外，Haier与AQUA双品牌在日本的业绩持续攀升、成绩斐然：中大型冰箱、冷柜市场份额稳居行业首位，超过松下、三菱等本土品牌；日本新生活季市场份额31%，居行业首位；物联网"社区洗"行业的市场占有率也超过了70%。

在深刻总结跨国并购经验的基础上，海尔提出了"沙拉式文化融合模式"。用沙拉酱拌各类果蔬，酱汁是相同的，用来调和不同形态、不同口味的果蔬。人单合一模式就像沙拉拼盘中的酱汁，满足不同国家、不同文化背景的职员的"口味"，使他们彼此交融、相互成就，因为，希望被尊重、个人价值得到实现这种情感是相同、相通的。"海外兼并不是花钱买下来一个企业。买下来很简单，但兼并成功关键还是看文化融合。"其实，不仅在国际兼并购中，在聘用海外员工、开展跨境贸易合作中依然得面对大量跨文化管理问题，面对多元文化诉求，应该尊重和理解不同的宗教信仰和风俗习惯，只有建立相互理解和尊重的基础，才能在全球化发展中进一步发现、把握更多机会。

相关阅读

落实完善企业跨国并购的相关政策，鼓励具备实力的企业开展跨国并购，在全球范围内优化资源配置。规范企业海外并购秩序，加强竞争合作，推动互利共赢。积极指导企业制定境外并购风险应对预案，防范债务风险。

加强企业兼并重组后的整合。鼓励企业通过兼并重组优化资金、技术、人才等生产要素配置，实施业务流程再造和技术升级改造，加强管理创新，实现优势互补、做优做强。

——2014年3月，国务院颁布的《国务院关于进一步优化企业兼并重组市场环境的意见》（国发〔2014〕14号）

专家述评

推行改革的主要目的是适应外部变化，避免在优胜劣汰的竞赛中落伍，其主要途径是打破内部秩序，在重构中再次激发各个要素的活力，社会主义市场经济体制改革、企业文化与制度改革都符合上述特征。正因如此，改革是阻力重重的，是充满不确定性的，尤其打破内部秩序（或习惯）这一环节，更会受到旧势力的对抗。海尔克服了连绵不断的社会争议，历经万重艰辛，义无反顾地推行人单合一模式、沙拉式文化融合机制以及"全员创客"等改革行动，终于打破了传统的企业生命周期论、跨国并购"七七定律"等宿命的魔咒，用改革实现了"企业重生"——重构了游戏规则、重建了组织生态，使企业持续保持着创业活力。

第十四章　打开小微成长之门

◎ 本章导读

　　前文有述，海尔通过研究经济规律、市场本质，在尊重规律的基础上，突破"定律"达到改革的目的。对于企业而言，既要弄清楚国家宏观层面改革逻辑，也要在企业层面设计好改革路径。海尔的改革归根结底是围绕着经济领域的对立矛盾关系展开的，并为此建立了独有的管理方法论——被外界看似"玄之又玄"的一系列海尔方法论，却是打开"众妙之门"的金钥匙。改革开放40年新起点上，实现了小微化转型的海尔，将以什么钥匙打开小微成长之门？

第一节

支部建在小微上：海尔基层党建工作的新模式

世界上任何一个百年企业都经历过周期性的、突发性的风险，能在持续航行中避开一个个暗礁、穿越狂风巨浪，保持战略稳定，是对掌舵者勇气与智慧的考验。通常情况下，高水平的企业家都能把改革、稳定、发展的关系旋钮调到相适应的频率上。

海尔历经数年变革，如同一艘巨轮衍生出无数的"哥伦布号"，它们按照既定的航线、自定的协约，以源源不断的动力你追我赶地践行着使命。那么，怎样让每一名创客、每一个小微以及每一组链群都能保持正确的方向、科学的方法和积极的文化追求呢？

1927年，毛泽东率领秋收起义部队到达江西省永新县三湾村进行改编，提出"支部建在连上"的党组织建设模式，使军队党的建设形成了"连支部、营委、团委、军委"四级党的领导机关，在部队建起严整的党组织体系，为党全面建设和掌握部队提供了可靠组织保证。受"支部建在连上"启发，新中国成立初期，为了应对当时国民党军舰拦截、飞机轰炸等封锁手段，保障海运安全，船舶实行军事代表领导体制。1954年3月26日，交通部下发通知，要求"各船一律改驻船军代表为政治委员"，标志着船舶政委制度的初步确立，即"支部建在船上"。1956年9月，党的第八次代表大会召开，明确企业实施党委领导下的厂长负责制。与之相适应，各航运企业先后在船舶实施党支部领导下的船长负责制，党支部成为领导船舶一切工作的核心。"支部建在船上"从优良传统的继承和延续，成为航运企业加强党对船舶领导的一种根本性制度。

改革开放以来，把党领导经济工作的制度优势转化为企业治理效能，是党建理论和中国企业管理理论的重大命题之一。在"支部建在连上"党建模式启发下，海尔按照新的市场逻辑、组织形态和发展需求创新党建模式，便有了"支部建在小微上"。

海尔的"支部建在小微上"借鉴了党建工作的优良传统，把企业基层党支部建立在每一个创业小微上。海尔集团党委从组织建设到共产党员素质不断优化，一个充满活力的企业基层党建组织体系建立起来。截至2024年初，海尔成立了229个小微党支部，共有1.06万名共产党员，发挥了党支部引领业务小微、创造用户价值的战斗堡垒作用。这一党建模式以创业小微为终端，在创客们捕捉到市场痛点而聚集成"小微"的同时，一个新的党支部也随之组建起来，实现了小微业务开拓到哪里、党支部建设就跟到哪里——当小微组织升格为链群，其党组织也随之调整，体现为"支部建在链群上"。海尔的创新党建模式有助于加强党对经济工作的领导，是在链群组织模式下统一思想、与党中央的要求保持高度一致的有效措施，有利于充分发挥小微团队主观能动性，有利于集思广益、凝聚共识，调动各方、形成合力，让以人民为中心的价值观深入人心，让共同富裕思想随着千行百业的赋能行动落地开花，引领更多劳动者走向共同富裕。

经济工作是党和国家的中心工作，经济工作既有宏观层面也有微观层面。习近平总书记强调："能不能驾驭好世界第二大经济体，能不能保持经济社会持续健康发展，从根本上讲取决于党在经济社会发展中的领导核心作用发挥得好不好。"[①] 党的十八大以来，我国经济工作和宏观政策配置的着力点和着重点越来越向微观基础层面转移和集聚，所以，党对经济工作的领导，融合在宏观调控和微观实践，体现于海尔人单合一模式下每一个工作环节。

在海尔，小微主必须由党员担任，小微主就是党支部书记。小微关键节点的负责人也必须由党员担任。这样就形成了党支部与创业小微"党企合一"的组织架构，从而保证了党支部的战斗力也就是各个小微所形成的

---

① 《习近平关于社会主义经济建设论述摘编》，中央文献出版社2017年版，第325页。

市场综合竞争力。"党企合一"绝不意味着党员发展和党组织建设的随意化。海尔创设了小微支部党员发展的"漏斗"机制。"漏斗"就相当于党员发展的过滤器，它以员工的"人单酬表"来判定其是否具备通过"漏斗"的条件："人单酬表"前10的小微创客才能通过"漏斗"筛选而获得成为入党积极分子的资格。经过小微党支部培养才能加入中国共产党，保证了党员的先进性，保证了党组织的纯洁性和战斗力。

加强党对经济工作的全面领导是做好新时代经济工作的"定海神针"。中共青岛市委宣传部课题组发表在《红旗文稿》的课题论文称，"支部建在小微上"是海尔集团对"支部建在连队上"这一党建优良传统的继承和发展，是海尔集团实现企业战略与党建工作双重创新的重要成果，充分体现了海尔集团践行以人民为中心的理念，是加强企业党风廉政建设的有效载体。

"支部建在小微上"党建模式在新冠肺炎疫情期间发挥了关键作用。疫情发生后，海尔集团及小微党支部第一时间行动，因地制宜，依托全球化布局，在资金、医疗设备、防疫物资、物联网家电、绿色物流通道等开展驰援行动，组织复工复产。这场抗击疫情的战场，成为众多创客、链群的练兵场，海尔时刻不忘"满足用户的最佳体验"，各种紧要关头，因爱无畏，自驱向前。在驰援武汉一线、赋能中小企业复工复产中都有他们的身影。

> **相关阅读**
>
> 坚持以党建引领统筹企业发展工作，能推动组织资源转化为发展资源、组织优势转化为发展优势、组织活力转化为发展活力。对于企业而言，党建做实了就是生产力，做细了就是凝聚力，做强了就是竞争力。作为中国最大的集体所有制企业，海尔集团创业40年来在坚持党的领导这一重大政治原则上始终毫不动摇，一以贯之。
>
> ——本书编写组

第二节
把小企业做大：绘制"专精特新"成长路线

周云杰坦言："海尔做小微并不突然。从自主经营体、利益共同体到现在的小微，其实大方向都是一样的，就是把大企业做小，再把小企业做大。"把企业做大，是创业者们心之所向。在传统观念中，企业大了自然就强了，包括"世界500强"榜单的入选规则，也是以企业营收规模为基准的。

与我国企业"做大做强"的追求形成鲜明对比的，是德国企业"做专做精"的发展理念。在德国，一些中小型公司常以做专、做深细分市场的成长路线，逐渐登上行业霸主地位。根据德国联邦外贸与投资署的数据，德国99.6%的企业都是中小型企业，这些企业提供了79%的工作岗位，在它们中间，隐藏着众多公众知名度不高，其产品在细分市场却坐拥"世界前三"地位的企业，这些企业被称为"隐形冠军"。

赫尔曼·西蒙（Hermann Simon）被誉为"隐形冠军"之父，他长期跟踪和研究"隐形冠军"企业，著有《隐形冠军——未来全球化的先锋》一书。根据他的定义，"隐形冠军"企业需具备三个条件：一是在某个领域处于世界前三强的公司或者某一大陆上名列第一的公司；二是营业额低于50亿欧元；三是并不众所周知。某项调查显示，德国隐形冠军的企业平均年营业额只有3.26亿欧元，1/4的公司只有不到5000万欧元的营业额，所以德国多数隐形冠军企业没法踏进"世界500强"门槛，即使在国内也进不了前100名。

近100年来，我国也积极引领制造业领域的中小企业向"单项冠军"模式转型，并用"专精特新"四个字表述了这些企业的特征，在新发展理念引领下，它们不断强化"专精特新"的路径引领。所以，海尔所称"把小企业做大",实际上不是传统意义的"做大",而是"专精特新"理念引领下通向规模化发展的新模式。

我国提出的"专精特新"是一个规模庞大的梯度培育体系,共有四个梯度:第一个梯度是量大面广的创新型中小企业,第二个梯度是专精特新中小企业,第三个梯度是专精特新"小巨人"企业,第四个梯度是制造业单项冠军企业。四个梯度的培育目标是,2025年之前培育100万家创新型中小企业、10万家"专精特新"企业、1万家工信部认定的专精特新"小巨人"和1000家单项冠军。根据西蒙的研究,全球够得上"隐形冠军"标准的大概有2700家,其中德国有1300家,美国大约360家,日本大约220家。可以预见,未来几年内,我国庞大而广泛的中小企业将被重组成一个"专精特新"金字塔,从顶层到底层依次为:大冠军、单项冠军、小巨人、一般性的专精特新企业、创新型中小企业以及普通型企业。

从我国制造业企业发展的引导方向看,"小巨人""瞪羚"和"独角兽"同以做专、做精为发展路径。其中,"小巨人"企业是"专精特新"走出中小量级、向大企业过渡的战队,其特征是专注于细分市场、创新能力强、市场占有率高、掌握关键核心技术。在"2022年度山东省科技领军企业和首批科技小巨人企业名单"中,海尔共有14家成员企业入选"小巨人",总数居全省之首,其中5家单位入选山东省科技领军企业,9家企业入选山东省科技小巨人企业。例如,海尔生物的子公司"海盛杰"在真空获得与保持、多层绝热工艺等领域达到世界领先水准,获得40多项国家专利,其研发制造的液氮相关设备应用于医疗、畜牧、科研、食品、工业等多个领域,销往全球60多个国家和地区,是名副其实的全球液氮罐产品及液氮应用设备开发制造基地。

所谓"瞪羚"企业,指创业后跨过"死亡谷",以科技创新或商业模式创新为支撑进入高成长期的中小企业。在"2023年山东省瞪羚、独角兽企业名单"中,海尔成员企业有青岛海纳云数字科技有限公司、万链指数

（青岛）信息科技有限公司、青岛海尔施特劳斯科技有限公司、青岛场外市场清算中心有限公司等6家入围，海尔因此成为2023年省内培育瞪羚企业最多的企业。而在胡润研究院发布的榜单上，海尔的"卡奥斯"和"日日顺"两家企业作为高市值"独角兽"位列其中。

海创汇是助力中小企业高速成长和打造"专精特新"企业的主阵地。在海创汇平台上，除了内部孵化出来的海尔生物、雷神科技，还有其支持的易冲无线、普宙无人机、涂鸦智能等一批外部创业企业，这些多为解决了细分领域"卡脖子"技术、使关键产品（器件）实现了进口替代，或者达到了全球领先水平的企业。如下举两个例子，介绍海创汇共享资本、品牌、技术赋能中小企业成长的经验。

华引芯（武汉）科技有限公司是拥有自主知识产权的光器件产品企业，核心产品解决了"卡脖子"难题，达到了国际领先水平。2020年初，突如其来的疫情打断了华引芯的扩大生产计划，一系列难题接连出现在创业团队面前。幸运的是，海创汇赋能为华引芯开放了海尔生物医疗、冰箱制冷、净水机等领域的合作场景，使其得以链接大企业的产业供应链，并撬动战略投资机构注资，如同一场"及时雨"帮助华引芯渡过了危机。之后的一年，华引芯迅速发展成为国内唯一一家"准IDM"光源厂商，市值实现了10倍增长，顺利入选"瞪羚"企业榜单。

海泰新光是一家从事高端医用成像器械企业，2018年起开始在内窥镜核心部件领域攻克技术"卡脖子"问题。在我国医疗内窥镜市场，90%以上的市场份额被国外产品占据（在全球荧光内镜市场上，美国的史赛克公司占据主导地位，市场占比约为78.4%），其核心部件中从未采用过中国品牌。在海创汇助力下，海泰新光实现重大技术升级，并通过海尔的海内外资源赢得订单突破，于2021年2月在科创板上市。目前海泰新光已成为史赛克公司荧光腹腔镜中核心部件的唯一设计商、生产供应商，也是国内唯一拥有光源、荧光镜体、摄像系统设计和制造能力的硬镜整机厂家。有业内人士称：过去被国外的内窥镜企业"卡脖子"，现在我们又用核心部件反手卡了它们的脖子，技术翻身指日可待。

海创汇的赋能"专精特新"企业成长，并非单一要素、一次性支持，而是基于创业企业阶段性痛点，进行持续性、精准化的系统支持——这种模式跳出了资本赋能的框框，转向生态型、资源型赋能，其赋能价值不是"锦上添花"，更像是企业成长的关键阶段下的一场场"及时雨"。

截至2024年，海创汇在全国120家双创示范基地中排名前列，已孵化、培育12家上市公司、7家"独角兽"、107个"瞪羚"、200余家"小巨人"，连续六年登榜"中国500最具价值品牌"榜单，品牌价值达到351.08亿元。此外，海创汇在跨境优质项目孵化领域亦有作为，例如通过海外离岸孵化器，海创汇能够定向预孵化优质项目，并输送至国内产业加速器，加速来华项目产业化，实现海外优质项目从"引进来"到"落下去"。

> **相关阅读**
>
> 中小企业联系千家万户，是推动创新、促进就业、改善民生的重要力量。希望专精特新中小企业聚焦主业，精耕细作，在提升产业链供应链稳定性、推动经济社会发展中发挥更加重要的作用。各级党委和政府要坚决贯彻落实党中央决策部署，为中小企业发展营造良好环境，加大对中小企业支持力度，坚定企业发展信心，着力在推动企业创新上下功夫，加强产权保护，激发涌现更多专精特新中小企业。
>
> ——2022年9月8日，习近平总书记致2022全国专精特新中小企业发展大会的贺信

专家述评

　　在政府治理或企业管理领域，一个机构的规模越庞大、职能越复杂，组织的运行效率就会越低，而且容易衍生出各种弊病。为改善这一问题，政府会定期实施机构改革，优化流程、提高行政效能，企业则常以业务拆分和扁平化管理改革的方式治疗"大企业病"。2012年，海尔把日益庞大的集团型组织，拆分成成百上千个小微企业，把传统科层制的大企业做小，再用新体制（人单合一模式）把小企业做大，实现了脱胎换骨的改变。面对生态化的新组织，海尔给予这些小微好的发展土壤、阳光雨露和必要的竞争机制，并以社会主义市场经济的价值追求引领它们的行进方向。

第十五章　改革先锋

◎ 本章导读

2018年12月18日，在庆祝改革开放40周年大会上，党中央、国务院授予张瑞敏"改革先锋"称号，认定语为"注重企业管理创新的优秀企业家"。面对这一殊荣，张瑞敏坦言："没有改革开放，就没有今天的海尔，也没有今天的张瑞敏。我是一个非常普通的人，是改革开放赋予每个人勇气，让每一个人把活力充分发挥出来。"

第一节
改革先锋：伟大历史的见证者

改革开放40余年，我国经济发展取得伟大成就，是中国共产党领导、社会主义理论指导与全部市场主体实践有机结合的结果。相比于1978年，2017年国内生产总值增长了223.8倍，年均增长率9.5%，人均GDP增长154倍。尤其加入WTO之后的17年，我国对世界经济增长的贡献近30%，超过了美国、欧元区和日本的总额，对外直接投资年度流量全球排名从最初的第26位上升至第3位。取得举世瞩目的发展成就，与社会主义经济改革密不可分。通过改革，使市场在资源配置中起决定性作用，将市场经济与社会主义基本制度结合起来，实现了从宏观层次上对市场经济进行调控，以减少市场的盲目性和自发性，彰显出"有为政府"与"有效市场"相结合的中国特色社会主义经济特征。

2018年12月18日，在庆祝改革开放40周年大会上，党中央、国务院授予张瑞敏"改革先锋"称号，认定语为"注重企业管理创新的优秀企业家"。张瑞敏是改革开放40年的典型创业者代表，也是中国企业家群体的一个缩影。

中共中央、国务院颁发的《中共中央 国务院关于表彰改革开放杰出贡献人员的决定》指出："这次受到表彰的改革先锋，为推动改革开放作出了杰出贡献，发挥了突出的示范引领作用，是人民群众的优秀代表。他们拥护中国共产党领导和我国社会主义制度，拥护改革开放，坚持正确改革方向；他们冲破思想观念的束缚，突破利益固化的藩篱，敢于啃硬骨头，敢于涉险滩，奋斗在改革开放一线，引领思想观念和体制机制变革，推动改革开放和社会主义现代化建设；他们带头践行社会主义核心价值观，大力弘扬以爱国主义为核心的民族精神和以改革创新为核心的时代精神，爱岗敬业，无私奉献，作风优良，赢得人民群众广泛赞誉。"

海尔改革故事承载了几代人的追忆和梦想，张瑞敏成为几代人的"圆梦者"。从党和国家领导人手中接过"改革先锋"获奖证书时，张瑞敏汇报说："感谢总书记，这不仅仅是对我的鼓励，更是对所有中国制造业企业的鼓励。"回顾海尔成长历程，坚持勇于自我革命的精神，是其驾驭每个时代的变化、保持长期活力的主要原因。

改革开放激活了市场要素、提供了外部条件，企业应紧扣改革主题开展具体行动。回望创业40年，海尔总能在改革关键节点做出及时的、正确的选择，并以有效的实践成果回应改革部署。创业初期，张瑞敏高举大锤"砸冰箱"回应了我国产品质量改革，改变了旧的质量观念、培育了质量文化新风；以"赛马不相马"人才理念和机制回应了计划经济体制下的"铁饭碗"制度；以"流程再造"行动回应了现代企业制度改革，破解了高负荷、低效率的传统管理难题。

成功的改革，使企业转危为机，复杂问题迎刃而解。2008年，美国次贷危机爆发，迫使全球范围内各产业实施去库存改革，很多企业因库存积压、应收账款无法回笼导致资金链断裂。海尔虽然也承受了国际市场下行的压力，但因持续实施去库存改革，在这场金融风暴中轻松化解了难题。1998年起，海尔逆市场惯例实行"现款现货"，探索"零库存下的即需即供"改革并取得成功。2008年，海尔提出防止"两多两少"，即防止库存多、应收多、利润少、现金少，库存资金占用天数下降到了5天，是工业企业平均库存天数的1/10。不仅如此，当多数家电企业背靠的大树——大型家电连锁企业遭遇经营困境时，海尔也成功规避了账期风险。

海尔的改革创新成果得到社会广泛认同，改革创新成为海尔精神文化中的主要内涵。海尔从不回头欣赏自己成功的脚印，改革步伐从不停歇。党的十八大以来，在党中央全面深化改革战略部署之下，供给侧结构性改革行动在全国各个层面展开。供给侧改革的核心问题是创造有效供给，首先要企业弄清楚"生产的是库存还是用户需要的产品"。在海尔看来，供给侧改革就是"要把企业的墙打开"，变消费者为产消者，和全世界连在一起。

这一时期的海尔改革实践，就是通过互联网直连用户，从过去的大规模制造产品变成大规模定制。然而，海尔并没有将网络化、智能化制造简单地理解成机器换人——机器换人如果没有订单或者产品不是消费者需要的，机器效率再高也无用。"高精度才关键"，周云杰认为大规模定制改革的成功标准之一是高精度："什么是高精度？一头连着互联工厂，另一头连着消费者，让消费者能够全流程参与，这样就实现了真正的每一台产品都有用户。"如果说大规模定制是流程再造、库存改革的延伸，海尔的小微化、创客化、平台化等一系列行动，则为大规模定制的实现打通了需求端和供给端的对话通道，是顺应物联网时代消费市场特征的深刻改革。

海尔40年，是循着我国改革开放路径一路走过来的。改革开放不会一步到位，它在不同时期创造出不同的发展条件，企业应根据这些外部条件创造有益的内部环境，在顺应变化、转变观念、创造市场过程中累积市场竞争力。当然，在这个过程中，企业家是一个关键角色，其作用不容小觑。

"改革开放以来，我国经济发展取得举世瞩目的成就，同广大企业家大力弘扬创新精神是分不开的。创新就要敢于承担风险。"[1] 成功的企业家总能嗅到时代的气息、踩对改革节拍。改革开放初期，是包产到户、经济特区、厂长负责制，是粮票、布票、电冰箱票和价格双轨制带动的。面对从未经历过的时代变化，袁庚、鲁冠球、张瑞敏等一批创业者们走进大众视野，他们对世界经济大格局的认知是有限的、是懵懂，但也表现出了超出常人的趋势判断力和行动力。回望那个时代，有能力在冲动和理性之间掌握尺度、把握平衡并获得市场认可的人，都成为中国企业家精神的价值坐标。

政治经济学家约瑟夫·熊彼特（Joseph Alois Schumpeter）这样形容企

---

[1] 习近平：《在企业家座谈会上的讲话》，人民出版社2020年版，第7页。

业家："他们不断地寻找新的财富机遇，无所畏惧地向着'无人区'奋力挺近，他们敢试天下所不敢，面对新的事物，总愿做第一个吃螃蟹的人，他们是当之无愧的英雄。"踩对时代的节奏，首先要对时代变化无所畏惧，勇于接受时代挑战，为之奋斗，永不停歇。这是中国企业家精神的重要内涵。

企业家的另一种精神品质，是无论时局进退，不管个人境遇之高低，都能心系大局，无畏牺牲，坚持目标不放弃。在无时无刻的变化中建立持久的信心，是企业家的基本素养。世界上唯一不变的是变化本身，适应变化的唯一出路是主动改革。《张瑞敏：自以为非》一书总结了张瑞敏30多年来的改革故事、管理箴言，例如"海尔的企业文化就四个字，自以为非""你是人，不是神，不可能永远踏准时代的节拍，所以企业可能不知道什么时候就被时代所淘汰"等，这些皆是改革精神的生动表述。自以为非，强调的是企业自我改革。

面对"改革先锋"殊荣，张瑞敏常说："没有改革开放，就没有今天的海尔，也没有今天的张瑞敏。我是一个非常普通的人，是改革开放赋予每个人勇气，让每一个人把活力充分发挥出来。"海尔的改革历程，浓缩了中国企业家从无到有、不断改革突破的艰难历程，也见证了中国特色社会主义经济蜕变升级的过程。

相关阅读

四十年的实践充分证明，改革开放是党和人民大踏步赶上时代的重要法宝，是坚持和发展中国特色社会主义的必由之路，是决定当代中国命运的关键一招，也是决定实现"两个一百年"奋斗目标、实现中华民族伟大复兴的关键一招。

——2018年12月18日，习近平总书记在庆祝改革开放40周年大会上发表重要讲话

第二节
人的价值最大化：改革中的原则立场和价值追求

企业置身瞬息万状的市场演进中，需要确立长期坚持的原则立场，"人的价值最大化"是贯穿海尔改革全程的价值坐标、原则立场，也是至高追求。

每个经得起历史考验的企业，都有独特的资源禀赋和长期坚守的管理理念。理念一旦确立，便会内化于里，如同生命体的基因一般，在企业长期的发展和繁衍过程中发挥决定性作用。上世纪70年代，米尔顿·弗里德曼（Milton Friedman）提出"企业最主要目标是实现利润和股东价值最大化"理念，被资本主义世界的大多数企业主所接受，于是"人是工具而非目的"（即"工具人"）观念被市场、被社会固化，雇主与雇员之间形成了难以调和的对立关系。

与奉行"工具人"理论的社会不同，中国企业坚持以马克思主义立场观点理解经济与人的关系、企业与用户的关系，坚信"人是目的而非工具"。尤其在海尔，在实践中确立和夯实了"人的价值最大化"理念，实践了马克思主义人的自由全面发展这一根本价值追求。上世纪末，"人的价值最大化"表现为海尔推出的"赛马不相马"人才机制、自主经营体制度；新世纪之初，"人的价值最大化"理念嵌入人单合一模式，融入创客制和全部的管理行动。而今，周云杰结合新时期的市场特征、企业发展任务，深化并丰富了"人的价值最大化"的内涵，提出"无界生态"，即打破价值创造和价值分享的界限，重塑人与人、人与物、物与物、人与组织、组织与组织之间的价值关系。

周云杰认为，"人的价值最大化"理念适用于不同文化国家的人。不管禀赋哪种文化、持有哪种信仰，每个员工都希望被尊重，个人价值得以发挥的情感诉求总是一致的。人单合一模式，正是满足这一共同的情感诉求、践行"人的价值最大化"理念的制度载体。

西班牙团队成功地证明了坚持"人的价值最大化"原则、以人单合一模式突破旧有思维赢得市场佳绩的逻辑。海尔在西班牙空调市场已经营了十几年，但始终没能撼动日本企业数十年打下的稳固根基。4年前，西班牙空调链群实施组织改革，团队从整个西班牙海尔（大白电）拆分出来，成立独立贸易公司，通过人单合一模式让每个员工自主选择链群角色，鼓励重构、突破岗位定位，实现个人价值。独立运营为西班牙空调链群的快速发展创造了更自主的空间。西班牙空调链群开始推动更符合空调产业特点的策略。他们在2021年提出了"全新海尔西班牙"的计划，从销售网络、服务能力、营销等各个方面提升，补齐能力，两年后，西班牙空调链群不仅实现了整体5倍速于行业增长，还在占有率超过40%的日本品牌中突出重围，跃升市场占有率第三位。

前面讲述的海尔并购三洋后进行文化融合、得到日本职员认同的故事，也证明了"人的价值最大化"原则是超越文化的、具有广泛共识的。"我们过去就像一艘大船，不是很灵活，是一个很大的科层组织。现在，我们都更加依赖彼此，我们像由小船组成的舰队，更加注重和突出个人表现。"这是日本员工对组织变革的评价。"人的价值最大化"，或者说"员工第一"原则，是对西方经典模式根本宗旨"股东第一"的颠覆，构成海尔文化、海尔模式和海尔品牌三大体系的核心宗旨，也成为海尔创业精神的基因。

人因共同价值而聚，组织就会愈加稳定；反之，人因谋生或经济利益而聚，组织容易离散，甚至"墙倒众人推"。从这个角度看，"人的价值最大化"引导下建立起的创客生态，与中国共产党领导的、中国特色社会主义经济理论指导的市场经济是异质同构的，即坚持不变的原则立场和价值追求，发挥市场机制作用，激发微观经济主体的积极性，使其主动响应、适应甚至引领时代的变化，在自主、自愿的经济创造中实现每个主体的最大价值。

"人的价值最大化"也是海尔选择接班人的考量维度。

2016年12月，周云杰出任海尔集团总裁，梁海山为执行总裁，张瑞敏仍任董事局主席兼首席执行官。该人事任命意味着海尔"轮值"制度完成了它阶段性历史使命。海尔集团高管聘任是人单合一竞单机制转化的动态体现。

轮值总裁制度始于2013年。是年4月，两位"接班候选人"浮出水面，分别是集团两大上市公司青岛海尔、海尔电器的负责人梁海山和周云杰。所谓的轮值总裁制度，就是指董事会领导下的总裁岗位，由高管团队轮流担任，他们着眼于公司的战略和制度建设，对阶段性发展目标负责。实际上轮值制度并不新鲜，例如欧盟现行的是每半年轮换一次的"轮值主席国"制；联合国安全理事会也是采用"轮值主席国"制度，一个月轮换；中国的工商联系统，企业家副主席、副会长轮流值制度也是比较常见的。

轮值总裁制度让轮值者用成绩证明能力，将潜在的领导能力在轮值中进一步展示。如果胜任，候选者会得到更多的信任和锻炼机会，反之则对其进行调整。此外，通过轮值赛马这种模式，可以将公司、客户和员工的风险降到较低的水平，毕竟内部选拔出来的人，能够让公司的战略、制度保持一定的延续性。

相关阅读

海尔把"人的价值最大化"贯穿到40年发展的全过程。在名牌战略阶段，海尔坚持高质量的产品是高质量的人干出来的；在多元化战略阶段，海尔强调盘活资产，先盘活人；在国际化战略阶段，海尔提出了出口创牌是倒逼人才的国际化；在全球化品牌战略阶段，海尔提出世界是我的人力资源部；网络化战略阶段，海尔提出了从出产品的企业转变为一个出创客的平台；到了生态品牌战略阶段，海尔又提出了创客生增值、增值生创客这样一个以人为本的理念。

——2023年4月，周云杰在第八届中国管理科学大会上的演讲

专家述评

2018年是我国改革开放40周年。40年来，我国创造了世界经济发展史上的诸多"不可能"：保持了年均9%的经济增速；成为全球第二大经济体和最大的制造业中心；城镇化率由1978年的17.9%提高到2017年的58.5%，社会主义市场经济体系日趋完善。取得伟大的成就，关键在"改革"二字。作为改革开放事业的参与者、见证者，海尔保持着数十年如一日的创业热情，在社会主义市场经济蝶变中实现了内部制度和文化的数次大改革，其成员企业海尔智家（原"青岛海尔"）于这一年入选"世界500强"企业名单，向改革开放事业交上了一份高分的企业答卷。这份答卷的背后，最关键的得分项是海尔的创始人张瑞敏先生深刻领会了社会主义赋予企业的正确价值原则和立场——人是实践主体、价值主体。海尔的成功也正是顺应了改革开放的趋势、把握了社会主义市场经济的规律，激活和发挥集体的创造力，实现了"人的价值最大化"。

05

第五篇

走向世界一流

中国公司争创世界一流企业，不是为了拥有市场霸权、以强凌弱，而是通过和平友好的方式分享给其他国家，让全世界共享发展成果，参与"一带一路"倡议行动、履行 RCEP 条款、融入中欧班列大网络以及"进口博览会"等合作平台便是最好的佐证。在合作中，中国公司皆表现出谦和、包容、兼济的姿态。以海尔为例，虽然已位居大型白色家电全球市场份额第一的位次，但它始终坚持市场大家做，懂得尊重对手以及合作伙伴，以生态型发展方式稳健地走向世界一流。

《中共中央 国务院关于深化国有企业改革的指导意见》明确了世界一流企业"16字标准"：产品卓越、品牌卓著、创新领先、治理现代。从濒临破产的集体经济工厂跻身知名跨国公司，海尔的发展过程见证了社会主义市场经济体制从提出到初步建立、再到逐步完善以及对世界经济产生影响的历程。海尔在争创以"产品卓越""品牌卓著""创新领先""治理现代"为特征的世界一流企业的实践中，新发展阶段理论标注了历史站位，新发展理念指明了价值导向，新发展格局绘制了世界经济发展关系新的全景图。

本篇立足新发展阶段，围绕践行新发展理念、融入新发展格局两条线索，解读海尔如何将坚持习近平经济思想的指导与创建世界一流企业实践相结合，做优、做专、做精、做久，深入诠释"什么是世界一流企业""为什么创建世界一流企业"以及"怎样创建一流企业"三个核心问题，并将这一话题引向深处：在争创世界一流企业的赛场上，中国企业凭什么赢得持久的掌声？

第十六章　新发展理念：谁是创新的驱动者？

◎ 本章导读

联合国《2030年可持续发展议程》呼吁各国采取行动为今后15年实现17项可持续发展目标而努力。与这17项目标相呼应的中国政治纲领，是党的十八届五中全会上提出"新发展理念"——创新、协调、绿色、开放、共享。

创新、协调、绿色、开放、共享的新发展理念是创建世界一流企业的价值坐标，它引领着中国企业的价值追求从"做大做强"转向做优、做专、做精、做久。其中，"创新发展"发挥着统领性的作用。习近平总书记指出，抓住了创新，就抓住了牵动经济社会发展全局的"牛鼻子"。树立创新发展理念，就必须把创新摆在国家发展全局的核心位置，不断推进理论创新、制度创新、科技创新、文化创新等各方面创新，让创新贯穿党和国家一切工作，让创新在全社会蔚然成风。

第一节

世界是我们的研发部（上）：用户是真正的创新大师

2015年3月，《中共中央 国务院关于深化体制机制改革加快实施创新驱动发展战略的若干意见》提出建立技术创新市场导向机制，"发挥市场对技术研发方向、路线选择和各类创新资源配置的导向作用"。什么是市场导向呢？对于企业而言，市场导向就是用户需求，归根结底是人民对美好生活的向往。

满足人民对美好生活的向往是科技创新的落脚点。2020年9月11日，习近平总书记在科学家座谈会上指出："当前，我国社会主要矛盾已经转化为人民日益增长的美好生活需要和不平衡不充分的发展之间的矛盾，为满足人民对美好生活的向往，必须推出更多涉及民生的科技创新成果。"[①]

企业是科技创新的主阵地。按照传统的理解，企业设置庞大的创新机构能够较大程度推动创新发明、取得创新成果。但实际上，有两个因素限制了这种内部创新机构的作用的发挥。其一，大型公司设立创新机构通常是服务于战略需要，较少关注当下的市场需求，多数不会投入大量研发资本做市场细枝末叶的文章。其二，大型公司组织规模庞大，科层制特征明显，决策程序冗长，资源配置受限于既定中长期计划，使其内设的创新机构的灵活性低于市场上的小微型创业公司。小微公司以响应市场变化、实时满足用户需求为重心，具有极强的灵活性和创新竞争力。因此，海尔创新生态的形成与人单合一模式、创客制以及链群组织建立之间，存在着高度耦合关系。

从全球视野来看，跨国企业以同一套标准、同一个产品方案"卖全球"的时代已过去，一款产品方案沿用几十年，型号由"Ⅰ代"传承到"Ⅸ代"

[①] 习近平：《在科学家座谈会上的讲话》，人民出版社2020年版，第3页。

经典操作，已越来越难满足用户需求，不少日本、欧美品牌正是因为千篇一律、迭代慢失去了年轻消费者的信任。海尔则以人单合一模式驱动产品创新、因地制宜实现个性化定制、走"产业全球化、产品本土化"路线，为各企业建设海外市场、赢得新一代用户口碑提供了路径借鉴。

在埃塞俄比亚中部的某个村落的极为简陋的免疫接种站里，海尔太阳能疫苗冰箱与周围破旧的陈设形成鲜明对比。该冰箱是由海尔生物的王文明带领团队研制推出的，其完全靠太阳能驱动，蓄冷一次可使用5天以上。当地村民格蕾丝说："过去我要冒着酷暑，抱着孩子走一天的路程，才能接种安全有效的疫苗。而现在，在家门口就能接种疫苗，中国的太阳能疫苗冰箱给我们带来了很大的福利。"

当地接种点的负责人也给予海尔太阳能疫苗冰箱很高的评价："之前我们无法负担冰箱维修的高额费用。海尔的疫苗冰箱则完全由太阳能驱动，冰箱温度得以保障，最惊喜的是还有人员定期来检修设备，告诉我如何正确使用。产品上搭载的物联网设备还能在中国看到它的运行状态，一旦有问题及时报警及时维修。我想，对于来接种的儿童和家长来说，也是极大的安全保障。"

伟大的创新成果背后，通常是数年如一日的坚守、煎熬。

王文明是太阳能驱动疫苗冰箱的负责人。刚到海尔工作时，他了解到远在非洲大陆的很多国家，基础免疫保障仍因电力短缺问题难以维持。"当时欧洲企业率先研发出太阳能＋蓄电池＋冰箱的组合设计存储，这种存储方式在过去20年中，已建立了非常多的专业壁垒，我们最开始攻坚这个项目的时候，欧洲企业很希望我们买下他们的技术，因为他们觉得你再花十年未必做得出来，我们海尔有这么多的技术积累、技术资源，凭什么做不出来呢？"王文明心有不甘。自主开创一种高效蓄冷和恒温控制兼具、更加可靠的太阳能直驱储冷技术路径成为摆在他们面前亟待破解的一大课题。要想突破重围，只有把蓄电池去掉，这样做的同时也将面临两个世界性难题。

具体解释一下其中的技术难点。

第一个难点，是无论光照强度如何变化，制冷单元都要保持高效输出，于是就有了全球顶尖算法专家带领太阳能疫苗团队研发出一套在非稳定状态下直流直驱的压缩机控制算法，解决了高效蓄冷的问题。第二个难点，就是在没有任何蓄电池以及电子控制系统的情况下如何保持高效的制冷以及温度的控制。

王文明团队咬住青山不放松，创新研发出一套高密度蓄冷储冷模块单元，即使在43℃的高温环境下断电，或处于无光照的极端天气下，仍能将箱内温度保持在8℃以下长达120小时。同时，面对沙漠这种昼夜温差比较大的环境，采用航天技术中应用的烷烃湿热材料，设计出一套组合式的系统，实现了50℃大跨度下的温度恒定，将疫苗保存的最高标准大幅提升，开辟出一条新的技术路线。

截至目前，海尔自主知识产权的太阳能疫苗冰箱已进入78个国家和地区，全球累计装机15万台，每年服务全球4500万适龄儿童安全接种，极大地促进了全球疫苗接种可及性，每年降碳109500吨左右。此外，海尔还与巴斯德研究所、世界卫生组织等国际顶尖机构和国际组织共探绿色创新科技保障方案，开发出太阳能实验室、太阳能采血舱、太阳能诊所等更多的绿色场景，积极参与并支持世界欠发达国家和地区的医疗卫生基础设施建设。

创新是引领发展的第一动力。谁是创新的主角呢？是创客，还是科研人员？从鼓励奋斗与创新的大时代来说，人人都是创新者，但从供需关系视角来看，用户才是驱动创新的主角——在海尔人看来，用户才是真正的创新大师。

关于怎样保持创新活力，张瑞敏在公开演讲时常会举柯达的例子。他说："柯达曾经是全球知名企业，全世界胶卷第一名。其实它也是全世界第一个发明出数码相机的。在申请破产的时候,它的数码技术竟然卖了9亿美金。"张瑞敏说:"企业一般有了核心竞争力之后,就会一直待在这,不停地顺着原路走下去,在规模和范围上做大,但是早晚有一天会被自己颠覆掉。"

企业要战胜满足感,即便取得了伟大成就,也不能一味守业,要始终"自以为非",而不是自以为是。对于张瑞敏"没有成功的企业,只有时代的企业"这一著名论断,多数人只理解了浅层次的含义:紧跟时代需要、满足时代需要,甚至认为是"找风口"。然而大家却没有深刻反思:是不是所有企业都具备做"时代的企业"的资格呢?行业头部企业通常都会在前一个时期做好下一个时期的战略布局、技术储备和人才储备,并且匹配好资源保障、对接好市场体系、安排好推进计划,才有可能让每个时代都从容地经营,做"时代的企业"。这种条件不是谁都具备的。即便是柯达这样的"巨无霸"公司,在坐稳胶卷行业老大期间能够居安思危布局数码相机,最终仍无法避免遭到时代的遗弃。试想一个将全部精力用于钻营市场、疲于奔命的企业,会腾出手来思考未来、构思战略吗?如果做不到,顺应时代、做时代的企业便无从谈起。

相关阅读

发挥市场对技术研发方向、路线选择和各类创新资源配置的导向作用,调整创新决策和组织模式,强化普惠性政策支持,促进企业真正成为技术创新决策、研发投入、科研组织和成果转化的主体。

——《中共中央 国务院关于深化体制机制改革加快实施创新驱动发展战略的若干意见》

第二节
世界是我们的研发部（下）：HOPE创新生态平台

海尔的创新一脉相承，它不局限于某个具体技术、产品、管理模式的革新，而是建设了企业响应时代变化的机制，使人人成为创新的主体、事事都有创新的空间，这种机制逐渐演变为创新文化、创新哲学、创新基因，因此诞生了HOPE创新生态平台、储备了大量的超前技术成果。

作为海尔全球总部所在地，青岛创新土壤始终滋养着海尔创新文化的根脉。根据中国社会科学院发布的《中国城市竞争力第19次报告》，其中对全国各个城市科技创新引领力进行了评比，结果显示，2021年中国科技创新竞争力排名中青岛位列前10。世界知识产权组织（WIPO）发布的《2021年全球创新指数报告》中，青岛位列"最佳科技集群"全国第10名、全球第53名。殊荣背后，是青岛持续推动科技创新引领的不懈努力。

与长三角、珠三角数字产业发达的地区相比，青岛的创新条件仍有不少差距。例如人才方面，青岛创新型产业人才存在供需矛盾，有些产业发展起来了，人才供给不稳定。青岛数字产业多数由制造业派生而来，行业平均薪酬虽然高于传统制造业，但明显低于杭州、深圳等地，对高端人才吸引力不强。2022年4月召开的青岛市委人才工作会议也指出了自身的短板和不足：产才融合程度不够高、人才结构亟须优化、适宜人才创新创业的发展生态尚未完全形成等。

企业的人才吸引力，通常是由城市人才供给能力决定的。海尔努力突破青岛的城市条件制约，从上世纪末"赛马不相马"开始，逐步形成了完善的人才培养、发展体系。一方面，海尔"在有凤凰的地方驻巢"，建立了"10+N"开放创新体系，共计71个研究院，线上线下链接全球超过100万的一流技术资源和20多万技术专家；另一方面，在产业本部筑巢引凤，建立了智慧住居赛道、大健康赛道和产业互联网赛道，以这三大赛道为引领，吸引优秀人才进行创业，实现了事业吸引人才、人才成就事业、事业激励人才的正循环。当然，这些并非海尔独有的经验，大部分跨国公司都可以做到。不过，海尔的人才机制中的3个原则与多数企业不尽相同：资产所有者给经营者让利、大股东给小股东让利、今天的经营者给未来经营者让利。

在过去10多年间持续变革，海尔把生态组织的边界打开，和全球人才链接在一起，提出"世界就是我们的人力资源部"。过去人力资源管理的对象是组织内部人员，海尔的做法则是把组织以外的人也纳入其中，打造全球化人才供应链，触角伸至世界各个角落。

与"世界是我们的人力资源部"并提的，还有"世界就是我的研发部"，即探索搭建开放创新模式，把传统的"瀑布式研发"转变为"迭代式研发"。海尔创新研发工作大致可以分为两个方向，即实时研发与超前研发。前者依靠高度的市场敏感单元，在全球各地及时捕捉市场需求，第一时间开发新的应用型产品或服务；后者则依靠海尔的战略技术体系，储备未来技术、积蓄战略竞争力。

浙江财经大学东方学院张静教授研究了海尔的战略、市场、技术、制度四大要素创新，分析其每个要素的创新历程，在《传统制造业企业的全要素创新——基于海尔集团的案例研究》一文中指出，"全要素创新"是海尔的主要特色。根据管理科学技术名词审定委员会2016年出版的《管理科学技术名词》，全要素创新（All Elements Innovation）是系统观和全面观指导下的创新模式，需要全面协同技术、战略、文化、制度、组织等与创新绩效有密切关系的要素，以实现组织的最佳创新绩效。

全要素创新的实现，开放式研究平台是必要条件。HOPE创新生态平台，是整合全球一流科技资源、创意智慧和市场数据，让供方和需方在上面自由交互的共享机制。在发展中，HOPE沉淀了核心的方法论，在需求定义、资源评估、需求洞察等创新服务的关键节点取得突破，解决了创新成果转化的瓶颈问题，服务的行业包括家电、能源、健康、日化、汽车、烟草、材料、智慧家居、生活家电等20多个大的领域。

从"无所不洗的海尔洗衣机"到海外市场为本土用户开发个性化产品，海尔坚持自主研发、坚持原创科技，在各类交互平台协作下，让用户随时随地参与到产品设计创意的产生、创意的确认、产品的开发直到产品的上市全部环节，亦即整个过程都是对用户开放的。

> **相关阅读**
>
> 　　鼓励各类创新主体充分利用互联网，把握市场需求导向，加强创新资源共享与合作，促进前沿技术和创新成果及时转化，构建开放式创新体系。推动各类创业创新扶持政策与互联网开放平台联动协作，为创业团队和个人开发者提供绿色通道服务。加快发展创业服务业，积极推广众包、用户参与设计、云设计等新型研发组织模式，引导建立社会各界交流合作的平台，推动跨区域、跨领域的技术成果转移和协同创新。
>
> 　　——2015年7月，国务院颁布的《国务院关于积极推进"互联网+"行动的指导意见》

第三节

市场机制激活"沉睡"的科研成果

近年来，企业逐渐成为研发投入和科技成果转化的主体。2021年国家重点研发计划立项的860多个项目中，企业牵头或参与的有680余项，占比达79%。企业在科研领域地位的提升，对破解"科技与经济两张皮"难题、提高科技成果转移转化率无疑是一个积极的信号。

2023年全国两会期间，周云杰以全国人大代表的身份提交了《关于发挥科技领军企业作用，完善国家战略科技力量协同机制的建议》。他通过调研发现，面对一些长期性技术难题，多数企业难以凭借自身力量将其拆解转化为技术攻关任务，也很难将这些任务以课题的方式传递至高校和科研院所。高校和科研院所的情况也不乐观，因为积攒了大量"沉睡"的成果，亟待"被激活"变现为市场价值。周云杰建议，应建立全产业链的科技创新体系，企业与高校、科研院所要站在全产业链角度建立有的放矢的创新体系，使"从0到1""从1到N"的创新实现无缝链接。

上述建议提出后，周云杰在海尔内部推行研发模式变革，搭建了涵盖用户洞察、需求破题、技术拆解、资源评估的创新协同机制，并在较短时间内取得了实效。例如，家用冰箱的异味问题一直是用户的痛点，海尔技术团队先对市场需求进行拆解，发布了包括高性能气味传感器在内的研发课题，在高校、专家资源库寻源，最终发现中国科技大学成果孵化的初创团队——合肥微纳正在研究新鲜度传感器的相关课题。通过双方团队协同研发，解决了技术雏形中存在的效能、时长、稳定性等问题，最终将全球首创的电子鼻技术应用在海尔的冰箱产品上，实现了高校发明专利产业化。

再举个例子。目前国产空调、冰箱已占据国内市场的主导地位，但长期存在技术"软肋"——压缩机。压缩机被称为"现代制冷设备的心脏"，百余年来主导着制冷、空调、热管理等众多领域的市场份额，能效比、制冷、制热效果都取决于压缩机技术。国产制冷产品在国内市场占据统治地位，但压缩机尤其是高端压缩机对外依赖度较高。业内人士指出："国产空调在压缩机上的局限在于，国外空调很少采用电辅热，但是这一技术却在国内大行其道，厂商还自鸣得意，但背后是我国基础工业能力薄弱的现实。"尽管压缩机不会受到致命的技术封锁，但进不了高端领域的窘况也着实让人尴尬。

在大型制冷装备领域，磁悬浮离心压缩机一直被国外企业技术所垄断。以磁悬浮离心压缩机为核心技术的中央空调，凭借更节能、更高效、更稳定的优势，受到全球中央空调市场青睐，发达国家纷纷加强了该领域的核心技术封锁。2006年，海尔联合国内多家院校，用市场机制把院校中"沉睡"的论文、专利、标准唤醒，以市场痛点为导向，研发出磁悬浮离心压缩机自主专利技术并推出我国第一台磁悬浮中央空调，打破了国外品牌垄断。2021年8月，海尔蒸发冷磁悬浮机组项目凭借"一体式高效节能蒸发冷却式磁悬浮冷水机组开发与应用"项目填补在轨道交通行业中的空白，入围2021年度山东省首台（套）技术装备及关键核心零部件名单。截至2022年，海尔磁悬浮中央空调已拥有100多项专利，其中发明专利27项。据艾肯网发布的《2021年度中国中央空调市场报告》，海尔磁悬浮空调占有率58.05%，使其连续五年位居市场占有率榜首。

海尔另一项重大技术突破——无压缩机固态电卡制冷系统，彻底改变了制冷行业百年传统，且有可能开启"无压缩机制冷"的新赛道。实际上，海尔早在10年前就与中国科学院、西安交通大学、华南理工大学以及美国硅谷科研机构协同入局固态制冷赛道，基于固态电卡制冷技术实现模组研发、制冷机系统研发以及最终成果的产业转化。据测算，如果该系统顺利普及应用，有望为我国每年节省出5个三峡大坝的发电量，30年将减碳300亿吨，为全球降温0.5℃贡献1/3的力量，将加快我国"双碳"战略目标的实现。

智慧芯片是家电产业实现转型发展的重要硬件支撑。2005年左右，青岛家电产业核心配套件和电子元器件的本地配套率不足5%，进口依赖度非常高。与传统芯片相比，智慧家电芯片设计更简洁、面积更小，效率、稳定性却提升不少。2021年，国家工业和信息化部批复组建了家电领域国内唯一的国家级制造业创新中心——国家高端智能化家用电器创新中心，由海尔集团联合中国家用电器研究院、中国电器科学研究院以及行业龙头企业共同发起成立，这一布局，解决了高端场景芯片及传感、泛终端操作系统等行业痛点和难点，为用户提供更智能、便捷和个性化的服务。在海尔带动下，智慧家电芯片也逐渐走向国产化，从一定程度上解决了该领域产品和技术"卡脖子"问题。

习近平总书记指出："创新不是发表论文、申请到专利就大功告成了，创新必须落实到创造新的增长点上，把创新成果变成实实在在的产业活动。"[①] 作为创新行动的总指挥棒，新发展理念为海尔推进互联网化转型乃至更长周期的创新实践提供了正确的理论指引，尤其在创新研发方面，截至2023年末，海尔已荣获17项国家科技进步奖，是获得国家科技进步奖最多的家电企业；荣获中国专利金奖12项，居行业第一；海外发明专利超1.8万件，覆盖30多个国家。

> **相关阅读**
>
> 创新要实，就是要推动全面创新，更多靠产业化的创新来培育和形成新的增长点。创新不是发表论文、申请到专利就大功告成了，创新必须落实到创造新的增长点上，把创新成果变成实实在在的产业活动。
>
> ——2014年12月9日，习近平总书记在中央经济工作会议上的讲话

第四节
三翼鸟："我经济"的数字画像

2014年5月，习近平总书记在河南考察时提出"三个转变"：推动中国

[①] 《习近平关于科技创新论述摘编》，中央文献出版社2016年版，第6页。

制造向中国创造转变、中国速度向中国质量转变、中国产品向中国品牌转变。正是这番话,为包括海尔在内的中国企业转型升级、打造中国品牌指明了方向。2016年,国务院办公厅发布《关于发挥品牌引领作用推动供需结构升级的意见》,首次正式提出设立"中国品牌日"。经国务院批复,自2017年起将每年5月10日设定为"中国品牌日"。作为我国改革开放后率先推行名牌战略的城市,5年后,青岛市十七届人大常委会第一次会议表决通过《青岛市人民代表大会常务委员会关于设立"青岛品牌日"的决定》,将每年的7月17日设立为"青岛品牌日"。由此,青岛又成为全国首个以人大行使重大事项决定权的形式设立品牌日的城市。

实际上,品牌的内涵十分丰富,关于品牌理论研究、观点争鸣此处不赘述。众所周知,海尔是品牌经营的大赢家,在大多数品牌价值评价体系中,海尔品牌价值均位列国内前列。我们今天要讨论的是海尔在品牌领域创建的一个新概念,或者新的表现形式:场景品牌。

场景的本意是戏剧、电影中的场面或情景。互联网经济普及后,场景一词开始使用在市场中,指的是产品使用的情景,或者是让消费者获得使用体验、数字互联和价值延展的物理空间。海尔把它具体化为"阳台场景""厨房场景""卫浴场景"等,是一体化解决方案。家庭是生活的重要场景,是海尔40年来的服务主阵地,也是产品价值实现的空间。今天的生活场景变得愈加丰富多彩,其背后的经济支撑是收入结构、消费方式的变化。前文有述,周云杰在分管国内市场时进行了"场景品牌"的积极探索,那时候称之为"成套家电"。"成套家电"的逻辑是以产品销售为逻辑起点,而场景思维则以消费体验和产业互联为逻辑起点,两者看上去相似,却也有市场环境和逻辑方法上的区别。

2020年9月,海尔的"三翼鸟"作为全球首个场景品牌正式诞生。三翼鸟,让"体验"唱起主角,引领智慧生活的再次升级。三翼鸟的发布,意味着率先从家电品牌制造商转型为场景方案服务商,开辟了物联网时代场景品牌的新赛道，改变了人们对"家庭新基建"的全新认知。三翼鸟将为用户提供阳台、厨房、客厅、浴室、卧室等智慧家庭全场景解决方案，推动定制化智慧美好生活的全面普及，开启智慧家庭升级的新时代。

例如三翼鸟厨房，通过背靠的食联网，为用户提供吃、买、存、做、洗、改全流程智慧厨房生活体验，让用户不仅享受烹饪出来的美食，也能享受烹饪过程。如今三翼鸟的探索，是"制造业与服务业融合""科技与生活融合"的经典之笔。这也响应了习近平总书记提出的要求，"把满足人民对美好生活的向往作为科技创新的落脚点"[①]。三翼鸟一直都是主动迭代、顺应变化、推动变革的参与者，最终也从市场升级的趋势中收获了红利。它验证了海尔跳脱单一家电局限的可行性，更足以给行业注入一剂强心针，启发人们对未来的重新思考。

"三翼鸟"概念来自于混沌理论中的"奇异吸引子"，它的内部模块不断组合变化，外部稳定并拥有强大的吸引力。上世纪60年代，混沌理论的提出引发了很大的轰动，掀起了大众媒体对此的报道热情。1972年第139届美国科学促进会年会上，气象学家爱德华·洛伦兹（Edward Lorenz）发表了题为"可预测性：巴西某只蝴蝶扇动一下翅膀会引发美国得克萨斯的一场飓风吗？"的演讲。洛伦兹研究发现，一个初始值的极微小的扰动就会造成系统巨大变化，其富有诗意的"蝴蝶"比喻将混沌理论从专业小圈子推向了社会公众，因此诞生了"蝴蝶效应"这一概念。

正如动态变化的、充满不确定性的互联网时代，三翼鸟提供了因需而变的个性化解决方案，并且吸引到内外部生态方聚合到一起，共同创造出巨大的蝴蝶效应，推动家庭物联网的普及。三翼鸟的LOGO，像是一个三只翅膀的鸟儿，设计来源于混沌系统上百万次迭代而绘制出来的自画像。系统绘制开始是毫无章法的，总是呈现为新的、不同的行为。但是，随着

[①] 习近平：《在中国科学院第十九次院士大会、中国工程院第十四次院士大会上的讲话》，人民出版社2018年版，第12页。

迭代的不断进行,神秘的秩序出现,形成了三翼鸟图形。

场景思维需要敏锐的洞察能力和敏捷的转化能力。在日本,海尔团队洞察到一个特殊的消费场景:在日本的社交场所,一些完美主义的女性用餐时难免把食物弄在衣服上,她们会感到极为尴尬。因此,在"有洁癖"的年轻女性建议下,海尔推出了迷你洗衣机 AQUA Coton。AQUA Coton 看上去就像是一瓶爽肤水,内置超强劲马达,一分钟可实现700次的拍打频率,同时仅需一枚 AAA 电池供电。机身内还拥有一只塑料水胆,可随时对衣物上的局部污渍进行喷水和拍打式清洗,即时解决油渍、咖啡渍、红酒渍等变干后难以清洁的污渍。另外,如果配合洗衣粉、洗衣液或是一些可随时携带的局部清洁剂,则能够发挥更好的效果,产品价格约为92美元。

物联网的本质是"人联网",如果不能把人的情感连接起来,物联网将无的放矢。人情是人类社会基本特征。物联网的技术逻辑,也基于这种特征。物联网技术给电器之间的交流、人类生活和社交之间的互动建构了新的物理基础,剩下的就是人与人的情感交互了。人情交互是价值产生的条件。在情感交互理念的指引下,诞生了海尔的场景联网系列:"食联网""衣联网""空气网""水联网""娱联网",这些都是生活场景的细分。场景细分到每一个生活消费领域,是新厨房、新呼吸、新浴室等带来的智慧生活体验。以海尔"新阳台场景"为例,它不再是传统只能采光晾晒、摆放家电、堆杂物的空间,而是可以通过创新健身、收纳、亲子、萌宠等7大类18种阳台生活场景,按照用户室内活动轨迹进行合理分区,并打通洗衣机、干衣机、晾衣架、叠衣机等智能网器的互通互联,为用户提供主动智能服务。在场景思维下,海尔所有的创客(小微)按照场景服务方案缔结为链群关系。

技术迭代改变着人们的消费观念,也改变着消费方式,在满足了现有消费的前提下,人们不断将目光和富余的资源投向许多新的、陌生的消费领域,延伸出新型的消费模式,从而提高生活质量。海尔同频时代、推陈出新,乃至"苟日新、日日新、又日新"的精神是值得所有人钦佩的。三翼鸟是消费模式创新的重要标志，也进一步阐释了"我经济"时代强调个性、强调交互的消费趋势。张瑞敏在2023年出版著作《永恒的活火》中讲道："物联网时代的经济是'我经济'，是个性化的经济，是'我体验'的经济，需要满足每个人的个性化需求。工业经济的旧引擎支持不了'我经济'，而人单合一为'我经济'提供了智能交互生态的新引擎。"

海尔集团高级副总裁、海尔智家董事长李华刚认为："家电行业面临抉择，到底是往天花板上走，还是往地板走。大多数企业一旦遇到流动性问题，唯一能使用的就是最原始的武器——价格战。"他认为，持久的"价格战"已成为家电行业的一大特征，也使得家电行业陷入"内卷"，需要有一些家电企业主动出击，改变这一困局。三翼鸟对海尔家电板块跳出价格战困局有重大意义。

相关阅读

加快线上线下消费有机融合，扩大升级信息消费，培育壮大智慧产品和智慧零售、智慧旅游、智慧广电、智慧养老、智慧家政、数字文化、智能体育、"互联网＋医疗健康"、"互联网＋托育"、"互联网＋家装"等消费新业态。加强商业、文化、旅游、体育、健康、交通等消费跨界融合，积极拓展沉浸式、体验式、互动式消费新场景。

——2022年4月，国务院办公厅颁布的《国务院办公厅关于进一步释放消费潜力促进消费持续恢复的意见》（国办发〔2022〕9号）

第五节
卡奥斯：大规模定制的里程碑

多元化的场景，意味着个性化生产、精准化定制，"数实融合"引领下海尔"大规模定制"的路越走越宽了。

前文多次提及大规模定制这一概念，即规模生产与个性需求进行结合，满足市场对小批量、多品种产品的个性化制造需求的模式。大规模定制模式将企业、客户和供应商整合为一个整体，遵循系统整体优化的思想，充分利用企业已有资源，在标准化技术、现代设计方法学、信息技术和先进制造技术等的支持下，根据客户的个性化需求，以低成本、高质量和高效率的大批量生产方式提供定制化产品和服务。大规模定制必须具备三个条件：准确地获取客户需求、敏捷开发能力、柔性制造能力。

大规模定制背后的技术和标准依托，是卡奥斯工业互联网平台，它是海尔第五个战略阶段（网络化战略阶段）的重大实践成果之一。

简要回顾一下我国近五年来工业互联网的政策历程：2017年11月国务院出台《国务院关于深化"互联网+先进制造业"发展工业互联网的指导意见》，推进工业互联网发展，加速数字经济和实体经济融合发展的政策规划稳步向前；2018年，"工业互联网"首次写入《政府工作报告》，同年6月，工信部发布《工业互联网发展行动计划（2018—2020年）》，着力于"初步建成工业互联网基础设施和产业体系"；2021年2月，工信部印发《工业互联网创新发展行动计划（2021—2023年）》，目标指向"工业互联网新型基础设施建设量质并进，新模式、新业态大范围推广，产业综合实力显著提升"。

卡奥斯COSMOPlat是海尔推出的具有自主知识产权、全球首家引入用户全流程参与体验的工业互联网平台，其核心是大规模定制模式，通过持续与用户交互，将硬件体验变为场景体验，将用户由被动的购买者变为参与者、创造者，将企业由原来的以自我为中心变成以用户为中心。周云杰表示："要打破传统制造模式，颠覆传统思维，从用户端需求来驱动企业的整体变革。"卡奥斯的核心价值，就是在组织工业生产过程中，让用户参与设计生产、生产出个性化产品。

随着物联网概念的普及应用、海尔场景品牌的落地，卡奥斯工业互联网平台逐渐被公众所熟知。自2015年张瑞敏在世界互联网大会上提出"大规模定制"以来，定制化成为新时期消费升级中的主流。大规模定制的实现，离不开工业互联网的平台支持。于是，海尔于2017年开始探索的工业互联模式逐步完成了技术和经验积累，走上了历史舞台。在同年举办的汉诺威工业博览会上，海尔展出了一条互联工厂示范线，并向全球发布了"卡奥斯COSMOPlat大规模定制解决方案"，标志着卡奥斯品牌的正式亮相。来自各工业强国的专家对卡奥斯的表现惊叹不已，被誉为"工业4.0之父"的德国工程院院长孔瀚宁院士更是邀请卡奥斯为德国的中小企业赋能。让专家们没想到的是，卡奥斯平台做到了"不入库率"达到85%，也就是说产品有85%可以直接到达用户，不需要再进入仓库。他们不了解这背后的"即需即供"制度，在海尔人单合一模式驱动下已运行多年，相当娴熟。

卡奥斯工业互联网的技术和经验积累，可追溯到2012年海尔建设互联工厂之前。众所周知，在中德技术合作时期，海尔就对生产管理的精细化、自动化水平相当苛刻。随后，海尔继续向智能制造、工业互联等新领域拓展。2015年前后，海尔互联工厂被确定为国家工信部首批智能制造综合试点，当选国家智能制造标准化总体组成员单位。2018年9月，世界经济论坛公布了全球首批先进"灯塔工厂"名单，海尔成为唯一入选中国本土企业。这些都成为海尔卡奥斯"出道"前的重要铺垫，或者"出道"后的成长背书。

下面来举例说明。

纺织业是青岛经济发展的重要产业。纺织企业所用的纺织机由于工艺复杂，使得日常维修成为这个行业的"痛点"。2018年，百年企业"青纺机"找到海尔，想要海尔帮助其转型来解决这个问题。转型实施完成后，只需要在每台纺织机上装一个巴掌大的盒子，就能实现智慧运维，这背后得益于卡奥斯平台服务能力。工程师可以远程发现卖出去的纺织机故障原因，进行远程运维，这既节省了维修成本，又缩短了用户停机时间，双方皆大欢喜。当然，这只是卡奥斯平台赋能青岛传统企业迈向"智能化"的一个最为常见的应用场景。

青岛瑞华集团主要从事服装生产和销售业务，占地850亩，职工1600余名，产品销往欧美、日本及东南亚地区。然而，企业发展的规模越来越大，担子也越来越重，主要是现有的生产流水线缺乏柔性生产能力，所接的订单都是"1万件起做"。小规模和定制化的业务接不了，生产成本降不下来，生产效率提不上去，成了企业发展的沉疴痼疾。卡奥斯有针对性地给瑞华集团设计了精益化、自动化、信息化三条改造主线，为其打造了整体解决方案。项目实施后，该企业生产效率提高25%，企业订单量增加30%，管理效率提升80%，实现了与面辅料供应商、外协工厂、品牌方的供应链高效协同，具备了"小单快反"的柔性生产能力，有效解决了困扰产业链多年的库存问题。从只能接1万件以上订单的传统制造企业，到"1件都能定制"的柔性生产企业，瑞华集团的数字化嬗变，是在时代中浮沉的中小企业缩影。

海尔不仅助力自身企业成为"专精特新"，更重要的是卡奥斯沉淀了打造"专精特新"的能力。依托"大企业共建，小企业共享"的模式，卡奥斯串联产业链上下游企业，将大企业的经验、模型集成为产品和服务，用以夯实优质中小企业在产业链中的核心竞争力，稳健迈向"专精特新"。截至目前，卡奥斯已助力征和工业、德佑电气、纽氏达特、伊森新材料、海德威等多家优质中小企业成为国家级"专精特新""小巨人"。

青岛实施"工赋青岛"专项行动，以工业互联网作为串联产业转型升级的主脉络，通过"大企业建平台、中小企业用平台"的方式，完成了4万余家企业"上云用数赋智"，关键工序数控化率61.6%、数字化研发设计工具普及率87.8%。

2022年，青岛市民营经济发展局和青岛市中小企业局发布《2022年度拟认定青岛市"专精特新"中小企业名单》。经过公示，卡奥斯旗下青岛鼎新电子科技有限公司、青岛海达维健康科技有限公司和青岛曼尼科智能科技有限公司成功入选。加之此前入选的青岛海尔能源动力有限公司和斐科腾智能科技（青岛）有限公司，卡奥斯旗下已有5家企业成为青岛市"专精特新"。

青岛征和工业股份有限公司是中国链传动行业首家 A 股上市公司。2020年5月，征和工业与卡奥斯签署战略合作协议。合作中，卡奥斯为征和工业制定了"诊断—识别短板，咨询—明确方向，实施—智造升级"整套数字化转型战略方案。从设计、生产、物流、仓储、销售、服务、人员、资源等多个维度入手，为征和工业补足短板，使其实现了管理全面升级、数字化全面转型。

卡奥斯对征和工业进行了详细的调研分析，构建数字化建设蓝图，制定了相应的业务系统规划和数字化工厂规划。2021年，征和工业技改投入超过1亿元，其中数字化改造投入占比最大。目前，征和工业智能工厂项目已经完成对整个生产系统的数字化改造，工厂效率得到大幅提升。产品良品率提升到99.5%，人工成本和能源成本均降低10%，原本72小时才能下线的"发动机用强化齿形链"产品，如今最快只用10小时即可下线。不仅如此，征和工业还实现了数字化研发。基于数字仿真的"模拟择优"，征和工业能实现从研发创意到结果验证的快速迭代，大幅缩短新技术产品从研发、小试、中试到量产的周期，原本需要25天才能研发出来的产品，现在只需要7天。

此外，卡奥斯还与石化工业百强企业宜宾天原集团合作，共建我国首个氯碱化工行业工业互联网平台。通过平台赋能，旗下海丰和锐工厂故障性检修比例降低50%，生产数据分析效率提升83%，企业生产能耗降低3%，生产有效排产效率提升13%，有效解决了企业转型难题，整体提升了数字化水平。以郯城化工产业园区为例，在卡奥斯赋能下，园区安全风险管控提升50%，人工投入较原先降低了45%，应急指挥效率也提升了50%，实现了园区的智慧化管理，为产业调整和精准招商提供支撑。

作为海尔集团总部所在地以及工业互联网产业聚集地，青岛近些年还倾力打造"世界工业互联网之都"，颁布了《青岛市打造世界工业互联网之都规划方案》《青岛市工业互联网三年攻坚实施方案（2020—2022）》《工赋青岛专项行动计划》等文件，推动工业互联网发展由"试验场"步入"深水区"。目前，在跨行业跨领域平台、垂直行业平台、关键技术平台和产业互联网平台等门类上，青岛在库培育的重点项目超过100个。

在青岛上合示范区，海尔依托全球资源建设了卡奥斯工业互联网生态园，将形成世界一流水平的高端智能家电产业集群。"生态园将成为海尔集团创建世界一流企业新的起点和载体"，周云杰介绍说："这是承接国家战略，创建世界一流企业的需要。"而对于城市来说，建设如此大规模、高规格生态园，见证了青岛市贯彻习近平总书记关于数字中国建设的重要指示精神、落实山东省"走在前、开新局"战略部署的巨大决心。山东省政府办公厅发布的《山东半岛工业互联网示范区建设规划（2022—2025年）》提出，到2025年，新型网络基础设施建设量质并进，工业互联网平台赋能制造业转型升级作用显著增强，标志性产业链数字化、网络化、智能化水平大幅提升，融合应用的广度与深度不断扩展，多方参与、互利共赢的融合融通发展生态持续完善，两化融合水平保持全国第一梯队，全面建成区域开放协同、网络设施完备、平台建设领先、融合应用引领、支撑保障有力的工业互联网示范区。

> **相关阅读**
>
> 工业互联网通过系统构建网络、平台、安全三大功能体系，打造人、机、物全面互联的新型网络基础设施，形成智能化发展的新兴业态和应用模式，是推进制造强国和网络强国建设的重要基础，是全面建成小康社会和建设社会主义现代化强国的有力支撑。
>
> ——2017年11月，国务院颁布的《国务院关于深化"互联网+先进制造业"发展工业互联网的指导意见》

专家述评

新发展理念是影响我国发展全局的一场重大变革，是新时期改革开放事业的价值导向，是社会主义市场经济的指挥棒、红绿灯。在新发展理念中，创新发展具有发展动力、前进引擎的地位。创新是海尔文化中的核心理念，从"无所不洗的海尔洗衣机"到HOPE创新生态平台，再到生态组织、场景品牌的诞生，创新发展理念一脉相承，驱动着海尔的模式更替、组织变革以及可持续发展。海尔的实践证明，企业创新的动力源头在市场，它产生于用户而不是创业者的想象，能否准确把握这一规律，决定着企业是否获得强大竞争力。

第十七章 新发展理念：生机勃勃的热带雨林

◎ **本章导读**

　　创新性和稳定性是企业可持续发展的两个重要影响因素。创新性使企业获得持久的生命力，稳定性则是连续发展的前提。张瑞敏曾用"飞行中换引擎"比喻组织转型之难："可以减慢速度，但不能减到失速，同时还要抢时间把引擎换了。"在稳定中求变革，归根结底是一种协调发展的智慧，它让多种矛盾关系保持平衡，是企业健康发展的内在要求。海尔协调发展的智慧指导着生态型组织建设、全球财务治理，贯穿于绿色低碳发展的全部实践中。那么，协调的智慧在企业经营中是怎样发挥作用的？海尔协调发展、绿色发展的经验，是否适用于其他企业？

第一节
企业组织协调发展的理想范式

2021年11月5日,海尔集团第八届职工代表大会召开,创始人张瑞敏主动提请不再参与新一届董事提名。大会选举产生了新一届管理委员会和董事局。选举周云杰为新一届董事局主席,聘任周云杰为首席执行官、梁海山为总裁。董事局邀请张瑞敏担任新一届董事局名誉主席。

这则消息激起了经济界大讨论。无论是在我国企业发展史,还是在管理学发展史,张瑞敏都算得上是时代的标杆。辞任之际,集团给张瑞敏"四个一"的评价:"打造了一个全球化企业;创立了一个世界级品牌;首创了一个引领的商业模式;缔造了一种创客文化。"周云杰有感而发:"他是一位非常有前瞻性、非常有视野、非常有梦想的企业家,他从创业之初就想把海尔打造成一个让人尊重的诚信企业。""我相信每一个海尔人,包括我本人都是这种管理思想的受益者,我们其实也参与在这场伟大管理实践里,我们非常自豪,在其中有很多付出与努力,甚至不被别人理解,这种心酸只有我们自己知道。"

海尔"一把手"的权力交接,并没有像外界传言那样"激起惊涛骇浪",而是在自然、和谐、生态的氛围中完成了接力。这让我们不得不重提张瑞敏的比喻:让飞机在飞行中换引擎。在变革中完成经营权交接,相当于飞行中换引擎,这需要极其高超的协调发展智慧和平衡管理能力。其实早在3年前,张瑞敏参加央视《对话》节目录制时就曾谈到交接班问题:"我希望交班的时候,交的不是一个有围墙的花园,而是一个生态系统。那个时候企业可以像热带雨林一样,可能每天都有生与死,但生生不息。新的领导者中可能出现很多个'张瑞敏',也可能是一个大的'联合舰队',但一定是每个小微都充满创新活力。"

第十七章 新发展理念：生机勃勃的热带雨林

截至第一次经营权交接，海尔走过了37年历程。这是海尔创业37年以来主要领导者的第一次传承。尽管是37年来第一次传承，但海尔始终与时俱进、不断颠覆自我、不断涅槃重生。这是很少见的。海尔也是全球第一家以生态进化模式进行传承的企业。中国家用电器协会专门发文《致敬张瑞敏先生》，文章称："张瑞敏先生带领海尔创新创业37年，他以敢为人先的自我革命精神，率领海尔一路乘风破浪，勇立时代潮头，为中国家电行业不断突破和创新发展树立了榜样，为中国家电行业的快速崛起作出了卓越贡献。张瑞敏先生是中国家电行业发展壮大历史的标志性人物，是国家百名改革先锋称号获得者，得到了全行业的敬仰，并引以为豪。"在2022年举办的第六届人单合一模式引领论坛上，多位来自不同流派的管理学家们在认可人单合一模式的同时，也对张瑞敏作出了中肯且一致的评价："他是管理学家中的哲学家。"单从经营权交接的事件看，周云杰、梁海山以及全体海尔创业者，都是禀赋了哲学精神、协调发展智慧的一群人。

刚从张瑞敏手中拿到接力棒的周云杰，是让海尔的生态化特征继续延伸和深化，让这个庞大的产业集合体永葆活力的掌舵人。习近平总书记深刻指出："推动好一个庞大集合体的发展，一定要处理好自身发展和协同发展的关系。"① 海尔作为一个庞大的集合体，需要统筹国内国外市场、城市乡村市场、长期与短期目标、投资与回报等复杂的关系。海尔人深谙协调发展的内涵，适时提出了将传统企业转型为生态企业。生态二字，是契合协调发展逻辑的。周云杰认为，企业终将灭亡，生态永远不朽，谁成为生态的创造者，谁就会成为生态规则的制定者。

前文有述，企业增长模式有两种类型：过去的质量效益型、当下的生态增值型。生态增值的实现，建立在生态型组织的基础上。生态型组织与过去的机械型组织有着本质区别。机械型组织将员工视为机器上的零件，以金字塔结构严格组织，在严格管理下，每人发挥应有作用，但难以适应

---

① 习近平：《在深入推动长江经济带发展座谈会上的讲话》，《人民日报》2018年6月14日。

变化。生态型组织则具有去中心化特点，支持分布式决策，能够迅速响应外部环境的变化。虽然不一定每次都做出正确决策，但整个组织能够从失败中学习，并变得更加坚韧。当前社会正处于快速变化的时代，相较于机械型组织，生态型组织无疑更具竞争优势。

美国管理科学家、"商业生态系统"概念创立者詹姆斯·F.穆尔（James F. Moore）称："海尔是组织和生态系统创新的领导者。"实现了生态组织变革，海尔不再是有围墙的"花园"，而是万物竞相生长的创客森林。周云杰在第二十届中国企业领袖年会上讲道："数字时代，单个企业无法满足个性化、多元化的用户需求，企业要从有围墙的花园转变为生生不息的热带雨林。"热带雨林是地球上动物种类最丰富的地区，也是地球上抵抗力稳定性最高的生态系统，常年气候炎热，雨量充沛，季节差异极不明显，生物群落演替速度极快，世界上一多半的动植物物种在此栖息。雨林发挥作用的原因不在于原始的碳、氮、氢、氧原子的单一存在，其能够繁荣兴旺的原因主要在于把这些元素融合在一起从而创造出全新且不可预料的动植物群。生态组织、生态平台如同雨林，它的空气、土壤中的营养素、温度都有可能催生出新的产业物种，远远大于这些元素的总和。雨林把无生产的无机物创造成为欣欣向荣的有机繁衍系统。

和海尔链群一样，硅谷也是雨林模式的代表。硅谷具备创新的所有"硬件"要素，要素之间就像互不相关的原子，但是把这些原子连成创新的网络，成就了今天生态型的硅谷创业平台。硅谷的文化，如分享、信任、多元、换位思考、反商业理性、对失败的包容、对破坏规则的惩罚机制等，形成了适宜创业创新的雨林生态。

海尔的生态型协调体系，在不同国家、不同行业犹如森林中一个个"生态圈"，上下游创业小微和企业犹如"生态圈"中的动物、植物、微生物等，相互依存与协作，共同成长；家电也不再是冷冰冰的金属制品，而是"生态圈"的"果实"。在周云杰看来，"链群"理论目前只完成了初级

第十七章　新发展理念：生机勃勃的热带雨林

形态，该模式将持续演变下去，愈加成熟。在2035年或者更远期的未来，企业依然坚持做时代的企业，让生机勃勃的热带雨林成为更自信的现实。

生态平衡是成员之间最好的协作模式，是协调发展的高级形态。处理短期与长期的关系，也是协调发展的主要任务。企业的短期利益和长期效益看似一对矛盾，不太容易兼顾。处理好当前与长远发展的关系，需要对市场规律有十足的把握，更需要过人的战略智慧。周云杰说："海尔是受德鲁克思想影响比较深的一家企业。"彼得·德鲁克（Peter F. Drucker）在《卓有成效的管理者》讲道："优秀的企业只做重大决策，平庸的公司天天决策。"这一理念让海尔的决策保持着战略清醒和稳定，做到了"波澜不惊，静水潜流"。经济体制改革规律与管理规律异曲同工。从开放初期的惊涛骇浪，到中期的波涛汹涌，再到新时代改革的推波助澜，改革声量渐弱，但改革力量却日益增强。

从创业初期靠力挽狂澜的"重拳治乱"，到职工自发加入改革队伍、主动推动改革，再到制度日趋定善，获得稳定的市场回报，予以每个人集体荣誉感，哪怕是经历了全员创客的重大转折，也未现惊涛骇浪的组织与业务振荡，最终成为生态型组织典范。改革仍在继续，但其姿态是"乘势而上，静水行舟"。

相关阅读

"热带雨林"是市场各要素之间协调发展的生态样式。在一定的区域、行业或者大型组织范围内，各个市场主体、监管者和市场要素之间组成的相互联系和依赖的关系集合。之所以称之为生态系统，是因它有自我发展、自我适应、自我激励的特征，是一种理想的进化范式。

——本书编写组

第二节
全球财务治理变革中的协调智慧

跨国企业集团具有成员企业众多、业务链条交错、地域分布广、结算体系复杂等特点，较大程度增加了财务治理难度。高效率治理境内外财务事务，既是这类企业的战略任务，也是日常业务需要。在数字技术和人单合一模式双重作用下，海尔集团自设立财务共享中心至今，财务治理效率发生了颠覆性的变化。2020年5月，周云杰参加某访谈节目时介绍："集团营收刚过1000亿时，财务人员大约1200名。现在接近3000亿元了，财务共享中心大概只有200多人。"

基于人单合一模式，业务财务、专业财务、共享财务三类角色工作人员，都建有一个关联链群，关联自己损益的账户，其创造的财务价值动态可见。以外汇团队为例，其通过套期保值管理锁定结汇目标，规避由于市场波动对订单利润的影响。如果跑赢了市场，高于市场汇率的价值计入外汇团队利润，低于市场汇率的价值就冲减利润，由此可见，外汇团队相当于建立了一个虚拟利润中心，有自己的损益表，最终形成的利润就是可参与增值分享的价值。

海尔财务体系变革的目标，是适应不同战略阶段的管理需求，扮演好资金控制者、风险管控者、预算和绩效支持者、资源整合者的角色。海尔财务通过去中心化的组织转型，将传统职能部门转型为开放式的财务共享服务平台：内部并联集团业务节点，打通搭建业财税深度一体化的并联服务流程，变事后算账为"事前算赢"；外部打通与银行、税务局、客户、供应商间的系统直连，打造直连互通互信的体系和应用，提效降本，规避潜在风险；同时，应用大数据、区块链等信息技术提升数据加工处理及分析应用能力，精准赋能决策。

系统直连方面，以纳税业务为例，首创了"智税通"样板，以数字技术颠覆传统办税模式，通过税企直连、数据共享，解决税企之间"最后一公里"的痛点。在智税通平台上，报税人员可以通过系统自动取数并计算出纳税申报所需各项数据，自动生成企业的申报表，只需轻点鼠标即可完成海量的涉税信息数据的集成申报，对比传统模式下的全税种申报，从平均每家公司4小时缩减到5分钟，并且保障了企业涉税事务管理的准确性、可靠性。

截至2022年末，海尔财务公司资产总额749.9亿元，当年利润总额20.73亿元，主要经营指标位列财务公司行业前列。海尔跨国并购通用家电，不仅意味着海尔将成为家电行业全球布局最完整的公司，也预示着海尔全球资金管理工作触角全面融入北美金融市场。并购通用家电一年后，海尔全球资金总监兼全球财务共享服务中心总经理邵新智带领团队，对海尔与通用家电在财资管理领域进行了多方位的整合，与大型金融机构的北美总部建立起了沟通机制。通过并购通用家电业务，海尔资管部门充分利用北美完善的金融环境与金融市场，给海尔带来了以下两方面的效益：一是建立起了与大型金融机构北美总部的沟通机制，使双方能够全方位地进行合作及资源支持。通过通用家电团队与集团资金平台的协同工作，也有助于对方全面了解海尔集团的运营模式及业务情况，双方可以充分发挥协同效应，增强集团在全球范围内的银行合作关系，为海尔集团在全球范围内的业务发展提供更强有力的金融支持。在海尔财资团队与通用家电北美团队密切配合下，完成了第一期应收资产证券化业务，将应收资产池作为抵押发行美元债券，并向美国当地的投资者发售，发行所募集到的资金有效地补充了通用家电运营资金的短期缺口，通过盘活存量资产降低了短期负债的压力，提升了资产负债表的质量。资产证券化业务便是一个很好的例证。通用家电不仅获得了具有竞争力的银行资源，同时也建立起了海尔集团与北美投资者的合作关系，为海尔集团下一步在北美资本市场上的运作奠定了基础。二是充分利用北美完善的金融环境与金融市场，更快地了解前沿金融产品，有利于新产品的快速落地并在全球范围内推广。海尔继续巩固在北美家电市场的地位。鉴于目前复杂多变的国际形势，拓展北美市场离不开金融市场的支持。海尔将继续加深与北美金融机构的沟通，通过综合运用各类金融工具为业务发展提供支持。

持续提升全球财务共享服务水平，是海尔全球化发展的重大保障。海尔全球财务共享服务中心可以分为会计平台和资金平台两部分。会计平台主要负责会计交易事项的核算处理，资金平台主要负责融资、资金运营和金融风险的管控。中心在两大平台之下细分为12个功能中心（费用稽核、总账报表、往来清账、税务申报、资产核算、税票服务、收付服务、质量管理、海外会计、融资平台、金融风险、资金运营）。每个功能中心根据业务效率定岗，各岗位按统一的操作流程与标准进行业务处理，保证同一交易事项在同一组织内按照标准化流程规范操作，实现财务共享服务的规模效应和协同效应。

全球财务共享机制实现了全球资金风险整体防控，通过资金计划、投融资管理、外汇管理、结算中台等功能对集团资金流动性进行预警分析，防控集团在资金收支、外汇敞口、流动性等方面的风险，提升资金风险防范能力。通过密切关注全球市场变化，建立动态的全球资金风险预警机制并有效运作，对风险事件实现一点投石、全域响应、全球零险，确保资金安全。

与传统资金管理相比，业内普遍认为"企业司库"概念更具有战略导向，更加强调价值创造。海尔在几年前搭建并上线了全球司库管理系统（GTMS），围绕资金的可见、可控、可视、可优化、可预测，以全球视野设计业务蓝图，资金管理与前端业务系统充分融合，每日支付结算自动化率高达96%，每笔业务首尾双控进行全方位安全检查，实现全球司库管理的自动化、智能化、生态交互和持续迭代，为资金安全、高效和价值创造

第十七章　新发展理念：生机勃勃的热带雨林

保驾护航。

海尔持续提升全球财务治理能力的同时，也积极探索金融赋能公益事业的新模式，例如发行社会责任债券。2022年10月26日，海尔通过其成员企业海尔融资租赁股份有限公司发行2亿美元社会责任债券，该项目不仅是海尔利用全球金融资源助力中国产业发展的全新尝试，也是我国首单非银机构发行的社会责任债券。亚投行、国际金融公司（IFC）以及三井住友银行共同投资2亿美元认购该债券，募集资金将用于资助我国欠发达地区医疗、教育、环境保护、可持续农业等项目，是深度践行新发展理念的新举措。

海尔将形态各异的链群业务、财务、决策事务与资金管理无缝衔接、实时协同，突破了传统核算数据边界，赋能战略聚焦和赋能战术落地，实现了财务价值最大化，为跨国企业财务管理树立了一面旗帜。

> **相关阅读**
>
> 跨国企业司库管理平台，将重构内部资金管理系统，实现资金的集约、高效和安全管理。从本质上讲，它建构的是一种协调发展机制，调节企业财务与业务、风险与发展、短期与长期等关系。在人单合一模式下，海尔司库管理平台还推进组织进一步变革，夯实培育世界一流企业的财务管理基础，增加各分支机构的价值创造力。
>
> ——本书编写组

第三节
绿色发展理念引领下的"6-Green"实践

绿色发展理念的"指挥棒"清晰地指向产业改革领域，在"双碳"战略下，"史上最严"的环保法修订施行，国家相继颁布《关于完善能源绿色低碳转型体制机制和政策措施的意见》《碳排放权交易管理办法（试行）》等法规文件，家电产业绿色化转型已然起势。

数据显示，家用电器是居民能源消耗的第二大来源，产生了约30%的居民碳排放。20世纪七八十年代，人们发现氟利昂泄漏会和臭氧产生化学反应，导致臭氧数量减少，威胁人类健康，于是，寻找安全无害的制冷剂、研发新科技迫在眉睫。1993年，海尔通过原创无氟技术，让中国诞生了首台超无氟节能冰箱。次年，其超级节能无氟冰箱出现在美国举办的"世界地球日展览会"上，成为唯一来自发展中国家的环保产品。

海尔持续推进冰箱无氟化。1996年，海尔推出节能50%的"全无氟、零污染"的超级节能冰箱，获得国家科技进步二等奖。从1997年开始，海尔冰箱就实现了全面无氟化。与此同时，其无氟、节能技术的研究和成果也走在了世界前列，耗电量从0.8度/天下降到0.68度/天，超过了欧洲A级能耗标准。有人统计，1997年到2007年，海尔总计生产了4500万台无氟冰箱，与普通冰箱相比，无氟冰箱节约的电能达到了660亿度，相当于三峡水电站1年的发电量。

先进的节能技术是实现低碳转型的利刃，但要持久地、全面地实现绿色发展目标，还须在企业战略目标、发展路径中注入绿色基因。2010年5月，海尔集团与挪威领先的环保技术供应商FramTech在上海正式签署节能环保协议，全面引入全球领先的绿色科技，双方在低碳技术、能源优化技术等多个领域共同合作，随后开始实施"绿色研发、绿色制造、绿色营销、绿色回收"的4-Green战略，于产品的全生命周期考量对环境的影响，持续提升企业运营的环境属性，与自然共和谐。4-Green是海尔倡导包括小微、上下游伙伴、全体用户等在内的社会参与绿色治理、绿色发展的品牌。

例如绿色研发，即突出在绿色工艺及产品、低碳技术研发与应用、清洁能源及能源管理等领域的投入，推进产品和服务的绿色低碳升级。如海尔中央空调采用磁悬浮技术，实现节能50%，目前已实施了5000余个节能示范项目，10年累计节能23亿度电，相当于替代煤炭约82.8万吨，减少二氧化碳排放量约200万吨。其间，海尔还主导编制了QB/T 4411—2012《空调器的绿色环保设计要求》、QB/T 5626—2021《绿色设计产品评价技术规范 家用洗衣机》、《绿色设产品评价商用制冷器具》等标准。

近几年，我国将鼓励绿色家电消费纳入中央级制度安排。

2022年1月，国家发改委等部门印发《促进绿色消费实施方案》，鼓励引导消费者更换或新购绿色节能家电，鼓励有条件的地区对智能家电等消费品予以适当补贴。同年7月，商务部等13部门正式发布《关于促进绿色智能家电消费若干措施的通知》，从以旧换新、家电下乡、强化全链条服务保障、夯实基础设施支撑、优化供给、加强废旧家电回收利用、落实财税金融政策等方面入手，这些方案的实施会引导支持家电企业的产品设计低碳化、绿色化。这一年，海尔成立了集团科学与技术委员会，计划三年投入专项产业基金400亿元、研发投入600亿元，聚焦绿色低碳等五大共性关键技术方向，实施低碳核心科技攻关。

海尔的低碳互联工厂通过建设分布式光伏、购买绿电等方式，不断扩大清洁能源使用占比，优化用能结构，同时实施节能减碳改造，不断提高能源资源使用效率，减少浪费，降低碳排放。"十二五"和"十三五"期间，海尔通过节能改造项目共节约9.1万吨标准煤，相当于减少碳排放24万吨。目前海尔已有4家工厂获评国家工信部"绿色工厂"、2家企业获评"绿色供应链管理企业"，并建立了我国首座"可持续灯塔工厂"。

不仅在国内，海尔旗下的美国通用家电公司也通过与美国环境保护局合作，设立了WasteWise program、SmartWay program、ENERGY STAR、RAP（Responsible Appliance Disposal）四个项目评价家电节能水平。海尔并购通用家电的这一年，便推出新的智慧化方案，为老款冰箱用户限量赠送WiFi模块，使其获得智能家居系统的支持，巩固智慧家电生态链。

海尔还联合中国标准化研究院制定7项家电能效国家标准，包括冰箱能效、洗衣机能效、空调能效、洗碗机能效、热泵热水器能效标准等，支持发展中国家采用能效标准"中国方案"。中国家用电器协会编制的《中国家用电器行业2030年前双碳行动方案》提出，2030年前产品能效平均水平提升20%、2030年前产品所采用的含氟气体平均GWP值（即全球增温潜势值，Global Warming Potential）低于500等目标。这就意味着，一些企业必须采取行动优化产品结构，以持续减少低能效产品的比重。

2020年9月22日，在第七十五届联合国大会一般性辩论上，习近平主席郑重宣布："中国将提高国家自主贡献力度，采取更加有力的政策和措施，二氧化碳排放力争于2030年前达到峰值，努力争取2060年前实现碳中和。"[1]这意味着我国作为最大的发展中国家，将完成全球最高碳排放强度降幅，用历史上最短的时间实现从碳达峰到碳中和。这无疑是一场硬仗，需要付出极其艰巨的努力。

绿色低碳是经济社会发展到一定阶段的必然要求，也是新发展阶段中国内需增长和消费升级的重要方向。海尔在欧美、日韩国家的发展，也积极参与东道国推动生产生活方式绿色转型，培育了以节约资源、保护环境、降低温室气体排放为基本特征的绿色消费，为内需转型和可持续发展开辟了新空间。2022年，海尔连续第18年发布《海尔集团环境报告书》。报告称，通过提升实施6-Green战略以及开展一系列行动，"十三五"期间，海

---

[1] 习近平：《在第七十五届联合国大会一般性辩论会上的讲话》，《人民日报》2020年9月23日。

尔单位产值能耗减少30.3%，减排二氧化碳11.05万吨，成就了"双碳"目标的先行典范。在卡奥斯智慧能源的助力下，海尔单位产值能耗下降16%、单位产值水耗下降3.73%、单位产值废水排放量减少5.16%、二氧化碳减排增加4.76%、危险废物产出减少7.71%。

> **相关阅读**
>
> 完善绿色智能家电标准，推行绿色家电、智能家电、物联网等高端品质认证，为绿色智能家电消费提供指引。深入实施数字化助力消费品工业"三品"行动。推进智能家电产品及插头、充电器、遥控器等配件标准开放融合、相互兼容、互联互通。加快发展数字家庭，推广互联网智能家电全场景应用。鼓励发展反向定制（C2M）、个性化设计、柔性化生产和智能制造。用好中国国际进口博览会、中国进出口商品交易会、中国国际消费品博览会等重要平台，便利国际优质家电产品进入中国市场。
>
> ——2022年7月，商务部等13部门联合发布的《关于促进绿色智能家电消费若干措施的通知》（商流通发〔2022〕107号）

第四节 "数字低碳"跨界赋能

2023年3月，国家能源局发布的《国家能源局关于加快推进能源数字化智能化发展的若干意见》提出："以数字化智能化用能加快能源消费环节节能提效。持续挖掘需求侧响应潜力，聚焦传统高载能工业负荷、工商业可中断负荷、电动汽车充电网络、智能楼宇等典型可调节负荷，探索峰谷分时电价、高可靠性电价、可中断负荷电价等价格激励方式，推动柔性负荷智能管理、虚拟电厂优化运营、分层分区精准匹配需求响应资源等，提升绿色用能多渠道智能互动水平。以产业园区、大型公共建筑为重点，以提高终端能源利用效能为目标，推进多能互补集成供能基础设施建设，提升能源综合梯级利用水平。"

海尔不仅在自有工厂和园区实现节能减碳，更通过卡奥斯工业互联网平台将场景解决方案对外赋能给各类企业、园区，助力全社会共同节能减碳。卡奥斯创新构建智慧能源管理平台，赋能行业绿色发展，效果卓著。例如，赋能山东港口青岛港设备智能化升级，仅开关设备的整体智能化迭代，预计每年就能减少3.98万吨二氧化碳排放；帮助制冷压缩机研发的武汉东贝电器优化能源管理，综合成本降低20%；助力天津八里台工业园区100家企业能源托管运营，提升能效15%，光伏发电量125.2784万千瓦时，能源成本降低100多万元，节约标准煤501吨，能耗降低20%。2021年，海尔共赋能450家外部企业，节电共2亿千瓦时，减少5.5万吨碳排放，相当于植树造林10万亩。

美心集团创建于1989年，是国内最大、种类最齐全的门类生产企业之一。作为空压机应用"大户"，美心集团空压站用电量占全厂用电的12%。此前，美心集团就空压机系统普遍存在的耗能大、运营服务效率低等问题，与海尔卡奥斯达成了合作。卡奥斯为美心集团打造了一个从设备购买、到场地搭建再到系统运维等均能实现精细化管理的专属智慧能源解决方案——智慧能源空气压缩机托管方案。在传统业务模式下，美心集团在获得压缩空气服务之前需要解决一系列难题。从最开始设备选型，到场地建设规划、现场专业人员培训，再到后期设备保养维护，需要全流程监管才能保障末端的用气需求，同时需投入大量资金建设成本及后期运营管理成本。而卡奥斯从"设备"和"技术"两方面入手，以企业需求为中心，为用户提供投资、规划、建设、运营管理等一站式服务。在节能减排的同时，还能让企业实现"用能自由"。美心集团经卡奥斯改造后能效提升30%，1年节约用电约120万度，能源费用节省90万元左右。

轨道交通是城市发展成熟化的标志之一，也是节能空间较大的系统。自1969年中国第一条地铁在北京开通后，在很长一段时间内，中央空调系统都是国外品牌中标。这种局面一直持续到2005年才被海尔中央空调率先打破。轨道交通对空调系统的要求堪称行业最严格标准。不仅要提升站台乘客的舒适性，做到全站空气通风，还要在全年365天运行的情况下，保持高效稳定。2005年，海尔中央空调中标广州地铁3号线，实现国产品牌应用零纪录的突破。之后在2009年，海尔以磁悬浮高效冷站中标北京地铁，建成了国内第一个节能示范站。目前海尔已为全国37座城市156条轨道线路提供服务，近一半的地铁线路中都可以看到海尔的身影。

海尔通过卡奥斯平台帮助其他企业实现能源节约、降低碳排放，当然也是一种市场投资行为，要算投资回报率。不少用户对回报周期、回报效率表示忧虑，但就已有经验来看是十分成熟的，无论是大型企业还是中小企业，均能在较短周期内看到低碳转型的投资回报，并最终实现可持续性减碳。在数字化节能改造过程中，海尔还能提供相应的金融服务、供应链服务等，是一个很好的商业模式。此外，海尔还建成了全球首个碳中和"灯塔基地"——海尔中德智慧园区。在中德园区13万平方米的屋顶上，海尔集团已建设总装机量13.5兆瓦的光伏发电系统，年发电量超1500万度，折合减少约1.3万吨二氧化碳排放。该园区利用当地风力条件，建设了3台3兆瓦的低风速风机，年发电量预计为4080万度，可减少二氧化碳排放3.5万吨。园区内建筑均为海绵建筑，下雨时具备吸水、蓄水、渗水、净水的功能，需要时可以将蓄存的水释放并加以利用，提高水的利用率。后端生产区，通过对空压机余热回收、对水泵房电机进行变频改造等措施，建设了燃气三联供系统，在满足供冷、供热的同时，实现了能源的梯级利用，能源综合利用效率超过80%。

在海尔赋能绿色低碳产业，还有一个全新布局：海尔新能源。

在"双碳"战略目标指引下，海尔新能源板块专注分布式绿能、用户侧储能、智慧能源控制器3个领域，以"智能化集成"的技术路径为家庭及工商业用户提供智慧清洁能源解决方案。截至目前，海尔新能源在国内建立合作的区县级地方政府达到1000余个，并通过海尔全球资源服务海外50多个国家和地区。

海尔新能源探索建构的"源网荷储"一体化的新型电力运行模式，其基本逻辑是将能源的源头（如光伏、风电等可再生能源）、电网、用电负荷和储能系统有机地整合在一起，增加能源消纳能力、降低用电成本、提高能源安全性、实现能源多元化和推动智能电网发展。作为这一新模式的典型案例，海尔新能源与山东邹城市合作，为该市西牛庄村113户农民定制个性化的光伏发电场景，即根据每户实际情况，将农户的住宅屋顶、闲置的宅基地、养殖场、坑塘等散在的光伏采集资源有效整合，安装总计容量3兆瓦的光伏发电设施，最终汇入一个平台进行利用。该项目年发电量达到373.35万度，除了给村集体创造稳定的"阳光收益"、增加农民收入，还能贡献二氧化碳减排指标约3722.3吨，实现了光伏建设利国利民，促进了乡村产业振兴。

海尔以数字技术赋能低碳产业发展的同期，我国碳交易制度建设也取得了较大进展。所谓碳交易，即把碳排放权当做商品来进行买卖，需要减排的企业会获得一定碳排放配额，如若成功减排可以出售多余的配额，超额排放则要在碳市场上购买配额。例如，某企业每年的碳排放配额为8000吨，如果通过技术改造，碳排放量减少为5000吨，那么多余的3000吨，就可以在碳市场上出售。如果其他企业因为扩大生产需要，原定的碳排放配额不够用，就可以在市场上购买这些被出售的额度。这样既控制了碳排放总量，又能鼓励企业通过优化能源结构、提升能效等手段实现减排，参与到低碳行动之中。截至2023年7月，全国碳排放权交易市场上线交易累计成交量2.399亿吨，累计成交金额110.3亿元人民币。

相较于新能源产业和碳交易，"碳普惠"将控排企业以外的减排增汇行为进行量化并予以激励，在一定程度上可作为全国碳市场的重要补充。"碳普惠"是一项创新性自愿减排机制，通过构建一套公民碳减排"可记录、可衡量、有收益、被认同"的机制，对小微企业、社区家庭和个人的节能减碳行为进行具体量化并赋予一定价值，从而建立起以商业激励、政策鼓励和核证减排量交易相结合的正向引导机制，积极调动社会各方力量加入减排行动。2015年广东率先启动碳普惠制试点，建立全省统一的碳普惠制推广平台，根据用户出行和消费行为计算"碳足迹"（碳耗用量），如乘坐公交、垃圾分类的低碳行为可以收到"碳币"奖励，用来兑换产品服务优惠等商业激励，以及公交费减免、"碳币"换乘车卡等政策激励。广州政府2022年发行430万枚"碳币"，碳普惠核证减排量超过150万吨。2022年12月，上海市生态环境局等八部门联合印发《上海市碳普惠体系建设工作方案》，提出到2025年，形成碳普惠体系顶层设计，构建相关制度标准和方法学体系，搭建碳普惠平台等。到目前，已有北京、上海、浙江、海南等10余个省市实施了碳普惠政策。

尽管诸多城市、不少企业加入再循环产业大军，但碳普惠体系建设仍存在着顶层设计缺失、配套制度建设不足等问题。周云杰连续多年关注碳普惠问题，他分析："一个回收，一个拆解，还一个是再生，怎么样把这三个能串起来形成一个循环，真正实现减碳，缺少立法方面的保障、回收以后没有送到拆解厂，反而翻新变成二手商品在市场上卖，这其实安全隐患是非常大的。"要解决目前面临的问题，须设立全国性的碳普惠试点，建立相对完善的碳普惠法规体系。

周云杰曾在全国两会期间建议考虑制订《碳普惠促进法（草案）》，建立标准化碳足迹核算机制和统一的碳普惠系统平台，颁布配套的制度与标准，设立全国碳普惠管理及运营机构等。他建议先从扩大碳普惠试点的范围开始。首先，将已采用碳普惠方案的地区优先作为试点，纳入统一监管框架内，并制定碳普惠地区试点申报机制，鼓励更多未进行碳普惠探索的地区申办试点并给予国家政策激励。同时，评选出优秀的试点项目，给予政策激励并在全国推广，从而不断增加这一制度的影响力，逐步实现建设全国性碳普惠制度的目标。具体而言，选取环境公益性高、普及性强、数据标准化、流程成熟化的场景率先作为项目试点。例如，可以将"废旧家电回收再生循环类项目"等循环经济类项目率先作为碳普惠项目示范，使得参与回收的个人和企业均可依据相关减排量获得政策和商业上的激励。目前，海尔正按照这一思路展开行动，牵头研发行业首个家电产品全生命周期碳足迹追踪技术，为基于家电回收的碳足迹核算提供数据支撑并主导制定家电碳足迹标准，实现不同回收模式下家电产品回收碳排量的准确评估，保障未来从"碳核算"到"碳交易"的价值共享。

相关阅读

我国已进入新发展阶段，推进"双碳"工作是破解资源环境约束突出问题、实现可持续发展的迫切需要，是顺应技术进步趋势、推动经济结构转型升级的迫切需要，是满足人民群众日益增长的优美生态环境需求、促进人与自然和谐共生的迫切需要，是主动担当大国责任、推动构建人类命运共同体的迫切需要。

——2022年1月24日，习近平总书记在中共中央政治局第三十六次集体学习时强调

第五节
负碳工厂驱动绿色经济增长

早在上世纪70年代，欧洲一些国家就已实现"碳达峰"，美国、日本也分别于2007年、2013年实现"碳达峰"。它们多是随着经济发展演进和高碳产业转移实现"自然达峰"，其中一个重要手段是制造业外包，即将钢铁生产、火力发电这些高污染、高排放的制造业企业外包给发展中国家，享有产品的最终价值却不承担减排责任。

我国要在更短的时间实现碳中和，制造业外包的方法行不通，只能依靠发展新能源和绿色科技等方法，凭借自身力量实现减排和资源循环利用，压力远比其他国家大得多。例如，目前我国家用电器保有量超过21亿台，这些自上世纪七八十年代进入家庭的电器设备很多到了"退役"年龄，如果治理不当将造成极大的资源浪费。旧家电回收也是海尔"6-Green战略"中的一环，即绿色回收。在介绍绿色回收模式之前，我们先从汽车行业窥探一下回收产业的逻辑。

2011年8月27日，由大众汽车集团和中国一汽集团合资建立的动力总成再制造基地——大众一汽发动机（大连）有限公司动力总成再制造项目在大连金州新区举行了投产庆典。发动机再制造是指将回收的旧发动机进行拆解清洗，替换已损坏的零件，再按新发动机制造标准进行装配，最后恢复到原发动机一样的技术性能和产品质量的生产工艺流程。在欧美等发达国家，再制造汽车发动机已占维修配件市场的85%以上。另外，并非什么样的发动机都能进行回收再制造，一般正常使用并且达到一定时间，属于正常磨损范围内的发动机才可回收再制造。而发动机因为整体变形或缺失零件，将不予以回收再制造。

当然，比发动机回收问题更严重的是轮胎。汽车工业发展的同时，轮胎产业也飞速增长。截至2022年3月底，全国机动车保有量达4.02亿辆，废旧轮胎的产生每年约1500万吨，而且逐年增加。因废旧轮胎带来的是更多能源的消耗和大量"黑色污染"的产生。

青岛双星集团是一家具有98年历史的老牌国有橡胶企业。双星联合9所高校的100多名专家开发了废旧轮胎绿色裂解和炭黑再生技术及智能化装备，实现了废旧轮胎处理的"零污染、零残留、零排放、全利用"。海尔卡奥斯赋能双星集团建立了全球轮胎行业第一个全流程智能化工厂，并在此基础上培育出智能装备、工业智能物流、废旧橡胶绿色生态循环利用三大新产业。一条废旧轮胎通过裂解，可回收约45%的初级油、35%的炭黑、12%的钢丝，8%变成可燃气（循环再利用），做到了对废旧轮胎的"吃干榨净"，真正把"黑色污染"变成了"黑色黄金"。前文有述，双星集团董事长柴永森即是最早进入海尔的大学生之一，他曾于海尔并购红星电器更名海尔洗衣机有限总公司之后，担任该企业首任党委书记兼总经理。

2021年2月，国务院颁布《国务院关于加快建立健全绿色低碳循环发展经济体系的指导意见》指出，"加强再生资源回收利用""加快落实生产者责任延伸制度，引导生产企业建立逆向物流回收体系。鼓励企业采用现代信息技术实现废物回收线上与线下有机结合，培育新型商业模式，打造龙头企业，提升行业整体竞争力。完善废旧家电回收处理体系，推广典型回收模式和经验做法"。

上述政策条款与海尔筹建"负碳工厂"的设想不谋而合了。作为新发展理念的忠实践行者，海尔在20余年的绿色发展实践成果基础上，将再循环的理念引入产业投资中。海尔参考国家发改委等7部门联合印发的《关于完善废旧家电回收处理体系推动家电更新消费的实施方案》要求，启动了全国家电数字化回收平台。

行业发展趋势表明，在家电回收领域，无论是回收还是拆解，每个环节都能创造出千亿元级别的市场规模。以空调为例，一台废旧空调可拆解出

55%的钢、17%的铜、11%的塑料和7%的铝。这些材料经过加工后可以成为可循环利用的新材料，废旧家电的循环使用也将带来一定的产业效益。

发达国家早在20世纪就开始关注废弃电器和电子产品的回收问题，其中该类产品的生产、消费大国尤为担忧处理废弃产品对环境造成的负面影响，相继通过政府力量推动建立回收管理体系。尽管我国的废旧家电回收体系愈加成熟，但是处理能力仍存在不足，处理成本居高不下。根据中国家电研究院的数据，2021年首批目录家电产品理论报废量约为2.08亿台，同年废弃电器电子产品的处理数量约为8779万台，处理数量占理论报废量的比例为42%，落后于日本等发达国家。

面对家电回收处理面临规模大、任务重的现状，海尔落实生产者责任延伸制度，充分参与循环经济体系建设，于2021年5月开工建设中国首个家电循环产业互联工厂，全面保障废旧家电正规化、合法化拆解。2022年9月2日，全球首座家电再循环互联工厂——海尔绿色再循环互联工厂在莱西市正式投产。工厂占地150亩，共设6条家电拆解线、3条清洗破碎线体、1条静电筛选线、8条造粒线。投产后，年拆解能力300万台，再生能力3万吨，并可提供300多个就业岗位。截至目前，其回收网络已整合了3.2万家线下门店、100余个物流配送中心，覆盖全国2800多个县市，可以到每一个小区和乡镇。用户可以在海尔智家App、官网、微信公众号等提交废旧家电需求，服务人员接到需求后上门评估、带走废旧家电，如果用户有更新换代的需求，可以实现收旧和送新一次上门、一次物流完成。

海尔还主导制定了QB/T 2964—2008《家用电冰箱（电冰柜）再生利用要求》、QB/T 2965—2008《家用洗衣机再生利用通则》、GB/T 23109—2008《家用和类似用途电器生态设计电冰箱的特殊要求》、QB/T 4405—2013《家用电热水器再生利用要求》。海尔绿色再循环互联工厂是落实国家"双碳"战略的具体实践，履行社会责任、践行ESG绿色发展的重要举措。再循环互联工厂以废旧家电为切入点，构建"回收—拆解—再生—再制造"的再循环产业体系，促进再生资源加工利用的规模化和规范化，探索全行业绿色循环经济发展新模式。

建设绿色再循环互联工厂是海尔践行绿色发展理念的关键一步，也是山东省和青岛市"废旧物资循环利用体系示范城市"建设、"无废城市"建设的试验田。同年，海尔全球范围内的单位产值能耗下降16%，二氧化碳减排3.6万吨。

海尔实践证明，绿色低碳发展是高度呼应企业的发展战略，低碳行动必须嵌入企业和产品的全生命周期，在循序渐进过程中产生它的市场价值。针对废旧家电拆解企业审批流程复杂、信息录入任务繁重等问题，海尔就利用互联网、人工智能、区块链等数字技术，搭建了再循环产业大数据平台，不仅为拆解企业赋能，也正在全面助力回收体系、绿色处置、循环利用等全产业链的规范化、可视化升级。同时，我国其他大型企业，包括汽车、3C产品、包装食品企业也不断加快回收处理技术研发攻关，完善回收利用体系，形成更高效率和更高质量的投入产出关系，带动上下游企业加快绿色发展步伐，推动整个产业链绿色协同发展。责任制企业在其中的努力，或将走出一条再循环经济的新路径。

相关阅读

完善废旧物资回收网络，推行"互联网＋"回收模式，实现再生资源应收尽收。加强再生资源综合利用行业规范管理，促进产业集聚发展。

加强资源再生产品和再制造产品推广应用。到2025年，废钢铁、废铜、废铝、废铅、废锌、废纸、废塑料、废橡胶、废玻璃等9种主要再生资源循环利用量达到4.5亿吨，到2030年达到5.1亿吨。

——2021年10月，国务院印发的《2030年前碳达峰行动方案》

专家述评

海尔组织变革、业态创新、产品研发等实践中，生态是一个高频使用的词汇。这里的生态，不仅限于表述利用低碳科技、创新产品保护生态环境，还用以指代自发的、自治的组织关系变革，以及既竞争又合作的经济发展范式——这些实践展示出的是协调发展的智慧、绿色发展的决心。因此本书将这些内容统一到一章，论述海尔准确把握协调发展理念、绿色发展理念的内涵，以"生机勃勃的热带雨林"组织理念、"6-Green"绿色体系等，将其融入每个产业领域、管理环节、产品细节的具体行动和阶段性成果。

第十八章　共享发展成果

◎ 本章导读

　　党的十八届五中全会指出："共享是中国特色社会主义的本质要求。必须坚持发展为了人民、发展依靠人民、发展成果由人民共享。"共享是中国特色社会主义的本质要求，也是新发展理念的重要内涵之一，并为其他四种发展提供道义支持和不竭动力。在人单合一模式、创客制等企业制度安排下，海尔坚持共享发展，追求"人的价值最大化"，在分配制度上更加关注公平正义。在微观经济层面，企业践行共享发展理念的动机和回报逻辑是什么？怎样科学地践行共享发展理念，实现人与企业、与社会的共赢？

共享发展的目标是实现共同富裕。企业作为社会主义市场经济的微观主体，在共同富裕导向下应该不断改革企业制度，引导更多人参与到共同富裕建设中来。前面介绍过海尔小微之间依靠"链群合约"使各方增值分享，也风险共担。链群合约的基本设计原理是"事前约定、事中动态调整、事后兑现"，其价值主要是通过不断自组织进行目标更新和对剩余索取权的优化配置，实现用户体验迭代，从而获得动态治理效率。从劳动与分配的角度说，链群合约的目的是实现"人的价值最大化"，以及在物联网时代产权关系下优化分配方式。

物联网时代，弱化了"所有权"对"使用权"的支配，推动生产资料碎片化使其落实到劳动者个人手中，颠覆了"只有拥有才能使用，没有所有权就没有使用权"的认知。物联网时代的生产资料所有制，不同于大工业时代生产资料"所有权"支配"使用权"被强化和生产方式集约化的趋向，物联网时代的生产方式呈现出分散化趋势，而这又与生产资料碎片化、"所有权"支配"使用权"开始被弱化态势密切相关。海尔人单合一模式下的创客制，刚好迎合了这一新特征。

海尔以创客制统筹生产资料"共有"与"共享"并存的机制形成，顺应了解放和发展生产力的需要。创客制有三个核心特征：一是集团内部人人是创客、赛马不相马，追求的不是结果的均衡，而是机会的公平。二是参与约束、激励相容——参与约束，就是员工需要对赌跟投，自己的事业风险共担、收益共享；激励相容，即采用用户付薪，在为用户创造价值的过程中积极分享价值。三是有鼓励创新、包容试错的机制，保障科技人才大胆创新，给他们提供一个将创新具象化的土壤。

创客制本质上是一种生产资料共享机制，是把劳动者进行生产时需要使用的资源、工具整合起来，面向全社会开放共享的一种共享经济新模式，开放内容包括土地、厂房、机器设备、工具、原料等，实现了生产资料的盘活、复用。此前的员工变为创客，或者来自于外部的个体劳动者、小微企业主跻身创客大集体,皆可机会均等地享有企业设备、技术、市场资源等生产资料,以及获得剩余价值分配权。创客制实现了生产资料"不拥有也可使用""不拥有也可凭使用分配剩余""通过共享实现机会平等",让劳动者成为自主人,让每个人都有机会成为创客合伙人,拥有劳动所得、资本利得和增值分享3项权益,激发大家的创新活力。

周云杰认为,创客制为员工提供机会公平、结果公平的舞台,让大家做最好的自己,成为每个人期待的自己,并在这个过程中推动企业的发展,推进实现共同富裕。他说:"共同富裕不是'内卷'、'躺平',我们要鼓励劳动者通过创新创业增收致富,畅通向上流动通道,为更多人创造致富机会。创客激励机制,让每一位员工都有机会通过创业实现成功;面向全社会,我们也打造了创业平台,帮助创业者实现有根创业。"

数字技术是实现共享发展的重要依托。经济界有一种说法,即信息技术对经济有独特的放大、叠加、倍增作用。例如,社会数字化程度每提高10%,人均GDP可增长0.5%至0.62%。产业数字化以"鼎新"带动"革故",以增量带动存量,背后是"数字赋能"作用机制。所谓赋能,即数据的"使能性",是指一项数据及其相关技术要素投入使用后,可以使得现有技术能力得以改进和提升,使用者将大量节省熟悉该技术原理的时间,可以在最短时间内发挥该技术的经济价值。使能性和通用目的技术的双重作用,使"数字赋能"千行百业由可能变为现实。在人单合一模式形成的新生产关系基础上,物联网和大数据让海尔具备了赋能千行百业的物质条件。换言之,即通过数据这一物理中介,将海尔人单合一实践模式推向全社会,为全社会所共享,进而实现数字经济价值最大化。

全要素数字化是在全流程数字化基础上实现的。《"十四五"数字经济发展规划》指出:"以信息通信技术融合应用、全要素数字化转型为重要推动力,促进公平与效率更加统一的新经济形态。"顾名思义,全要素数字化就是"全部生产要素的数字化"——这是海尔数字化变革的方向,让数据承载起订单管理、财务核算、产品生产、物流运输、市场反馈、消费需求等各要素、各环节，让每个独立的人、独立的物、独立的事件都能彼此关联、彼此影响，让"人"与"单"零距离交互，让工厂"零库存"，让劳动者对赌考核与公平分配，让用户参与研发有了可能性，让数据的"使能性"作用在各行各业产生生态效应。

这里举例说明。海尔参与乡村振兴产业项目，让农民转型为创客、获得数据价值收益的实绩。在陇南地区，海尔建立了包括田间管理、农场虫情、土壤、气象等18项数据指标实时监测，并实时上传后台云端，形成基于大数据的标准化种植指导。农户在家就能看见山上橄榄树的长势。另外，网络化协同让产业上下游实现数据共享，客户、生产、管理等脱密信息快速响应用户个性化定制需求，终端消费者也能一键溯源橄榄油，人均创收增加了2200元。

> **相关阅读**
>
> 到2030年，数字经济促进共同富裕形成较为全面政策体系，在加速弥合区域、城乡、群体、基本公共服务等差距方面取得显著成效，形成一批东西部协作典型案例和可复制可推广的创新成果，数字经济在促进共同富裕方面取得实质性进展。
>
> ——2023年12月，国家发展改革委、国家数据局印发的《数字经济促进共同富裕实施方案》

法国人托马斯·皮凯蒂在《21世纪资本论》中提出"前1%和1%的超级富豪和财富越来越多，与普罗大众的差距越来越大"，剑指资本主义经济体制普世标准的荒谬性。与之形成鲜明对比的是，我国确立了一个伟大目标：共同富裕。毛泽东在新中国成立之初就提出了我国发展富强的目标，指出："这个富，是共同的富，这个强，是共同的强，大家都有份。"[①]

推动实现共同富裕不仅体现于内部创客孵化，还有对社会上的中小企业（尤其是专精特新企业）的赋能，聚焦它们的实际困难，为其提供技术、资金、订单等支持。在这方面，海创汇发挥了关键且影响深远的作用。

海创汇是依托海尔开放的生态资源运营的创新创业赋能平台，探索出"有根创业"加速模式。"有根创业"始终强调大企业赋能这一核心思维，赋能过程中，海创汇是资源共享中心，它不同于传统孵化器单纯的硬件支持或资金扶持，而是用全方位、全流程、全节点的资源进行赋能、共创、共享。

海尔共享精神与共同富裕的时代使命紧密交互，影响着其每一个创业者。例如早期建立的"车小微"，是海尔为争取家电配送"最后一公里"推出的一个开放平台，主营业务是"车货匹配"，通过"抢单"的方式回应用户端需求，是典型的共享模式，与同期的顺丰乃至今天的货拉拉等平台有一定的区别。在平台上，每一辆车都是自负盈亏的小微公司和经营用户的触点生态圈，司机可以在平台抢到订单，获取稳定收入。

"车小微"创新模式，为货车司机和待业的终端服务人员提供了灵活创业和增收机会，吸引了10余万辆社会车辆资源、创造就业岗位超过20万个。此外，随着家电回收、以旧换新等业务对逆向物流的需求不断增长，"车小微"把正向的配送物流与逆向回收物流结合起来，与生产厂商、销售企业和拆解公司构成家电回收处理体系，为用户的家电置换需求提供全流程一体化的物流解决方案。

创客制为越来越多的劳动者开辟了畅通向上的流动通道，为高校毕业生、技术工人、中小企业主和个体工商户、进城农民工等社会群体提高收入创造了更多机会，共同做大生态"共富蛋糕"。

[①] 《毛泽东文集》第6卷，人民出版社1999年版，第495页。

高校毕业生是海尔创客团队的主力军，海尔与全国多所高校共建创业学院、创客实验室等平台，每年一届的创客训练营吸引了来自全国各地大学生参与，新生创客经过工厂历练、36小时创业、分享会、商业路演等环节受到系统化指导，创新创业潜能被最大程度激活。

雷神科技创始人之一的路凯林，此前是海尔笔记本平台的普通员工。2014年，在创客制的影响下，路凯林与另两位"85后"同事组建了雷神小微团队，他们专注于解决游戏笔记本电脑的散热问题、屏幕亮点问题等用户痛点，与游戏玩家共同设计迭代产品，其推出第一代雷神游戏笔记本电脑后，3000台产品开售21分钟就被抢购一空。雷神小微三年内完成多轮融资，成功挂牌上市。时至今日，雷神小微营业收入超过20亿元，团队从最初的3个人发展到了300多人，团队成员收入较10年前大幅提高。

除了集团内部科研人员、行政职员，技术工人也是通过创业获得剩余价值分配权、共享发展成果的主要群体。王阳阳自2008年加入海尔后，以知识型创客的角色加入技术升级项目、课题攻坚项目，其17项重大创新发明改善先后被采纳推广，为公司创造经济效益1352余万元，他个人也因此实现了增收。

中小企业主、个体工商户、进城农民工也是海尔创客主要来源。2021年初，全国优秀农民工和农民工工作先进集体表彰大会在京召开，全国994位优秀农民工和100个农民工工作先进集体受到表彰，海尔服务标兵胡云川、空调质量技术员王阳阳、洗衣机互联工厂一线工人卢跃富3名创客同时获评"全国优秀农民工"。在创客大舞台上，进城农民工成为十分活跃的成员。

习近平总书记强调："共享理念实质就是坚持以人民为中心的发展思想，体现的是逐步实现共同富裕的要求。"[①] 构建高水平社会主义市场经济体制，前提是坚持以人民为中心的价值追求，充分调动广大人民的积极性、

---

① 《习近平关于社会主义经济建设论述摘编》，中央文献出版社2017年版，第41页。

主动性、创造性，把"蛋糕"做大、分好。"社会主义最大的优越性就是共同富裕，这是体现社会主义本质的一个东西。"①

党的十八大以来，习近平总书记在不同场合反复强调"共同富裕是中国特色社会主义的根本原则"。在海尔平台走向共同富裕的实践中，人单合一模式是内在动力，创客制是体制机制保障，物联网和大数据是赋能手段，链群是组织形式。

实现共同富裕不是劫富济贫或搞平均主义，而是每一个人都有创富愿望并为之付诸行动。共同富裕也面临一个关键议题，即如何做好"第三次分配"。关于第三次分配，学界普遍认可的定义是，在个人和企业自愿的情况下，受到习惯、道德以及机制的影响，将一部分可支配收入捐赠出去，主要形式是慈善捐赠，通过将富裕人群的资金流向相对贫困人群，实现社会收入转移，对初次分配和再分配形成补充。在建立第三次分配体系中，大型企业履行社会责任、开展各项慈善事业扮演着主要角色。

海尔是参与第三次分配、履行社会责任的优秀企业公民。在全球范围内，海尔除了因地制宜提供家庭、商业以及政府的个性化解决方案，履行创造就业岗位、贡献地方税收等基本义务，还进一步把发展成果共享于社会福利、慈善救助、环境保护等公益事业。2019年，在海尔集团第七届职工代表大会第七次会议上，经全体职工代表投票表决通过设立"海尔公益慈善基金"，并以职代会决议的形式向分布全球的所属企业宣布：海尔集团成员企业，无论国内海外，都要积极履行企业公民责任，关注弱势群体，参与公益活动，持续回报社会，将社会公益行动常态化。致力于"人的价值最大化"，让全员、全民共享发展成果，应是中国企业走向世界一流的共同价值追求。

---

① 《邓小平文选》第3卷，人民出版社1993年版，第364页。

> **相关阅读**
>
> 习近平总书记指出:"我们追求的发展是造福人民的发展,我们追求的富裕是全体人民共同富裕。虽然实现共同富裕要有一个过程,但我们要努力去做、不断推进。"海尔数十年如一日的产业引领、共建共享的实践,让企业发展成果尤其是数字经济成果惠及千行百业,有力地证明了共享发展是实现社会公平正义和逐步共同富裕的根本途径。
>
> ——本书编写组

专家述评

共享是中国特色社会主义的本质要求。共享是一种发展模式，例如共享医疗、共享出行、共享空间等，通过数字技术优化资源配置，让人低成本享有高质量产品或服务。同时，共享也是发展的目的，即努力让更多人共同享受发展的成果。海尔的人单合一模式、创客制内含了共享的基因，起点、过程和结果都体现了机会平等、分配公平。海尔尽可能地为创客群体提供充分的收入，尤其是组织平台向社会开放后，各类人士皆可以使用海尔生产资料实现价值共创、共赢，进而共享发展成果，改善其教育、医疗、居所等必要条件。

特别注明

在新发展理念中,开放发展举足轻重。开放给创新更大的空间、提供了更多机会,让协调的智慧得以施展,让绿色的行动得以外延,让更多人共享发展成果。开放发展内涵丰富,对于完成了全球化布局、以创建世界一流企业为目标的海尔来说,怎样融入社会主义市场经济开放发展的新命题——构建"双循环"发展格局,关乎到企业现阶段的发展质量以及中长期目标能否实现。鉴于此,本书以如下三个章的篇幅,将开放发展实践与新发展格局一并叙述,介绍海尔践行开放发展理念、融入新发展格局的路径、成果和经验启示。

第十九章 新发展格局：新丝路上的海尔蓝

◎ **本章导读**

　　构建新发展格局，是我国高水平开放的新形态。封闭的经济和开放的经济，前者犹如狭小温室，后者则像广袤丛林，差距不言而喻。开放是畅通经济循环的基础，闭塞的环境无循环可言。"双循环"是构建新发展格局之核心要义。继上世纪末"走出去"战略、本世纪初加入WTO以及参与各类自贸协定之后，"一带一路"倡议将开放发展推向新高度，提高了"双循环"的通畅性，彰显了改革开放的全球价值。近10年来，"一带一路"倡议和行动给沿线国家带来了哪些改变？为中资企业创造了哪些海外发展机会？

第一节
鲁巴经济区：首个境外经贸合作区建成记

2023年是我国提出"一带一路"倡议10周年。习近平总书记分别于2013年9月和10月提出建设"新丝绸之路经济带"和"21世纪海上丝绸之路"的合作倡议。10年来，我国"一带一路"上的朋友圈不断扩大，累计与152个国家和32个国际组织签署200余份合作文件，拉动近万亿美元投资规模，形成3000多个合作项目，为沿线国家创造42万个工作岗位，让将近4000万人摆脱贫困。海尔是"一带一路"倡议的坚定支持者和忠实实践者，也是沿线国家和地区区域经济建设的主力军之一。海尔的产业板块紧跟"一带一路"步伐，覆盖沿线的几乎所有国家及地区，相继建成11个工业园、38个工厂、40个贸易公司，在满足当地市场需求的同时，也为当地创造了大量的就业机会，并带动了技术、标准和产业链的全面升级。同样，"一带一路"倡议的实施，也给海尔产品拓展了市场规模空间，提供了新的发展机会。

巴基斯坦是"一带一路"桥头堡，国内人口基数大、经济增长缓慢，尽管坚持产业结构调整数年，但总体上仍处于前工业化向工业化初期过渡的进程中。由于各产业间的良性循环并没有建立起来，巴基斯坦亟须外国企业加入到当地建设的体系中来。2006年11月，海尔巴基斯坦工业园扩建为"海尔－鲁巴经济区"。经济区由海尔集团与巴基斯坦RUBA集团合资建设，总投资约2.5亿美元，规划面积1.03平方公里，以发展家电产业为主，邀约世界各地优秀家电企业入驻。正在巴基斯坦访问的时任国家主席胡锦涛和巴基斯坦总理阿齐兹共同为其揭牌。

"海尔－鲁巴经济区"是我国在境外挂牌的首个经济贸易合作区，是外经外贸合作发展史的一个里程碑。所谓境外经济贸易合作区，是指中资控股企业通过在境外设立的中资控股的独立法人机构,投资建设的基础设施完备、主导产业明确、公共服务功能健全、具有集聚和辐射效应的产业园区。"海尔－鲁巴经济区"投资者之一 RUBA 集团负责人坦言:"因为海尔,巴基斯坦人开始接纳越来越多的中国品牌。"

海尔巴基斯坦公司空调厂厂长穆罕默德·哈默允(Muhammad Humayun)获得了赴青岛参加培训的机会。在青岛学习期间,中国发展面貌和海尔总部管理水平让他们惊叹不已,他们十分珍惜这次机会,将所见所学记录在笔记本上,尽可能把宝贵的精神财富和管理经验带回巴基斯坦。当时,海尔巴基斯坦公司面临一个困惑:职员工作态度积极,但工作效率并不高,例如工厂的一台生产设备安装耗时40多天,而中国的团队只需要十几天——赴青岛学习让他们恍然大悟,原来造成这种差距的原因在于缺少标准管理流程。他们回国后将海尔"迅速响应,马上行动"的工作作风和 OEC 管理等标准化管理方法运用到工作中,再次执行设备安装任务时仅用了14天实践。哈默允感慨道:"我是第一批去海尔青岛总部参加培训的,这对我来说是影响一生的培训。"

"海尔－鲁巴经济区"设立后,陆续有10余家中资公司和鲁巴公司签署合作协议,仅海尔一家就为当地创造直接就业岗位4500个、间接就业岗位超过1万个。

坚持开放发展是我国参与国际经济事务一以贯之的合作态度,这不仅是社会主义市场经济发展的内在要求、长期路线,也是中华民族自信大度地开展同域外民族交往交流的优良传统。在近代中国同世界交往史上,"下南洋"是丰富生动的一章。明清实行海禁,田不足耕的矛盾突出,福建、广东一带百姓为求生计和躲避战乱纷纷"下南洋"谋生,他们相继创办家业并发展壮大。所谓"南洋",即我国明清时期对东南亚一带的称谓,包括马来群岛、菲律宾群岛、印度尼西亚等区域,包括新加坡、马来西亚、泰国等东盟10国。

泰国是我国的友好邻邦，地处东南亚中心位置，区位优势明显，也是共建"一带一路"的国家。外贸出口是泰国经济的重要支柱之一，中国是泰国第一大贸易伙伴，泰国国家研究院泰中战略研究中心副主任唐隆功·吴森提兰谷博士认为："在欧美市场疲弱的情况下，中国市场显得更加重要。泰国国内正在为泰中经贸合作创造新的机遇，这也是决定泰中经贸关系前景的重要因素。"

海尔"下南洋"探路东南亚市场，正是从泰国起步的。

相关阅读

作为我国企业"走出去""抱团出海"的重要载体，中国境外经贸合作区大部分由企业投资建设和运营，其特征是产业聚集度高，上下游、产业链的带动作用强，受到东道国的欢迎，巴基斯坦鲁巴经济区、泰国罗勇工业园等皆为成功的代表。"一带一路"倡议提出后，境外经贸合作区规模进一步扩大，在推动实现国内国际双循环有效联动方面发挥着积极的作用。据统计，截至2022年底，中国境外经贸合作区达到125家，其中，112家位于"一带一路"共建国家，占比超89.6%。

——本书编写组

第二节
下南洋：东盟市场份额跃居首位

新世纪之初，海尔成立泰国公司。当海尔真正走入泰国，才发现这里并不是家电企业的"新大陆"，而是硝烟四起、全球家电品牌激烈角逐的成熟市场：日本品牌在此已深耕40多年，韩国品牌也盘踞20余年，欧美品牌更是在此布局半个世纪之久。这一年的海尔，尽管羽翼未丰，但仍选择只身前往，勇闯丛林。

数据显示，泰国空调容量占东南亚的20%，是东南亚第二大空调市场，同时也是世界第二大空调生产和出口国。所以，各国家电品牌凡是进入东南亚市场，都会抢先占领泰国市场。在这里，日韩品牌不仅建本土化工厂，同时受众接受程度较高。排名前列的品牌，如大金、三星、LG、三菱电机等日韩空调品牌均在泰国建有工厂，本土化根基稳固。此时的中国家电品牌中，仅海尔一家在泰国建有工厂实现本土化运营，其他中国空调企业还是以大量的贴牌出口为主，少量销售自主品牌。

前文有述，海尔于2007年并购了三洋电机的泰国工厂，该厂是泰国第二大冰箱制造基地，员工人数众多。泰国籍员工通常给人的印象是时间意识不强、工作效率低，然而在海尔泰国公司，团队作业效率却是另一番景象。公司的泰籍员工占比超过95%，海尔利用较长一段时间让他们认同了人单合一模式，实现了自我驱动和价值创造，在"人人都是CEO"氛围引领下改写了泰国家电市场格局，成为当地消费者普遍接受的品牌，多个品类市场占有率位居第一。

在泰国以及其他东盟国家，海尔在售品牌除了海尔、卡萨帝、CANDY，还有并购三洋之后创建的AQUA品牌。AQUA产品设计基于本土化需求，例如在印度尼西亚，AQUA结合当地人的生活及消费习惯，创新研发GTM第三代产品Magic Cooling系列冰箱，该系列产品可通过简易调节，实现冷冻、冰沙、速冻、节能及冷藏快速切换的功能，满足用户对制冰、冷鲜、冷饮等多种日常生活需求。此外，基于印度尼西亚家庭都有室内使用香薰习惯的考虑，海尔还推出了能给自己"洗澡"，还能吹出干净、带香味空气的自清洁空调。这样产品本土化的例子不胜枚举。

印度尼西亚是全球最大的群岛国家，岛屿众多，导致很多品牌的家电产品售后服务跟不上，影响了消费者体验。所以，海尔在印尼开设了18家分公司、216个官方售后服务店、3500家分销商，在印度尼西亚首创"2-1-7"售后服务方案，即客服在收到服务请求2小时内将直接联系消费者、保障售后安装服务在1天内完成、7天之内解决所有售后问题，延续了海尔全流程体验服务的优秀传统。

值得一提的是，印度尼西亚企业法贾尔·伯努瓦集团（Fajar Benua Group）首席战略官西亚潘德·巴克蒂被海尔人单合一模式和"员工和用户第一"文化理念所吸引，在尝试学习和推广后，给该集团业绩带来了意想不到的成果。成立于1983年的法贾尔·伯努瓦集团主营业务是密封包装类产品与挠性接头的制造、装配等工程服务，实践人单合一已有4年之久，不仅见证了数个小微企业的诞生，也点燃了员工心中的创业活火。2018年，该企业首次了解到海尔和人单合一模式，次年开始试点推广，相继诞生了7个不同的小微项目、孵化了4家自负盈亏的独立小微企业。2022年，该集团实现了50%的同比收入快速增长。引入人单合一模式后，业务人员作为最了解市场和业务的单元，被赋予了一定的决策权，缩短了决策时间的同时大大加强了对市场机会的把控。法贾尔·伯努瓦集团的首席战略官潘德·巴克蒂以《如此改变，我们无怨无悔》为题，撰写文章发表在互联网上，生动地记录描述了他们变革的经历。

作为RCEP（区域全面经济伙伴关系协定，Regional Comprehensive Economic Partnership）的发起国，东盟10国是我国家电企业密集布局的地区。据欧睿国际、国金证券研究所数据显示，泰国、印尼、菲律宾、越南等东南亚国家仍处于大家电普及阶段，如菲律宾冰箱渗透率仅为49%，印尼、菲律宾洗衣机渗透率仅为33%，长期发展空间较为广阔。RCEP是2012年由东盟发起，历时8年，由包括中国、日本、韩国、澳大利亚、新西兰和东盟10国共15方成员制定的协定。RCEP在全球疫情肆虐期间生效了，国际环境复杂严峻，不确定性增加，它能否让各缔约国之间合作更为坚实和稳定？让我们拭目以待。

2023年初，在大连海尔空调器有限公司车间内，一批出口菲律宾的空调器产品正在加紧生产。2023年2月，海尔空调向菲律宾出口了本年度的第一批2000台空调，是大连海尔开辟东南亚市场的首单货物，并在市场上取得了良好反响。随着2023年6月2日RCEP对菲律宾正式生效，海尔空调的菲律宾产品也从小批试制转为规模生产，同年预计将向菲律宾出口空调2.5万台以上。

除了东盟，中东非地区也是海尔"一带一路"沿线的重要市场，海尔早在1998年就进入中东非地区，1999年，海尔与沙特当地的经销商Al Jabr合作出口海尔产品。以沙特为起点，海尔开启了自己的中东非探索之旅。2003年11月，第一台海尔HSU-22H03型号分体空调从约旦工厂下线，两年后，位于约旦撒哈布的海尔中东工业园正式开园。在东欧，海尔于2020年建设了罗马尼亚工厂，投资超过7000万欧元，拥有超过30台机器人等先进机器设备，为当地创造了800多个就业岗位。翌年岁末，海尔罗马尼亚冰箱工厂顺利投产，至此，海尔在全球已拥有122个工厂，其中海外工厂59个，营业收入也在持续提升。

综上所述，通过海尔参与沿线国家经济实践，进一步印证了"一带一路"倡议所构建的是互信、融合、包容的利益共同体、命运共同体和责任共同体，它依靠我国与相关国家既有的双多边机制，借助既有的、行之有效的区域合作平台，实现了我国与沿线国家的经济合作之双赢局面。

相关阅读

自1991年中国和东盟建立对话关系以来，在双方共同努力下取得了巨大成就。2009年起，中国连续保持东盟第一大贸易伙伴地位。

2020年，东盟跃升为中国第一大贸易伙伴，形成中国同东盟互为第一大贸易伙伴的良好格局。这其中，双方的企业和企业家们发挥的作用不容小觑。未来，中国与东盟立足于彼此深厚的人文与经贸联系，在正确的战略引领和较强的经济互补性基础上，必然能经受国际局势的考验，双方合作之路越走越宽。

——本书编写组

第三节
海永顺：投身共建"数字丝绸之路"

习近平总书记指出："维护全球产业链供应链韧性和稳定是推动世界经济发展的重要保障，符合世界各国人民共同利益。中国坚定不移维护产业链供应链的公共产品属性，保障本国产业链供应链安全稳定，以实际行动深化产业链供应链国际合作，让发展成果更好惠及各国人民。"[1]

作为维系中外贸易产业链、供应链运转的重要保障，中欧班列承担着我国与欧洲及"一带一路"沿线国家集装箱运输的重任。中欧班列是由国家铁路集团组织、运行于我国与欧洲以及"一带一路"共建国家间的铁路国际联运列车。自2011年3月19日首列中欧班列（重庆—杜伊斯堡）成功开行以来，中欧班列开行数量一路攀升，辐射区域达到30多个国家，成为国际物流陆路运输骨干。

在沈阳，2021年12月20日，海尔首个定制班次"海尔-日日顺"专列满载50个集装箱，缓缓驶出沈阳东站，奔向8000余公里外的俄罗斯莫斯科别雷拉斯特站，具有高识别度的海尔视觉元素在"一带一路"大通道上

---
[1] 《习近平向产业链供应链韧性与稳定国际论坛致贺信》，《人民日报》2022年9月20日。

格外引人注目。

在青岛，海尔通过中欧班列（齐鲁号）"上合快线－海尔专列"从上合示范区多式联运中心出发，经阿拉山口口岸出境到达俄罗斯埃列克特罗乌格利站。2022年，俄罗斯海运停滞，海尔则通过月均8至10个专列将必须进口的零部件由国内运往俄罗斯，成为特殊时期国际货运的"生命线"。不仅如此，日本、韩国、东南亚的货物也会通过海运汇集于青岛上合示范区多式联运中心，搭乘中欧班列过境出口到中亚、中欧国家。

中欧班列作为新形势下中国对外贸易发展的重要物流载体，充分发挥"稳链、固链、强链"作用，积极维护全球产业链供应链稳定畅通。打通国际物流"大动脉"，畅通"双循环"，开辟出一条"黄金道路"。海尔专列运输的商品中，不仅有自主品牌，还有海尔国际商社统筹国内厂商资源、发往世界各地的"数字出海"集成化项目产品。

党的十八大以来，我国数字经济发展成就斐然，"数字出海"成为企业"走出去"的新选择。在首届"一带一路"国际合作高峰论坛开幕式上，习近平主席在主旨演讲中提出建设"数字丝绸之路"。在第四届世界互联网大会上，中国、老挝、沙特、塞尔维亚、泰国、土耳其、阿联酋等国家相关部门共同发起《"一带一路"数字经济国际合作倡议》，致力于实现互联互通的"数字丝绸之路"。

前文有述，海尔国际商社在全球市场做了很多年国际贸易，形成了较强的供应链体系，终端业务触点遍布46个"一带一路"国家。海永顺是海尔国际商社承接海外政府项目的品牌，除了参与海外本土的政务数字化、新能源应用以及医疗物联网等项目，还为国内中小企业搭建了"HotOEM""海贸云商"两大出口贸易加速平台。

纵观过去数年我国企业"数字出海"模式，大致有两种路线，即"数字化出海"与"出海数字化"。作为"数字化出海"的前锋，海永顺选择政局、经济环境稳定，与我国邦交关系良好的海外国家作为重点发展对象，尤其重点在"一带一路"上建立合作项目。海永顺长期派驻人员在目标国，在当地建立本地化的团队，一方面与具有重大经济影响力的客户维护良好关系，另一方面通过触点网络和当地政府保持积极沟通，借助我国数字化服务为其提供解决方案。

"国民教育改造升级工程"是乌拉圭国家政府自2012年起宣布的一项国家级教育项目，是该国近10年最大规模的教育升级项目。自2016年起，海永顺链群企业连续4年中标该项目的设备采购标段，最近一期项目于2022年1月执行完毕，项目中标产品超过了93000台（套），为一大批国内数字产品供应商提供了拓展海外业务的机会。通过该项目，海永顺拓展了在拉美地区国家的触点网络布局，相继在周边的多米尼加、洪都拉斯、萨尔瓦多、秘鲁等国家建立了触点网络，参加并执行了多米尼加数字共和国1—4期项目、洪都拉斯教育部采购项目等多个"数字化出海"大型项目。

在津巴布韦，海永顺是该国卫生部最大的海外供应商；在委内瑞拉，海永顺协助当地政府建设了本土化生产线解决就业问题；在加勒比地区，海永顺成功输出了我国数字电视DTMB标准，实现其海外商业化运营，与此同时，还从该地区糖工业废料入手，提供一整套生物质发电解决方案，建设了80兆瓦的生物质电站项目，为缓解其电力资源紧张困境开辟了新路径。

诚然，上述项目不只是海尔在做，其他中资跨国企业也投身其中。不同的是，多数企业习惯以"总包商"的角色参与，而海永顺则是发挥平台价值，通过多年构建的全球触点网络体系，邀请更多中小企业同台竞技、各显神通，使它们获得持续不断的海外订单。这种方式可总结为"出海数字化"。

前面介绍了海永顺"HotOEM"平台。国内小家电行业竞争愈发激烈，企业利润空间不断被压缩，无论是体量、渠道还是资金方面，其"出海"

优势都不大。面对困境，以"HotOEM"平台赋能，或将达到四两拨千斤的效果。"HotOEM"与亚马逊、沃尔玛、Wayfair、Shopify等贸易商建立了密切合作，加上海尔全球自建网络触点（包括108家营销中心和1万多个线下渠道），可使我国小家电企业动态、精准获得用户需求信息，进而根据自身优势实时研判、响应需求、形成订单。"HotOEM"展现了人单合一模式在国际市场供需适配方面的独有魅力。

解决了市场需求和渠道问题，在产品通关、检验、认证等环节，海永顺也考虑为中小企业全程赋能。与"HotOEM"交相辉映的另一个平台"海贸云商"，解决了传统外贸模式中流程复杂的痛点。"海贸云商"通过搭建SaaS云服务平台，在提供标准化关、检、税、汇服务的同时，根据客户的能力禀赋，为客户提供采销供应链的协同服务方案，优化管理、提升效率、降低成本。

一套"组合拳"下来，见证了海永顺为畅通"双循环"所做的努力，进一步丰富了"数字一带一路"的形式与内涵。截至目前，我国已与17个国家签署"数字丝绸之路"合作谅解备忘录，与30个国家签署电子商务合作谅解备忘录，与18个国家和地区签署《关于加强数字经济领域投资合作的谅解备忘录》。同时，我国也在全面推进加入《数字经济伙伴关系协定》（Digital Economy Partnership Agreement，DEPA）的谈判，体现了我国参与全球经济治理的坚定决心。

相关阅读

推动"数字丝绸之路"深入发展。加强统筹谋划，高质量推动中国—东盟智慧城市合作、中国—中东欧数字经济合作。围绕多双边经贸合作协定，构建贸易投资开放新格局，拓展与东盟、欧盟的数字经济合作伙伴关系，与非盟和非洲国家研究开展数字经济领域合作。统筹开展境外数字基础设施合作，结合当地需求和条件，与共建"一带一路"国家开展跨境光缆建设合作，保障网络基础设施互联互通。

加大金融、物流、电子商务等领域的合作模式创新，支持我国数字经济企业"走出去"，积极参与国际合作。

——2021年12月，国务院发布的《"十四五"数字经济发展规划》

专家述评

自上世纪末，海尔"走出去"把品牌的旗帜树在发达国家，同时深耕中东非、东南亚、中亚及拉美国家市场，建立了我国第一个境外经济园区，布局了数十个自建工厂，将产业新业态、合作模式带到"一带一路"沿线国家。"一带一路"倡议增进了我国对外设施建设、产业投资、贸易往来和金融合作，中资公司、各国本土企业乃至世界经济增长都因此受益，海尔海外业务也在该背景下迅速增长，稳居全球白色家电销售量第一的位置。不仅如此，海尔持续深挖"数字化出海"和"出海数字化"两大市场潜能，改善了境外合作方数字化发展水平，也帮助我国中小型企业得到了更多海外订单。得此成绩，充分印证了人单合一模式、沙拉式跨文化机制等原创理论在全球范围内皆有适用性，也印证了在世界经济总体增长趋缓的形势下，仍有区域市场发展空间，国际循环仍有文章可作。

第二十章　新发展格局：国际循环中的"自循环"

◎ **本章导读**

　　全球化与本土化，两者之间似乎是水火不容的对立关系。从历史经验来看，一家企业的全球化程度越高，越难顾及多样化的本土市场需求。反过来说，企业在本土市场扎根越深，也越难走出国门、登上全球舞台。然而，解除了科层制束缚的海尔，却能让全球化与本土化相互兼容，使两者相得益彰、彼此成就。海尔在海外市场建立的本土化模式，形成了一个个"自循环"经济体系，成就了中资企业"走出去"的典型范式。那么，这种范式的内涵是什么？对构建新发展格局、畅通经济"双循环"能发挥哪些积极影响？对我国外向型企业是否有所启示？

第一节
本土化与全球化

古典自由主义者通常认为，市场机制作为一种财富分配方式，只要充分保障个人自由平等地参与市场竞争，最大限度地实现个人利益，社会的整体利益就会实现。不过，公平是相对的，在欧美贸易赛场上，我国企业遭遇不公平待遇的现象时有发生。

曹德旺是我国企业家群体中性格鲜明的一位。曹德旺于1987年创办福耀玻璃，之后发展为国内第一、世界第二大汽车玻璃供应商，"福耀玻璃"与"青岛海尔"两只股票于同一年在证交所挂牌。2001年至2005年，曹德旺带领团队历时数年，相继打赢了加拿大、美国两个反倾销案，轰动一时，福耀玻璃也因此成为我国第一家状告美国商务部并赢得胜利的企业。

上世纪90年代，曹德旺来到美国，发现福耀某款以30美元价格向美国出口的产品，美国的一级经销商卖给二级经销商的价格是60美元，零售商又以200美元的价格卖给消费者。大量的利润被中间商收入囊中。有人建议曹德旺改为直销模式，以50美元价格直接对接二级经销商或零售商，与PPG（PPG是一家全球知名的美国玻璃制品生产企业）在本土市场公平角逐、一比高下。于是，曹德旺修改了福耀在美国的销售模式，分销改为直销，让生产企业、中间商及消费者皆有所受益。未曾料到，PGG等几家美国本土企业联合起来以"反倾销"的名义起诉福耀，不久后得到了美国商务部的认可，要求曹德旺每年增缴900万税赋。面对竞争者非正当诉求以及美国官方态度，曹德旺下决心与之对簿公堂，"不惜一切代价赢得这场官司"。就在他满怀信心埋头研究应对措施、直面诉讼时，另一个坏消息相继而至：加拿大也对福耀提出"反倾销"指控，要求增缴57%的倾销税。

这场著名的国际官司最终还是打赢了，但曹德旺的态度也转变了。在一次央视《对话》节目录制现场，曹德旺坦言，要当好海外市场的"配角"，因为倾销的指控让他意识到，过大的市场份额会让合作的国家产生危机感——美国人需要有一个属于他们自己的最大的玻璃厂，这才符合美国人民的长远利益，福耀想在美国市场寻求发展，必须学会当好"配角"。OEM是中资企业当好"配角"、规避直面竞争的方法之一。我国不少企业"出海"的方式主要是贴牌代工，几乎不使用自己的品牌——这就是为什么海外中国企业、中国产品云集但品牌建设成就乏善可陈的原因。

参与海外本土市场角逐，中国企业只能充当配角吗？海尔给出了不同的答案。我国传统文化中的竞争追求"和而不同"，即使打仗也争取"不战而屈人之兵"，海尔人深谙此道。竞争的对立面是合作，合作的目的也是竞争，所以更多情况下，竞争对手之间一边握着手、碰着杯，一边出招和较劲。

虽然海尔早就树立了"出口创牌"并在各国市场建立自主品牌根据地的目标，但其行动路线、方式方法却是温和的。按照海尔的发展理念，企业全球化的目标是建立市场共同体、实现价值共创，而不是甲打倒乙、掠夺乙的地盘。所以，海尔进入海外市场，通常会选择与本土企业结盟，例如，进入日本市场时选择与三洋电机合作成立合资公司，获得对方渠道关系深耕本土市场，三洋电机则借助海尔的资源进一步开拓中国市场。这种合作让彼此都获得了所期望的回报。在澳洲、欧洲、北美市场，海尔也都按此逻辑锤炼本土化基础。

所谓"本土化"，或者说全球化框架下的本土化策略，就是跨国企业及其品牌充分依靠地缘关系、地方资源、融入并扎根本土的市场竞争策略，它从全局向局部融合，与本土成长起来的企业和品牌有着本质区别。

若本土化模式能成功实施，将降低文化差异、市场周期、跨境物流等因素形成的决策误差。尤其在跨境物流方面，面对愈加严峻的局部地区的政局变化、冲突以及金融危机，国际供应链安全问题通常牵一发而动全身，此时海尔的本土化模式优势更加明显。从建立新发展格局的视角看，本土化模式可以理解为国际循环中的一个自循环体系。

周云杰说："希望海尔变成一个被世界消费者认可的品牌，能通过本土化真正地推进全球化，不管是任何一个国家的用户都认为海尔是当地的品牌。"巴基斯坦是海尔重要的海外市场之一。考虑到巴基斯坦人喜欢使用毛毯、穿大袍子，家庭生活一次要清洗多件大件衣物，海尔便扩大了洗衣机产品的容量，并针对当地电压不稳、时常断电的情况给洗衣机增加了适用性功能。研制洗袍子、洗地毯的"大肚量"洗衣机，我们似乎又见到了上世纪90年代"无所不洗的海尔洗衣机"的影子。

开发生产"大肚量"洗衣机过程中虽有全球资源赋能，但价值创造是融入到该国市场循环的，为本地产业链、分销体系及终端用户带来收益的。如不然，即便在当地设立生产线，也会因为缺少了本土上下游企业资源的支持而捉襟见肘或水土不服。受供应链短缺、全球物流受阻因素影响，家电企业出口业务通常面临巨大的不确定性风险，而建立本土供应链系统的企业却较少受此影响——它们通过本地合作伙伴共同实现原料就地取材、产品就近销售、交易实时结算，在本土市场完成经济循环。尤其在原材料价格上涨、海运价格一路走高期间，以本土化模式实现国际循环中"自循环"的优势，就更加凸显了。

在本土化模式支持下，海尔还为巴基斯坦居民研发了应对经常停电情况的空调——UPS空调。相较于此前的储能空调，UPS空调可连接当地家庭常备的普通蓄电池，750瓦电量就能支持1.5匹空调运行3至4小时，还支持蓄电池利用太阳能板充电，续航时间更长、空调寿命更久。产品一经推出便获得了经销商的好评："巴基斯坦海尔生产的产品无可挑剔。"

在非洲，电力供应问题的困扰更为严重。尼日利亚地处赤道附近，年平均温度高达50摄氏度。尼日利亚电力紧缺，停电问题始终困扰着当地居民。经海尔尼日利亚团队研究设计，所研制的保障冷柜可在145瓦至260瓦电压波动间正常运行，即使突然断电，100小时内也能保证食材的冷冻状态。这款产品迅速获得了当地用户的喜爱。在肯尼亚，民用电的电压极不稳定，虽说居民的家庭饮食以炖、煮为主，但每周会烘烤一些肉食，对烤箱需求量巨大。于是，针对电力供应的痛点，海尔厨电团队研制了气电两用的烤箱灶，并以易清洁内胆、可拆卸易清洗门体玻璃等卖点，使海尔厨电在当地实现翻番增长。

目前，非洲各国的制造业水平仍在低位运行，突出问题是生产技术滞后、供应链体系原始，产品分销渠道也不够完善。海尔严苛的供应标准体系，倒逼当地供应商、分销商花大力气提高生产效率、产品质量和服务能力，进而促进了这些国家制造业整体水平的提升。

在俄罗斯，本土化模式在各种不确定因素影响下实现了"三年三倍"增长。2019年6月5日，时值中俄建交70周年，在两国领导人见证下，时任海尔集团总裁周云杰与俄罗斯联邦工业和贸易部部长曼图罗夫先生、鞑靼斯坦共和国总统明尼汉诺夫先生签下了智能互联行业项目——"关于实施在卡马河畔切尔尼市建立高科技工业园投资项目"。之后的3年间，在俄罗斯当地政府支持下，海尔建立起本土化家电配套生产和服务供货能力，零部件本土化比例达到70%。

俄罗斯用户卡捷琳娜参观海尔的互联工厂时十分惊喜，她曾经给工厂提出建议，"把电冰箱的果菜盒设计成两个，以便于多种蔬菜区分放置"。卡捷琳娜在厂区意外地看到，海尔在很短时间内把她的想法实现了："没想到建议成为现实，他们已经研制出来了！海尔的反应速度太快了。用户的想法能很快变为现实，非常让人欣慰。"此外，俄罗斯消费者有冬季集中购物、长期储存习惯，这就需要占地小、空间大的冰箱。针对这一特性，海尔专门开发了两米高组合式、大容量、多储物冰箱，这一高度在欧洲是极为少见的。海尔还通过共创共享机制催生了多元化产业，对俄罗斯当地的产业结构转型、数字化工业发展产生了积极影响。例如，海尔智慧冰箱可以提供"食物解决方案",连接起食材供应商和营养师等诸多节点。2019年至2022年,在各种不确定因素影响下,海尔在俄罗斯实现了"三年三倍"增长,冰箱产量从36.7万台增长到100万台,年均涨幅154.5%。海尔互联工厂也入选了由俄罗斯联邦总理、工业和贸易部、劳动和社会保障部共同设立的第七批"高效生产和劳动就业"奖励项目,当地媒体高度评价:海尔成为俄罗斯区域经济增长点,感谢中国企业帮助其实现产业转型。

供应链本土化是海尔境外"自循环"体系的基本内容,也是保障其全球供应链安全的条件。2023年末,全球最大的集装箱海运企业马士基曾因红海周边局势紧张,宣布无期限暂停红海航运、绕行好望角地区,造成了国际航运市场波动,增加了运输成本。一些出口企业不得不改变策略以应对上述问题,而在海外市场建立"自循环"的企业受此影响相对较小。由此可见,"自循环"发展模式从一定程度上规避了局部政治、军事突变对国际供应链的负面影响,也证明了周云杰提出的"鼓励已经国际化的中国企业在海外进行本土化复制,鼓励平台在当地国建立服务机构,支持通过平台出口的软硬件在当地国开展服务化延伸"的主张是科学的、有益的。

相关阅读

> 提供满足本地用户需求、让他们获得美好的服务体验,是任何一家跨国公司的基本目标。然而,受制于传统的科层制思维、自上而下的研发机制,多数企业的产品很难满足不同国家、地区乃至特定群体的个性需要,通常是一套方案全球应用、一张图纸沿用十数年,在全球化经营中失去了"本土优势"。不同的是,海尔通过推行人单合一模式与各国本土用户深度交互,以全球资源服务本土,是其取得海外市场成就的主要原因之一。
>
> ——本书编写组

第二节
盘活通用家电

与多数中资企业出海的路径不同，海尔的出海第一站是美国，在美国投资建厂、建研发中心和贸易公司，实现了设计、制造、营销"三位一体"的本土化，之后也是以同样的方式进入欧洲、中东、非洲、东南亚等市场。本土化与全球化两者之间是互为前提、相辅相成的关系，没有全球化，本土化无从谈起，反之亦然。海尔创业的前20年，既创立了优秀的本土化模式，也为本土品牌走向全球贡献了成功的经验。海尔并购美国通用家电，则是盘活一个日趋暗淡的国际品牌，使其重返全球市场、实现"再全球化"的经典案例。

20世纪末的某一天，张瑞敏接待了一批来自北美的神秘客人。

美国通用电气公司派出一个18人的考察团来我国调研，目的是寻找一家为其代工生产家电产品的中国企业。该团队在各大城市转了一圈，认定海尔是冰箱生产企业领域非常好的"标的"，就约张瑞敏展开正式谈判。通用电气提出了控股海尔的设想，也给张瑞敏本人开出了优厚的条件：收购之后的公司负责人继续由他担任，而且薪资待遇翻好几倍。很显然，如果接受了他们的条件，海尔将会成为外资企业的代工厂，"创牌""多元化""人单合一"等后面的故事也不会发生。让通用电气团队感到意外的是，张瑞敏斩钉截铁地拒绝了，谈判场面陷入尴尬。这些美国人甚至觉得海尔的高管有些"不可理喻"，离开时放下狠话：我们一定会在中国投资、经营中国市场，你们不合作，我们就会选择与别的企业合作，届时要做的第一件事就把你们打垮。

对方的豪言壮语让张瑞敏压力重重，他甚至专门组织人制定应对措施。然而，谈判双方都没有料到，多年后，故事的续集再次上演，但是剧情发生了戏剧性变化——通用电气的家电板块最终被收归至海尔麾下。

2016年初，海尔发布公告称，"以54亿美元现金方式向GE购买其家电业务相关资产"，将成为截至目前中国家电企业上最大的一笔海外并购案。海尔竟以这样的方式，回击了当年通用电器谈判团队的豪言壮语！

实际上，通用电气曾于美国次贷危机发生后公开出售家电业务，海尔也积极争取机会，但由于多种条件限制，并购最终未达成。2014年，通用电气又一次寻求合适的并购方出售家电业务，海尔在此次竞购中输给了瑞典公司伊莱克斯，最终该笔交易未能通过美国反垄断审查而终止。在此之后，也就是2016年6月7日，海尔成员企业青岛海尔股份有限公司和通用电气共同宣布，双方已就整合通用电气家电公司的交易签署所需的交易交割文件，标志着通用家电正式成为海尔的一员。现如今在通用家电宣传资料中，标志性的落款为："GE Appliances, a Haier company"。

没有成功的企业，只有时代的企业，不能说通用电气的辉煌时代已成历史，但可以说它须为适应新时代作出必要的牺牲。作为通用电器曾经的四大核心业务板块（即航空、医疗、能源、家电）之一，通用家电也创造了众多"第一次"推进人类家电文明的进步，例如，1907年在美国发布了全套厨房家电，1925年发明气密性家用冰箱，1930年发明了室内空调器，1947年发明了全自动洗衣机，1954年发明了电动台式洗碗机。2008年美国次贷危机后，通用电器试图将家电业务剥离，但经济下行趋势令收购者愈加谨慎。海尔并购之前，通用家电的业绩近乎停滞，其美国市场占有率下降到第四、第五名。

事实证明，持续的组织变革，让海尔的资源整合能力、品牌经营水平超出了同业者水平，即便是饱受非议的通用家电并购案，最终结果并非通用家电拖垮了海尔，而是海尔彻底拯救了通用家电。在加入海尔后的第一次见面会上，通用家电高管对前景充满担忧，有人问张瑞敏："你打算怎么领导我们？"张瑞敏回答："我不是你的领导，我们共同的领导是用户。"

被海尔并购之后的5年间，通用家电以4倍于行业的增速快速扩大市场影响力，营收是并购前的1.4倍，利润率增长2.43倍，成为美国增长最快的家电企业。

在美国，通用家电现以人单合一逻辑和创客制破科层制架构、重构数字化作业流程，已经成为物联网程度较高的企业。海尔将通用家电的全部业务裂变为7个小微，在创客制吸引下，一名雇员主动请缨担任通用家电原计划要放弃的洗衣机板块的创客，提出了冲刺行业第一的目标。短短几年时间，通用家电洗衣机市场份额增长7%，收入规模从负增长转向增长10亿美元，团队成员均获得了薪酬1.55倍的增值分享。通用家电从2017年实施人单合一转型之初的7个团队，发展到之后的14个团队，获得激励薪酬的职员超过4000人。所以时至今日，通用家电的职员皆感慨"被海尔并购是最幸运的一件事"。

2020年，新冠疫情暴发，通用家电为了满足市场用户的快速上升需求，几乎所有的管理人员都去生产线帮忙，这种现象在美国企业中是罕见的。5个月间，通用家电的管理人员在做好本职工作的同时，累计在生产线上工作了15万个小时，所以通用家电在产品推广中曾这样宣传："在您购买的产品中，很有可能是CEO亲手生产的。"这一年，通用家电的市场份额创下了近10年来最高水平。

并购通用家电后，海尔又将欧洲著名企业Candy公司纳入囊中。2018年9月28日，海尔集团成员企业青岛海尔股份有限公司（后更名为海尔智家）召开第九届董事会第二十一次会议，审议通过《青岛海尔股份有限公司关于收购Candy S.p.A之100%股份的议案》，交易对价为4.75亿欧元。Candy公司的业务条线与海尔互补，进一步拓展了海尔欧洲市场份额。

海尔绘就了跨国并购历史上的多个"经典之笔"，进一步证明了企业若不能紧跟时代节拍、更新管理模式、对本土消费市场精耕细作，即使是通用电器这样的超级跨国企业也会输掉根据地。扎根本土、建立同盟，是海尔参与国际经济循环的制胜法宝,以全球化资源为其本土化运营赋能,让本地居民享用到"最合口味"的世界级品牌,本土的业绩则巩固了企业的全球行业地位,两者相辅相成,让企业在瞬息万变的国际经济循环中保持稳定增长。

> **相关阅读**
>
> 　　我们很高兴向海尔出售我们的家电业务,并推出这一新的合作伙伴关系。美国是海尔扩大制造规模和进一步投资的重点。创新、新产品开发和品牌管理是其整体战略的基础。通用家电为海尔提供好的产品,最先进的生产设备和有才华的团队。此外,我们看到在中国共同努力建立通用品牌的机会。
>
> 　　　　　　　　　　——时任通用电气首席执行官杰夫·伊梅尔特(Jeffrey R. Immelt)

专家述评

世界经济格局重构、产业分工调整背景下的开放发展，让我国一大批企业有机会进入海外市场，凭借低成本、低价格的优势迅速获得订单。企业出得去，还要立得住、走得远。不是所有企业都能顺利通过这三个阶段的考验，包括拥有顶尖技术的欧美百年历史企业，它们也会因为文化上的水土不服，或者策略上的以偏概全，败走某一区域市场。海尔作为发展中国家的企业参与国际市场竞争，而且不选择低价竞争和贴牌代工策略，早期是很难享受到国际产业分工红利的，这就需要其自身探索出兼顾当下和未来需要的竞争模式，于是便诞生了三位一体的"本土化"。从建立美国工厂算起，20余年的"本土化"国际（海外）市场竞争模式，使海尔平稳度过了数次全球性和区域性金融风险，业绩逐年增长。横向比较而言，海尔的"本土化"是我国企业融入新发展格局、参与国际经济循环极具典型性的经验模式，为研究新发展阶段企业怎样在海外市场长期立足提供了成功样本。

第二十一章　新发展格局：大循环

◎ 本章导读

　　构建新发展格局，国内大循环是主体。国内大循环越顺畅，越能形成对全球资源要素的引力场。习近平总书记强调，着眼"增强国内大循环动力和可靠性"，"更好统筹扩大内需和深化供给侧结构性改革"；"供需两端同时发力、协调配合，形成需求牵引供给、供给创造需求的更高水平动态平衡，实现国民经济良性循环"。在国内大循环为主体的引导下，企业该怎样认知和适应一系列新变化，绘制出一幅新时期产业发展的逻辑思维导图？国内大循环为哪些市场创造了新机会？

第一节
进口博览会：生动诠释"双循环"的应有之义

提出"国内大循环为主体"论断的底气，源自我国超大规模市场优势和全球最完整、规模最大的工业体系。畅通国内大循环，需着力扩大内需、攻关关键核心技术以及提供一系列的制度保障。自2018年起每年在上海举办的中国国际进口博览会（简称"进博会"），是我国高水平对外开放以及超大规模市场优势的集中体现。

欧美各国对外贸易的普遍做法是积极扩大出口、减少进口，以缩小贸易逆差，我国则反其道而行之，为其世界各国提供广阔的出口市场，举办了全球第一个以进口为主题的国家级展会，展现了我国经济的强大韧性和超大市场规模的巨大吸引力，更表明了我国积极扩大对外开放的决心。庆祝改革开放40周年大会前夕，首届进博会在上海召开，吸引了172个国家、地区和国际组织参会，来自五大洲的3600多家企业参展，交易采购成果丰硕，累计意向成交578.3亿美元。

举办进博会的意义何在？根据中国社会科学院世界经济与政治研究所发布的《世界开放报告2022》，尽管世界开放指数出现下滑，但我国开放指数逆势上扬，成为推动经济全球化的重要力量。2022年，我国连续13年稳居全球第二大进口国，是60个国家和地区的主要出口市场。超大规模进口有力促进了各贸易出口国经济发展和国内就业。举办进博会，旨在依托我国超大规模市场优势，以国内大循环吸引全球资源要素，提升贸易投资合作质量和水平。一方面，我国国内经济高质量发展需要全球新技术和关键设备的支撑，相关国家的供应商可通过进博会展示交流、精准对接；另一方面，我国借助进博会扩大了优质供给，众多国际品牌在进博会和电商平台上同步上架产品，充分挖掘消费潜力，不断满足人民对美好生活的向往。

在首届中国国际进口博览会上，海尔成员企业美国通用家电以"中国海尔成员企业"和"美国百年品牌企业"的双重身份现场发布了11个品类的产品。通用家电高级公关总监朱莉·伍德（Julie Wood）介绍，进博会是世界各国企业向中国消费者展示品牌和产品的绝佳机会，和大多数美国企业一样，通用家电也面临着外部环境变化和原材料涨价的挑战。她说："我们很重视海外市场，会继续评估已经生效的关税及其影响，并试图获得企业生产所需零部件关税的豁免，为中国消费者提供更好的服务。"

2022年举办的第五届进博会上，海尔成员企业海尔生物（Haier Biomedical）与基华物流（CEVA Logistics）、极兔国际等公司发布了首个全球航空温控产业生态平台。基华物流是全球著名物流企业之一，在国际货运、地面运输、集成物流管理和高级信息技术领域有着不可比拟的竞争力，其拥有的全球网点已覆盖超过170个国家和1300多个站点。该公司与海尔生物合作建立的航空温控产业生态平台，为医药用品、生物制剂、鲜活易腐货物等高价值温敏物资提供高效物流保障。它们的集体亮相，见证了国内国际双循环发展的新成果落地。

进博会已成为连接"国内大循环"和"国际循环"的纽带。有人称它为一场颇具吸引力的"双向奔赴"——供应商与采购者、生产方与消费者、投资方与创新项目、外资企业与中国市场、国际循环与国内大循环，用生动的画面诠释了双循环的应有之义。

不少人质疑"国内大循环为主体"是开放政策收紧的信号。中国国际经济交流中心副理事长黄奇帆对此进行了纠正："内循环、双循环是我国实现高质量发展、更深层次改革开放的必由之路。"以国内大循环为主体并不意味着我国要在对外开放上大幅收缩甚至关上国门搞自给自足的经济。目前"逆全球化"依然是现阶段各国企业加深全球合作和发展的最大挑战，特别是短期内对制造企业的发展带来了多重冲击，但历史经验证明了，任何国家都无法关起门来搞建设。改革开放40余年来，我国早已同世界经济和国际体系深度融合，同全球很多国家的产业高度关联，内外需市场本身是相互依存、相互促进的。习近平主席在首届进博会开幕式上向世界各国阐明了我国开放发展的长期原则："中国的改革开放不会停步，中国对外开放的大门会越开越大。"总体来看，我国制度、文化和市场对海外投资者表现出极大的包容，外资企业在中国市场增速最快的时期取得了巨大的发展成果。

我国坚持多边主义原则、积极推动经济全球化并取得累累硕果的同时，另一边"逆全球化"的声音此起彼伏。尽管部分国家企图制造"逆全球化"甚至"去中国化"趋向，却不能阻止我国人均GDP突破1.2万美元、迈向2万美元台阶，以及因此触发的一系列重大变化，其中最重要的是国内超大规模市场优势和内需潜力被充分激发出来——发挥我国市场优势和内需潜力，是建立双循环发展格局的根本依靠、根本优势。深入观察美国、澳大利亚、加拿大、日本等国家在人均GDP达到2万美元时的经济增长数据，均表现出了国内需求为主体的显著特征。例如，日本、韩国等亚洲经济体人均GDP突破2万美元时，最终消费率基本维持在66%左右，资本形成率基本保持在33%左右。根据预测，"十四五"及中长期，我国将具有丰富消费内容、高端消费品牌、多样消费方式、优越消费环境、吸引全球消费者的高度繁荣的消费市场，预计最终消费支出额占世界比重将从2019年的12.1%提升至2025年的16.2%和2035年的22%，成为全球消费资源的配置中心以及引领全球消费发展的创新高地。预计到2035年，我国消费市场的总量将超过欧美总量之和，成为全球消费主力。

党的二十大报告从新时代全面建设社会主义现代化国家的要求出发，对加快构建新发展格局，着力推动高质量发展作出了一系列重大部署，明确要求"把实施扩大内需战略同深化供给侧结构性改革有机结合起来""着力扩大内需，增强消费对经济发展的基础性作用和投资对优化供给结构的关键作用"。不久后颁布的《扩大内需战略规划纲要（2022—2035年）》和《"十四五"扩大内需战略实施方案》对持续扩大和满足内需，释放新型消费巨大动能，实现创新驱动发展，促进扩大内需与深化供给侧结构性改革更紧密结合提供了重要的指引，对加快构建以国内大循环为主体、国内国际双循环相互促进的新发展格局具有重大意义。

> **相关阅读**
>
> 　　中国具有超大规模市场并处于需求快速释放的阶段，将持续为各类企业和人才的发展提供广阔舞台。当前全球总需求仍然不足，市场是最稀缺的资源。中国的市场空间广阔，纵深也在不断延展，必将为提升全球总需求发挥重要作用。我们将不断发掘和释放这些市场需求，继续扩大对全球各地优质产品、服务的进口规模，加大在中高端制造、生物医药等领域对外资的引进力度，持续为世界贸易、投资增长提供更加宽广的天地。
>
> 　　——2024年1月16日，国务院总理李强在世界经济论坛2024年年会开幕式上的致辞

第二节

大健康赛道：新时期的多元化经营逻辑

　　受短期主义、机会主义影响，资本市场的投机者们快马加鞭地游走于各个"市场风口"之间，夸大预期投资回报，并把风险转移给下一波跟投者。这种躁动不安的氛围使很多企业失去耐心，变得急功近利。

　　与之不同的是，海尔创业者们一直保持着战略冷静：别人跟风扩张时

海尔练内功、强质量，别人做OEM创汇时海尔坚持海外创牌，别人执迷于做大资产时海尔则把企业做小、做专做精。即使是海尔近几年迅速崛起的新业务板块，也并非投机主义的产物，例如健康板块，是在家电产业土壤和生态平台孵化或赋能而来的，起源于早期低温存储、满足医用场景，之后拓展至医疗康养，形成了合理的产业繁衍逻辑。

生态繁衍，需要土壤、水分、阳光，需要良好的生长机制，产业发展亦如此。海尔探索医疗健康产品研发，可追溯至1991年海尔组建集团公司时整合的青岛电冰柜总厂，其前身是青岛医疗设备厂，之后一直研制生产医用冷藏系列产品。2003年非典疫情期间，海尔根据有关机构提出的需求，组织力量研制了大型柜式空气消毒机、空气清新机、氧吧空调、电热水器和消毒微波炉等产品，分别供应北京、内蒙古等国内医疗机构。

2003年的非典型性肺炎疫情对当时经济上行趋势未造成大面积影响，对整个医疗健康产业的拉动作用也不甚明显。然而，17年后的新冠疫情的影响却极为深远，对全球公共卫生管理、医疗健康事业乃至世界经济格局都产生了不同程度的冲击。新冠疫情暴露出某些领域的高端医疗器械短板，倒逼了医疗设备和高值耗材向"国产化"发展，同时也释放出一定的市场机遇。

海尔自2016年布局大健康产业，陆续诞生了两家上市公司，一家是青岛海尔生物医疗股份有限公司（简称"海尔生物"），在科创板上市；另一家是盈康生命科技股份有限公司（简称"盈康生命"），在创业板上市。

海尔生物是人单合一模式下诞生的创客企业，其负责人刘占杰于2001年获得制冷及低温工程专业博士学位，毕业后进入高校工作，成为一名大学教师。在海尔创客制感召下，刘占杰放弃高校编制，义无反顾地加入海尔走上创业之路。历经多年努力，2019年10月25日，刘占杰带领的海尔生物成功登陆科创板，成为青岛市首家登陆科创板企业。

海尔生物建设的智慧疫苗网以"海乐苗"接种箱网器为基础，链接疫苗接种入口、出口等场景，实现疫苗接种最后一公里可追溯，已进入包含"一带一路"参与国的78个国家和地区，守护全球亿万儿童健康。海尔生物建立的这一网络，在全球大规模注射新冠疫苗期间发挥了极其关键的作用。

除了智慧疫苗网，海尔生物还创造了另一个全球医疗行业堪称经典的案例：青岛智慧城市血液网。该项目针对用血医院和血站之间信息不共享的问题，接入147台冷链及物联设备，链接青岛市中心血站和全市38家用血医院、联网15家医院，通过信息监控平台实时对血站血液储存、血液配送、联网医院库存进行全流程冷链监控。血液安全是全球性难题，不少国家建立血液预警系统，只凭单纯的软件系统和扫码被动识别技术，无法将触角延伸到急救一线，该项目则依托物联网融合创新，主动识别，实现人、设备、血液全追溯，让血液供应始终在安全状态之中，压缩用血时间、及时调配，最大程度减少了血液浪费，极大程度提升了城市血液安全和管理水平。

2022年，海尔生物实现销售收入28.64亿元，同比增长34.72%。其中公司物联网解决方案实现收入12亿元，同比增长79.7%。海尔生物取得佳绩，依赖国内迅速增长的大健康市场需求：人口结构老龄化的加剧仍然是我国健康产业重要的驱动力，后疫情时代社会对健康产业的关注与投入则起到了推波助澜的作用。国家卫生健康委卫生发展研究中心披露的数据显示，2019年至2021年，健康服务业市场规模年均增长7%，从7.7万亿元增长到8.8万亿元。另据《2022易凯资本中国健康产业白皮书》显示，预计到2025年，我国大健康产业规模将达到17.4万亿元，到2030年将达到29.1万亿元。

面对数字化变革带来的机遇与挑战，卫生健康行业将持续推动数字健康"新基建"，在补齐公共卫生短板、医院高质量发展、提升基层医疗水平三个方向或将成为未来的市场热点。海尔集团董事局副主席、执行副总裁谭丽霞认为,"医疗新基建不应该是单一的点、单一的场景,至少应该是一个面、一张网,各个点相互协调配合""产生新的生产力、创造新的社会增值才是数字医疗新基建的真正目标"。

盈康生命是海尔在大健康领域的另一布局。

盈康生命聚焦"以用户健康为中心"、以"高质量发展"为核心,搭建了H2H(hospital to home)的服务体系,聚焦"肿瘤、康复、老年护理、健康管理"四大场景。2022年,盈康生命营业总收入11.56亿元,同比增长6.09%,近三年营业总收入复合增长率为26.37%。盈康生命在全国五大经济圈经营及管理10家医院及养老机构,拥有四川友谊医院、苏州广慈肿瘤医院和重庆华健友方医院三家肿瘤特色医院,同时托管上海永慈康复医院、山西盈康一生医院、上海盈康护理院、徐泾护理院、青岛盈海医院、上海盈康养老院、上海青浦区徐泾镇养护院。在肿瘤治疗设备方面,盈康生命全资子公司玛西普是国内领先的大型立体定向放射外科治疗设备供应商,是全球范围内最主要且具备竞争力的伽玛刀产品供应商之一。

数字化转型构建全方位智慧医疗服务生态。成员单位四川友谊医院2021年获取互联网医院资质后的两年间,在线医疗服务超400万次,新增用户超过13万,大幅度减少用户线下等待时间。同时,医院通过先进的5G技术开展远程线上会诊服务,链接北、上专家超千名,实现零距离交互专家,获取更精准的诊断治疗方案。

面对数字化变革带来的机遇与挑战,卫生健康行业将持续推动数字健康"新基建",补齐公共卫生短板、医院高质量发展、提升基层医疗水平3个方向或将成为未来的市场热点。海尔集团董事局副主席、执行副总裁谭丽霞认为,"医疗新基建不应该是单一的点、单一的场景,至少应该是一个面、一张网,各个点相互协调配合","产生新的生产力、创造新的社会增值才是数字医疗新基建的真正目标"。

作为全国统一市场的重要投资者和参与者,保险业对于刺激内需、打通制约经济循环的关键堵点具有重要现实意义。疫情期间，保险业实现了逆势增长。复旦大学与腾讯微保联合进行的一项调查显示，在疫情防控形势下，人均GDP越高的地区保险需求增长与意识增长越强烈。根据中国银保监会发布的数据，2022年我国保险业保费收入为46957亿元。其中，财产险保费收入12712亿元，人身险保费收入34245亿元。从保费投入来看，人身险远远超过财产险。很显然，疫情引发了人们对健康问题的进一步关注，刺激了健康保险的消费。海尔孵化的保险代理服务企业众淼股份，在其人寿及健康保险等产品的业绩表现也证实了这一特征，2020年至2022年，该公司总保费从4.26亿元增加到10.18亿元，复合年增长率为54.6%。

新冠疫情的数年间，各国制造业受到不同程度冲击，诸多企业出现负增长，然而，海尔仍逆势前行交出了一份亮眼的成绩单——从全球市场来看，得益于海尔在海外市场深耕的本土化模式，在国际循环不畅通情形下仍保持着局部"自循环"；从国内市场看，则是国内大循环体系创造了充足的市场需求，如沛雨甘霖滋养了海尔非家电板块业务的成长。

📖 相关阅读

　　推广应用人工智能、大数据、第五代移动通信（5G）、区块链、物联网等新兴信息技术，实现智能医疗服务、个人健康实时监测与评估、疾病预警、慢病筛查等。

　　加强免疫规划冷链系统管理，提升追溯能力。

　　支持医疗联合体运用互联网技术便捷开展预约诊疗、双向转诊、远程医疗等服务。

　　——2022年4月，国务院办公厅发布的《国务院办公厅关于印发"十四五"国民健康规划的通知》（国办发〔2022〕11号）

第三节

消费模式创新：从传统场景寻找突破口

2020年，时任中国人民银行党委委员、副行长陈雨露撰文指出："内需是推动大国经济增长的关键和最大动力。我国经济正转向内需驱动，但消费不平衡的结构性问题依然存在。"近年来，我国新型线上消费创新更为活跃，消费场景日益丰富。国家互联网信息办公室发布的《数字中国发展报告（2022年）》显示，2022年网上零售额达13.79万亿元。我国15至34岁的年轻消费群体约占总人口的25.2%，他们成长在生活日益富足和互联网普及的时代，是最具创新活力的消费"生力军"和优化消费结构的依靠力量。同时，这一庞大群体，也成就了我国互联网消费金融平台的崛起。

作为助力消费恢复、激发潜在需求的重要手段，消费金融对提振居民消费意愿、促进消费回稳向好具有积极作用。提供消费金融服务的消费金融公司，是经监管部门批准，以小额、分散为原则向居民提供消费贷款的非银行金融机构，其中银行设立的消费金融公司以其天然金融基因以及资金优势，在消费金融阵容中占据着重要位置。

海尔消费金融由海尔集团发起设立，主要业务包括两类：一类是场景分期产品，即围绕家庭用户需求布局优质消费金融场景，如教育、医疗、家电、车位等，为用户提供"够花"分期服务；另一类为信用借款产品，即为信用良好的年轻用户提供纯线上自主申请的便捷小额现金借款服务。

海尔消费金融目前主推"够花"品牌，以"够花App"和"海尔消费金融App"为服务主阵地，其业务立足"科技+风控"的根基，通过"场景+现金"模式把握流量时代的新消费趋势，使服务更有温度。据统计，截至2024年10月，"够花App"累计注册用户超过6600万人，累计放款超3000亿元，其中"新市民"消费群体占34%。

从13年市场实践看，我国消费金融机构充分发挥了其"小、快、灵"的特点，通过与众多商户开展广泛合作，开发独具特色的个人消费贷款产品，满足了不同群体消费需要。中国银行业协会发布的《中国消费金融公司发展报告（2024）》显示，截至2023年末，全国31家消费金融公司2023年资产规模及贷款余额双双突破万亿元，分别达到12087亿元和11534亿元，同比分别增长36.7%和38.2%，服务客户3.7亿人次。报告指出，消费金融公司已形成与商业银行、信用卡中心、互联网平台、小额贷款公司等消费金融主体竞争发展的格局，并逐步成为扩大内需、促进消费增长的新兴力量。而这一年，海尔消费金融当年放款768.01亿元，同比增长25.31%；贷款余额达255.28亿元，同比增长23.25%；公司总资产262.67亿元，较上年末增长24.34%；全年营业总收入为24.89亿元，同比增长45.56%。至此，海尔消费金融已连续9年实现盈利，充分发挥了"服务年轻奋斗者、新市民群体的金融价值、利于释放消费潜力、促进消费升级"的社会价值。

几年之前，主打低价概念的"拼多多"消费平台迅速成为消费互联网的新秀。然而，一篇《拼多多：一个消费降级巨头的诞生》引发了关于消费降级的话题大讨论。有不少人将"拼多多"平台的兴起总结为消费降级的征兆，并借有关网购平台数据加以佐证，例如，京东金融大消费统计的12个行业数据显示，某一时期的家用电器、家居装饰、手机数码同比增速分别为31%、13%和23%，较上年同期分别放缓20、16和12个百分点。

经历了数年新冠疫情，不少坚持消费升级论调的学者也动摇了立场，转而支持消费降级观点。他们认为在疫情影响下，居民消费降级成为必然趋势，不仅居民人均消费支出下降，而且食品类刚需消费份额有所增加。另一些学者则批驳了该观点，提出"拼多多"火爆现象更像是全国各层次的消费需求进一步"电商化"，拼多多只是复活了头几年的"团购"消费模式，靠"走量"大幅压低供应价格。"拼多多"平台的兴起说明了消费电商平台不断细分，我国消费市场空间大，消费文化、收入结构、调控引导等因素动态变化，使其多样性特征日趋明显，不同定位、定价、外观及功能的产品都能找到与之适应的消费群体，以升级、降级简单粗暴的"二分法"一概而论并无任何实践意义。

拥有数十年消费品市场经营经验的海尔人则认为，全面提振消费，需要消费模式持续创新，从传统场景寻找消费细分的突破口。

孙传滨是海尔新型消费场景小微的团队负责人。2005年，孙传滨加入海尔从事洗衣机产业产品市场企划工作。在集团生态转型的探索期间，他主动提出建立"衣联网"。2017年末，孙传滨和两位合伙人成立小微公司，开始打造一家衣联洗、护、存、搭、购全场景用户体验店，使其成为链接洗衣场景、延伸海尔洗衣机产品及其服务的枢纽。在此基础上，孙传滨团队研发上线了"洗衣先生"平台，立足"千人社区"居民多种洗护场景，开创了"取、洗、烘、熨、叠、送"专业洗护服务。在人单合一模式驱动下，孙传滨带领团队实现倍速增长，公司营业收入从2018年的4200万元增长至2020年的2.6亿元。

孙传滨带领的"衣联网"是消费细分和消费模式创新的成功案例，它持续赋能服装家纺行业、织物物联技术行业、洗染行业等攸关方转型升级，实现生态共赢。财报显示，2023上半年"洗衣先生"门店数增长15%，服务用户人数增长126%，拥有超过1500个网络触点。此外，公司还并购了4家自有洗护中央工厂、37个合作中央洗护工厂，制定并颁布了"6S工厂洗护标准"，实现了全国洗护服务覆盖。

看到"衣联网"通过消费场景创新赢得的市场业绩，周云杰来充满信心，他说："融入双循环，比能源更稀缺的是市场，中国具有全球统一大市场的体量优势，蕴含着巨大的新机会。"这个新机会，要以收入增长为条件。恰如前文所讲，我国消费"生力军"正在城市崛起，其形成的购买力既有"托底"作用，也能转化为消费升级的新动力。

> **相关阅读**
>
> 进一步提升金融对促进消费的支持作用，鼓励消费金融创新，规范发展消费信贷，把握好保持居民合理杠杆水平与消费信贷合理增长的关系。
>
> ——2018年9月，中共中央、国务院颁发的《中共中央 国务院关于完善促进消费体制机制进一步激发居民消费潜力的若干意见》

> 创新消费业态和模式。加强商业、文化、旅游、体育、健康、交通等消费跨界融合，积极拓展沉浸式、体验式、互动式消费新场景。
>
> ——2022年4月，国务院办公厅发布的《国务院办公厅关于进一步释放消费潜力促进消费持续恢复的意见》（国办发〔2022〕9号）

第四节
日日顺：建设现代物流体系，畅通统一大市场

习近平总书记强调，要"深化要素市场化改革，建设高标准市场体系，加快构建全国统一大市场""防止各地搞自我小循环，打消区域壁垒，真正形成全国统一大市场"。2022年4月10日，《中共中央、国务院关于加快建设全国统一大市场的意见》正式颁布。建立统一大市场，目的在于实现商品、要素更加充分便捷地流动，降低流通成本，促进更多更大的合作共赢。而降低流通成本，让商品更加便捷地流动是激活超大规模市场的保障。

日日顺供应链科技股份有限公司（简称"日日顺"）是海尔在数十年的供应链管理实践中衍生出的"新物种"。日日顺创立于2000年，是海尔基于家电配送资源和管理经验在物流产业的布局，之后逐渐发展成为打通

"最后一公里"和解决用户交互问题的供应链管理体系,曾推出3小时送货上门"极速达"服务。2013年,周云杰牵头推动日日顺与阿里巴巴建立战略合作,为日日顺增加投资18.57亿港元,联手打造家电及大件商品的物流配送、安装服务等整套体系及标准。2020年,日日顺整体改制为股份制公司,走出了对集团内部业务的依赖,不断拓展家居、汽车、出行、跨境、冷链等新领域业务,构建起覆盖全国、进村入户的仓储物流和服务网络。

《中共中央、国务院关于加快建设全国统一大市场的意见》指出:"优化商贸流通基础设施布局,加快数字化建设,推动线上线下融合发展,形成更多商贸流通新平台新业态新模式。"日日顺主动融入现代交通物流体系建设,在畅通国内国际"双循环"、建设全国统一大市场、畅通国民经济循环中正发挥积极作用。

举例阐明。伴随我国成为汽车生产、销售、出口第一大国,各类汽车企业对物流供应链的需求与日俱增。奔驰(Mercedes Benz)中国公司近年来不断优化汽车后服务体系,在日日顺为其定制的三级功能仓解决方案及智慧供应链系统帮助下,实现灵活调动资源,使汽车轮胎备件的调配过程更加高效、准确。

相较传统物流,智慧供应链的威力并非体现于数字技术实现的"可视化",而在于它创造的高渗透性和信息集成性特征,即以需求为驱动力,实现供应链中各环节之间的信息共享、互动与协调,让资本、技术、数据等要素做出快速响应——这是一种从源头入手、提高供需要素精准匹配度的系统。

基于奔驰中国公司不同区域对于型号繁多的轮胎产品高频调配的需求,日日顺制定了"2H前置仓+本地仓+区域功能仓"三级功能仓解决方案,从轮胎供应商到前置仓、再到4S店的高效运转,在保证订单即时满足率和用户体验的基础上,有效提高品牌商轮胎的库存周转率、降低仓储成本。与此同时,依托智能下单、全流程监控、智能调仓等先进的物流技术,围绕其仓库选址、布货补货、车辆运输、在途管理、专属客服服务响应等场景持续优化，有力提升了奔驰中国公司用户的消费体验。

又如，河南利欣制药股份有限公司（简称"利欣制药"）是一家在北京产权交易所挂牌上市的企业，产品类别繁多、剂型复杂且经常更新，仓储环节极其关键。日日顺为利欣制药设计了河南医药行业的首个智能无人仓，前端连接智能车间的生产环节，仓内应用3D视觉自动识别、码垛机械手等行业引领技术及智能化硬件设备，实现产品输送、成品储存、分拣出货等全自动无人化一条龙作业，在提高作业效率的同时，有效降低了产品在搬运分拣过程中的破损率，保证产品"零破损"。该仓还充分利用大数据技术，实现了产品入库、出库、库内存储等信息的全程数字化管理，信息准确率达到100%，效率也得到了明显提升。

不仅如此，在我国外贸持续稳中向好发展态势下，日日顺也在不断深化海外布局，全方位助力外贸企业拓展国际市场。日日顺在助力一家锂电池头部企业建成德国保税仓库的过程中，通过提供仓储寻源、仓库运营、工厂配送等全链路服务，解决了海外供应体系的诸多痛点。在仓库运营环节，鉴于锂电池材料储运的特殊性，一方面，日日顺在仓内采取分区作业模式，通过特殊区域预留、区域隔离，确保仓库在满足基本存储需求的同时，还能同步完成电池检测、翻包、返修等重要服务作业；另一方面，日日顺为其植入适配海外环境的WMS（仓库管理系统）、TMS（运输管理系统）等数字化系统，通过全流程数字化模式，保证入库及库内作业有序、高效，实现7×24小时快速响应及实时跟踪货物状态，确保储运安全无虞。据罗戈研究（LOGResearch）发布的报告，预计2020年至2025年，端到端供应链市场复合增长率将上升至11.9%，至2025年市场规模约3.14万亿元。日日顺作为供应链产业排头兵，加速现代物流体系的建设，以科技赋能统一大市场建设，为市场融合、升级注入了数字化新动能。

> **相关阅读**
>
> 大力发展第三方物流,支持数字化第三方物流交付平台建设,推动第三方物流产业科技和商业模式创新,培育一批有全球影响力的数字化平台企业和供应链企业,促进全社会物流降本增效。
>
> ——2022年3月25日,中共中央、国务院颁布的《中共中央 国务院关于加快建设全国统一大市场的意见》

第五节
海纳云:让城市更聪明一些、更智慧一些

数字城市建设是释放内需潜力的关键环节。以数字技术赋能城市更新,打造更宜居、韧性、智慧城市,不仅优化城市治理能力水平、构筑城市发展优势,更在过程中推进传统基础设施、数字基础设施投资,在进一步扩大内需、畅通国内经济循环中发挥了立竿见影的影响。

海尔成员企业海纳云,是新型城镇化和智慧城市建设时代背景下脱颖而出的数字城市物联科技板块。海纳云聚焦数字城市"应急+安全",为城市政府和企业用户提供覆盖"咨询设计、软件开发、建设施工、运维管理"软硬一体化的解决方案。

自2019年海尔实施生态品牌战略以来,"场景替代产品""生态'复'盖行业"的变革理念在海纳云业务中展现得尤为生动。海纳云将物联技术应用于城市治理的具体场景,赋能并提升其数字化治理的能力水平,例如城市生命线、城市运行管理、地下管网系统等,而这些场景的实时数据通常会汇集至城市应急管理大平台。数字城市物联技术的痛点,主要体现在设备碎片化、协议碎片化、数据碎片化等方面,导致平台建设或系统部署

周期长、落地应用效率低等问题。为了改善这些共性难题，海纳云自主研发"星海数字平台"，同时与40多个行业场景软件以及150多个智能硬件、150多个解决方案深度融合，构架起强大的数字城市应急安全服务能力，培育起数字城市建设项目协同生态，高效完成了百余个案例。

以"青岛市安全风险综合监测预警平台"为例，海纳云构建"一网络、一中心、一平台、广应用"的城市安全风险综合监测预警体系，部署相关行业1.6万余台传感器，汇集9个部门176项数据类目、40余种应急安全算法，覆盖青岛城市生命线、公共安全等领域的燃气、供排水等9大专题场景，助力建设"全域感知、实时监测、分级响应、高效处置、动态发布"的"智慧应急"体系，为青岛的安全运行与高质量发展保驾护航。平台投入使用后，有效监测处置各类设备报警8000余起，实现"能监测、会预警、快决策、同响应、精处置"的风险综合监测智能效果，形成全国可借鉴的"青岛经验"，获得了"物联网赋能行业发展典型案例"和"中国新型智慧城市典型案例"殊荣。

近几年来，海纳云通过参与一系列智慧城市样板工程，见证了城市安全管理水平的提升、城市基础设施建设运维的数字升级、城市绿色发展条件的改善，城市居民生活更加安全、便捷，写照出以人民为中心的城市发展观。值得一提的是，随着这些数字化样板工程、试点项目在城市治理实践中持续深化，数字赋能行动逐步扩大至全域范围。2024年5月，国家发展改革委、国家数据局等部门发布的《关于深化智慧城市发展 推进城市全域数字化转型的指导意见》指出："到2030年，全国城市全域数字化转型全面突破，人民群众的获得感、幸福感、安全感全面提升，涌现一批数字文明时代具有全球竞争力的中国式现代化城市。"

数字技术提高了城市治理效能，也带来了新挑战，主要体现在传统治理模式无法适应数字化要求等。建立新的管理标准体系是解决这一问题的关键途径。为加快实现跨部门、跨区域共享治理，海纳云参与了数十项国际国内标准编制,特别是《城市治理与服务数字化管理框架与数据》(ISO37170)、《智慧城市基础设施—智慧建筑信息化系统建造指南》(ISO37173)、《智慧城市基础设施—城市信息模型(CIM)数据框架和功能要求》(ISO37187)3项国际标准,在全球范围产生了深远影响,也为海纳云"数字化出海"行动奠定标准化基础。

在国际标准引领下,海纳云将我国智慧园区管理、智能建造等技术方案带入到"一带一路"沿线国家的建设项目中。在泰国春武里空调工业园,海纳云建造了1:1数字孪生园区,直观展示该园区厂房、楼层、房间、设备、管路等各类信息,可视化程度如同亲临其境。通过应用"数字孪生管理平台",该园区将节省建厂投资20%,节省运营成本15%,产线生产力提升20%以上,助力园区数字化建设和绿色、高效、安全运营。

除了泰国,海纳云还在巴拿马、埃及、哥伦比亚、印度、日本等国塑造了10余个数字化样板,成为"数字化出海"的一面旗帜。在位于中美洲的巴拿马运河上,海纳云赋能"第四大桥"数字化建设,为该项目建设提供全方位的建筑信息模型(BIM)咨询及实施服务,通过碰撞检测、施工模拟等提前预测风险问题,促进项目计划制定和顺利推进。为该项目引入的"智慧工地管理平台",实现了施工设备、设施和物料等要素数字化,提高了人、材、机的运转效率,缩短建设工期、降低建造成本,提高工程安全与质量水平。

习近平总书记视察杭州城市大脑运营指挥中心时指出:"运用大数据、云计算、区块链、人工智能等前沿技术推动城市管理手段、管理模式、管理理念创新,从数字化到智能化再到智慧化,让城市更聪明一些、更智慧一些,是推动城市治理体系和治理能力现代化的必由之路,前景广阔。"[①] 在数字化时代,一座"会思考"的智慧型城市,会让百姓生活得更安全、更美好。在未来城市持续更新和全域数字化转型进程中,海纳云将在更多场

---

① 《习近平关于城市工作论述摘编》,中央文献出版社2023年版,第114—115页。

景、更多项目落地过程中推进城市、居民、产业生态共同受益，为数字中国、智慧城市、精细治理、美好生活赋能添翼。

> **相关阅读**
>
> 　　完善城市运行管理服务平台，深化"一网统管"建设，推动城市规划、建设、管理、运维全过程各环节数据融通，加强城市生命体征监测，推动城市体检与城市更新数据赋能、业务联动。依托城市运行和治理智能中枢等，整合状态感知、建模分析、城市运行、应急指挥等功能，聚合公共安全、规划建设、城市管理、应急通信、交通管理、市场监管、生态环境、民情感知等领域，实现态势全面感知、趋势智能研判、协同高效处置、调度敏捷响应、平急快速切换。
>
> 　　——2024年5月，国家发展改革委等4部委颁布的《关于深化智慧城市发展　推进城市全域数字化转型的指导意见》

第六节

卡泰驰：驱动汽车消费增长的新引擎

　　相对三翼鸟、卡奥斯、盈康一生等日趋成熟的产业板块而言，卡泰驰是海尔成员企业中较新的面孔。卡泰驰是卡奥斯平台上孵化出来的汽车产业互联网平台，通过链接需求侧和供给侧两端，打造出智能交互平台新模式，通过线上平台与用户智能交互，根据用户需求，整合车商、工厂、供应商等多方资源，提供定制化场景化的解决方案。其中，在二手车行业，该模式已经颇见成效。

　　二手车对加速汽车消费循环起着至关重要的作用。按照业界较有共识的说法，我国乘用车市场的增长取决于两个"双驱动"，即首购和换购驱动、新车和二手车驱动。激活二手车这一关键链条，不仅可以直接创造二手车市场的增长，还将有效拉动新车消费需求。因此，挖掘二手车市场消费潜力，是畅通国内大循环的关键一环。

二手车交易通常是"一车一况，一人一价"。由于二手车车源供给信息分散、共享度低，单一的二手车商很难实现个性化匹配、差异化定制。这种背景下，通过移动互联及大数据技术，实现车源、车主、买家的精准配对，才能让二手车在线分发的交易模式效率更高。卡泰驰正是基于这一背景建立起来的互联网平台。它通过平台交互功能直接连接用户、二手车商、工厂、配件供应商等多方资源，打破界限、减少中间商，缩短供给侧与需求侧距离，即便用户选择二手车也能实现个性化定制，使其真正拥有独属于自己的"梦中情车"。例如，青岛的一位用户想要置换一台驾驶体验更好的车型，但辗转多地看车并没有觅得满意的产品。该用户将需求发布于卡泰驰平台，平台十几分钟就在全国资源中匹配到一台车型，用户通过在线"远程看车"后对车况大为满意。然而，用户对张扬的红色车身略显犹豫，他跟卡泰驰服务人员交流时透露了这一想法：如果把车身颜色改为深邃灰就完美了。就在用户踌躇之际，卡泰驰服务人员直接给出了解决方案：一站式交付。卡泰驰通过智能交互平台，针对用户个性化需求对车辆颜色、座椅、轮毂等进行了定制，创造了极致的体验。

畅通汽车产品流通，对拉动全国消费的影响举足轻重。据统计，在消费环节，仅新车零售就占到我国社会消费品零售总额的10%。目前二手车没有纳入社会消费品零售总额的统计，如果算上二手车的交易额，汽车行业零售总额占比还会进一步加大。实际上，每一宗二手车交易都会促进多项消费，其中既有购置人的直接消费，也有原车主处置车辆之后购置新车型满足需求的消费。

2021年8月23日，国务院新闻办公室举行的新闻发布会上，商务部部长王文涛提出，商务部要提升传统消费能级，推动汽车由购买管理向使用管理转变，特别是扩大二手车流通，促进消费的梯次消费、循环消费。他说："汽车保有量到一定程度以后，二手车的市场就开始放量，这也是国际上汽车消费的一个规律问题，二手市场也是今后一个很大的市场。"2022年，商务部等17部门联合颁布《关于搞活汽车流通扩大汽车消费若干措施的通知》，2023年，商务部又会同8部门颁布了《关于推动汽车后市场高质量发展的指导意见》。这些制度安排，进一步促进了汽车后市场规模的稳步增长，更好满足了消费者多样化的汽车消费需求，加快了汽车市场内部的经济循环。

二手车市场繁荣，随之而来的是价格战愈演愈烈，库存周期加长，车商的利润空间被不断压缩。在郑州，头部企业美驰面对巨大的竞争压力，进入了发展瓶颈期，公司总经理汪国保迫切期待企业转型，寻求新的增长曲线。该企业于2022年12月与卡泰驰正式合作，开启了平台化转型的新阶段。随之，卡泰驰通过线上商城、金融产品、诚信服务体系等多方面赋能，将此前的线上运营转为线上线下一体化，从单一产品服务转为场景生态服务、个性化定制服务，从单店经营转为全国云仓、全国销售网络，在行业大多数车商营收下滑的情况下，美驰的销售额却同比增长25%。美驰的逆势增长直接拉动了上下游300多家合作方加入平台，共创共享个性化定制的价值增值。

多个合作方如何在毛利率并不高的二手车交易中共同获利？

这里讲述一个交易案例。2024年7月，根据一位用户提出的高端商务车个性化定制需求，郑州门店通过卡泰驰平台联合张家港再制造工厂、零部件厂家、内饰及检测等生态方，共同设计了定制方案并取得用户认可，随后在张家港再制造工厂，对原车型进行了内饰升级、重要零部件再制造升级、外观及套件等多个项目定制，从门店到工厂的再制造、零部件供应、安全检测等多个环节，最终以用户满意的价格在郑州实现交付，车辆毛利增幅56%。此次交易有10个生态方参与，产生了10多万元价值增值，实现了生态价值共创。对此，清华大学经济管理学院陈劲教授认为："卡泰驰通过个性化定制解决了二手车行业的痛点，实现了二手车交易标准化、规范化，并带动各生态节点共同满足用户的个性化定制需求，形成了极致的用户体验。"

截至目前，卡泰驰平台共汇聚了157家生态方，触达1.5亿用户，成交规模超过百亿，已完成了3万多个个性化定制解决方案。

2024年9月20日举办的第八届人单合一模式引领论坛暨首届零距离卓越奖颁奖典礼上，周云杰将卡泰驰和三翼鸟、卡奥斯、海医汇（大健康板块）作为"人单合一2.0时代的新引擎"案例，从需求侧和供给侧两重视角分析了卡泰驰的价值：需求侧通过1个线上平台+56个线下触点与用户交互，挖掘用户个性化需求；供给侧链接再制造工厂、零部件供应商、内饰设计及检测服务等多元生态伙伴，通过拓宽服务边界和高效的资源配置，实现从用户需求收集到个性化定制方案落地的有效闭环。

> **相关阅读**
>
> 准确把握汽车市场发展规律，充分认识汽车后市场发展的积极重要意义。
>
> 优化汽车消费金融服务，鼓励金融机构在依法合规、风险可控的前提下，优化对汽车使用消费的金融服务。
>
> ——2023年9月，商务部等9部门联合发布的《关于推动汽车后市场高质量发展的指导意见》

专家述评

近些年，单边主义势力有所蔓延，制约了市场要素流动性，降低了经济循环效率，世界经济出现逆全球化态势。党中央科学研判国际形势，把握发展主动权，着力构建以国内大循环为主体、国内国际双循环相互促进的新发展格局。巨大的内需市场成为我国经济增长的主要依靠力量，这一特征不仅在国际国内经济增速数据中得以见证，也在海尔传统产业延伸至大健康、新能源以及家庭数字产品等"新物种"，以及它们陆续成为拉动消费的主力军等现象中得到印证。国内消费市场不断革新，支持了海尔从家电领域多元化延展，使集团非家电业务占到了半壁江山。与上世纪90年代海尔的多元化行动不同，彼时市场物资匮乏，有供应就会有需要，而今我国社会主要矛盾发生了改变，且社会主义市场经济开放程度更高，与各种类型的国际企业同台竞技，如果没有建构人单合一、创客制等适宜的孵化与成长模式，多元化的路是很难走通的。

第二十二章　走向世界一流

◎ **本章导读**

海尔经历了"活下去""立起来"无比艰难的初创阶段之后，于上世纪末开启了"走出去""走进去""走上去"出海发展的新征程，描绘出一家集体经济小工厂走向世界一流的生动轨迹，被经济管理学界称为"三步走"。没有成熟的航线和航标，企业勇闯海外市场充满了不确定性。海尔是幸运的，短短几十年实现了"三步走"战略构想，并成功跻身世界一流企业阵营。其主要依靠力量是社会主义市场经济制度、与时俱进的改革开放政策，得益于企业持续改革、战略谋划、资源整合能力，以及创业者们对长期主义信仰的坚守。眼下，国际经济形势风云多变，很多企业仍处在出海发展的初期阶段，它们能否借鉴海尔"三步走"经验，逆势而行"走上去"参与世界一流阵营角逐？

第一节
大国工匠：筑牢制造业的基底

国际品牌通常是了解一个国家政治、经济和文化的窗口，例如海尔，世界各地的消费者通过它加深并改变了对我国制造业水平的认知。制造业水平如同经济大厦的地基，大厦能建多高取决于地基牢不牢。

改革开放40余年，我国从引进国外技术简单模仿到成为"世界工厂"，再到建立自主知识产权的制造体系，得益于要素红利和技术迭代带来的机遇。单从制造业基础能力和产品精益化程度看，我国与德国、日本仍有一定差距。其中的原因，主要是在短期主义和"跳跃式"发展思想怂恿下，多数企业选择走捷径：时代已然加速，企业只顾赶超，多数人不再专注补齐短板、筑地基的问题。

然而，这些短板却是制约我国制造业从中低端向高端进军的主要因素。

传统制造业是现代化产业体系的基底，高端制造是经济高质量发展的重要支撑。在我国高端制造领域仍有大量尚未逾越的技术门槛，需要逐渐突破它、迈过去。有人会说，社会已步入人工智能时代了，在这些传统的技术命题上较劲有何意义？如果说"制造强国"是一座摩天大楼，传统制造技术犹如打地基，地基深一寸，楼高才敢增一尺。由于欧美国家工业化起步早，拥有"先入为主"优势，他们采取专利保护和技术封锁的方式抵制其他国家的技术创新和赶超。发展中国家的企业从事该技术领域的产品制造通常要缴纳高额的专利使用费，甚至遭遇专利引进管制。我国企业并非技不如人，而是处处受制于人，哪怕是看似寻常的冰箱制冷领域，早期的家电巨头提前抢占了数万个专利领地，把企业自主创新之路堵得死死的。面对强大的技术封锁，如果一不小心选择了错误方向，就有可能用自己脚步，踩实了人家的专利门槛。正因如此，倒逼着我国企业走上了高水平科技自立自强的路。

在高端家居市场，随着一体化厨房概念的流行，不少用户购置冰箱后会将其嵌入橱柜。由于传统冰箱两侧和背部都需要散热空间，嵌入橱柜时要留出10cm左右的散热缝。散热缝不易清理，与厨房整体美感亦不协调，降低了用户使用体验。海尔卡萨帝冰箱研发团队决定攻坚这一看似无关紧要、实则是高端产品竞争关键点的难题。2016年，卡萨帝组建了由李成林为组长的127人的冰箱"零嵌"（即零距离嵌入橱柜）技术攻坚团队，通过挖掘现有技术潜力，改善散热效率，将冰箱两侧预留空间从10cm缩小到2cm，实现了阶段性突破，做到了引领行业5倍。然而多数用户反馈，即使再小的散热空间也会存在闪缝积灰难题，于是他们设定了最终目标：颠覆百年来冰箱结构设计，将2cm缩小至0cm，彻底消除冰箱"闪缝"。之后的5年间，卡萨帝冰箱团队通过78个项目、20多万次实验，终于在没有增加能耗、没有牺牲空间的情况下实现了"0闪缝""90度开门"，填补了全球自由嵌入式冰箱标准的空白。

李成林团队开展自主技术突破期间，经历了无数个不眠之夜。他们把所有高端冰箱产品买来，整整摆满了一个车间，一件件地拆解；把2000多项的专利全部打印出来，资料小山一样堆满了近百平米的工作间，他们一页页地翻阅、梳理，心思缜密如绣女绣花，要考虑清每一个针脚。强烈的国家荣誉感、历史使命感使他们越挫越勇，一刻不停地探索颠覆性技术，或者另寻技术解决方案，坚持用自主创新的"大锤"夯实自己的地基、筑高"制造强国"摩天大楼。李成林团队是投身中国高水平科技自立自强事业的一个缩影，他们攻克了更多的领地，国外的技术封锁也就失效了。

近些年我国取得的诸多重大科技成就，从"嫦娥"奔月到"祝融"探火，从"北斗"组网到"奋斗者"深潜，无一例外都离不开科技工作者数年、数十年的坚守，皆展现出科学家精神、工匠精神、探月精神、新时代北斗精神。作为制造业一线研发工作人员，李成林团队也秉持着工匠精神，他们甘于置身幕后、勇于攻坚技术瓶颈，是大国工匠的新生力量。

没有一流的企业，难有一流的国家。没有一流的工匠，也难有一流的企业。海尔为何培养出了一群对极度致精无止境艰辛探索的"工匠"？一方面，儒家思想演绎而来的"精益求精"是其文化基因禀赋。《论语·学而》：《诗》云：如切如磋，如琢如磨。"宋代朱熹将其注释为："治玉石者，既琢之而复磨之，治之已精，而益求其精也。"意思是，事情已经做得很好了，还要更好。于是，便有了"精益求精"这一成语。从"精益求精"到新时代的工匠精神，工匠文化开始在当今社会产生巨大感染力。另一方面，海尔一以贯之的创新文化和创客制，让所有科技工作者在市场大舞台的幕后，建造起属于青年匠人的"第二舞台"，巩固了"人的价值最大化"的价值目标。

> **相关阅读**
>
> 大国工匠是我们中华民族大厦的基石、栋梁。我们要把职业教育发展好，要树立工匠精神，把他们的待遇条件保障好。要把第一线的大国工匠一批一批培养出来，他们是顶梁柱。
>
> ——2024年3月6日，习近平总书记参加十四届全国人大二次会议江苏代表团审议时指出

第二节

"三步走"启示录：中国企业全球化发展路径之海尔模式

党的十五届二中全会提出了"有领导、有步骤地组织和支持一批有实力有优势的国有企业'走出去'"。2000年，党的十五届五中全会再次强

调，实施"走出去"战略，努力在利用国内外两种资源、两个市场方面有新的突破。随后，我国加入世界贸易组织，企业积极拓展全球市场，带着"MADE IN CHINA"的标签走向全球，并在之后的10年间实现了近6倍的进出口总额增长。

出海之路没有一帆风顺。海尔"走出去"的路线，与其他中资企业略有不同。海尔没有将全球化发展单一地诉诸于国际并购，也不是押宝某几款产品外销全球，而是根据不同地区用户的不同需求研发差异化的产品，本质上说就是"本土化"。回顾海尔海外发展轨迹，从整合到融合、从利益联盟到文化认同进而走向世界第一方队的过程，可以总结为"三步走"。

改革开放初期，我国走出了计划经济发展阶段，努力探索和掌握市场体制的发展规律，此时的海尔主要探索如何让自主品牌"走出去"，以差异化产品进入国际市场主赛道。走出去，是我国经济融入国际市场的重要一步。

对于较有战略目光的企业家来说，比走出去更重要的是要弄清楚：走出去做什么。这一时期，多数企业走出去后经营转口贸易、搞贴牌加工，也有的开展境外投资，鲜有企业到海外尤其是到发达国家树立品牌，因为此时世界尚未对"中国制造"建立足够的消费信任。对于一般企业而言，"出口创汇"比"出口创牌"实惠得多。海尔并没有像其他"出海"企业一样做产品代工，而是把质量放在第一位，努力达到国际标准，树立和推广自主品牌。按照行情，出口代工的利润约4%，收益稳定。树立品牌则需要大量投入，培育期长达数年甚至十数年，不确定性风险较大。在海尔看来，我国制造业增长主要依赖于人口红利、政策机会等，但市场终究要面临红利退潮，要走上依赖技术、品牌等要素提高竞争力。与其跟同业者共赴红海，不如从长远着手做大品牌价值，开创未来的"一片蓝"。出口创牌艰苦，可一旦渡过困难的前期，将会打开更大的发展空间。更重要的是，随着市场变动，产品代工的稳定收益可能随时消失。

海尔选择出口创牌的道路，花了26年的时间，付出了多于同业者数倍的努力，在海外突破盈亏平衡点，随后又用了5年时间，突破代工利润率。自此之后，海尔出口创牌利润率屡创新高，构建出了一张海尔独有的国际品牌进化曲线图。事实证明，"出口创牌"的路是对的。尤其是美国次贷危机发生后，我国外向经济受到负面冲击，大多数OEM起家的企业转头做内贸生意，他们花了数倍、数十倍代价也无法追上海尔十余年的创牌坚守所获得的价值。而今，海尔已成为全球公认的世界白色家电第一品牌。

跨国并购是企业"走进去"的重要途径之一。不过，倘若并购失败，蒙受亏损也是企业不得不面对的风险。大多数中国企业并购海外企业都采取"重度整合"的模式，依靠中国管理人员的渗透，有效掌控并购对象，并逐渐调整其模式，最终达到"一体化"的效果。吉利并购沃尔沃，以及海尔并购三洋、通用家电、斐雪派克则是另一种模式。在美国通用家电并购过程中，海尔自然也不会输出"一体化"的文化与管理，而是继续发挥沙拉式文化体系的影响。通用家电员工面对并购一脸茫然，很多人询问海尔"将会怎样领导我们"，张瑞敏对此的回答则是："我不是你们的领导，用户才是我们共同的领导。"这个道理简单而深刻，也引起了大家共鸣。

海尔充分发挥并购对象各具特色的地域文化、企业文化的协同效应，让不同文化背景下的"上级第一""股东第一"在兼容并蓄中转向更为根本的"人的价值最大化"和"用户第一"，让国外员工走上创业岗位，共享企业资源，成为自主人。这样一来，文化差异被淡化、价值冲突被缓和，资本主义化的雇主与雇员、海尔与被并购企业之间的对立矛盾转变成了"人"与"单"相互激励制约的运动。

出海易，扎根难。尤其在部分国家政局不稳或外商政策不友好时期，我国企业出海发展的风险更是成倍增加。影响企业跨国境、跨文化经营的因素很多，一方面受社会制度、地域文化差异影响；另一方面是产品本身"水土不服"。产品的"水土不服"即产品定位、定价等与本地消费需求、消费习惯错位，例如某些跨国企业的销售方法违背了目标市场惯例，适得其反。

海尔走出国门、走进境外本土市场，努力探索社会主义经济制度之下中国企业的全球化路径。完成了"走出去"的使命，摆在海尔面前的新使命，是在复杂的制度差别、文化差异中走进国外的本土市场，甚至进入国外主流渠道销售自主品牌的产品。在"走进去"阶段，海尔采取了人员、产品、管理、文化"本土化战略"，使当地居民更加适应并接受海尔产品。

德国柏林消费电子展是消费电子行业的全球盛会，近年来不少中国品牌参展亮相，高端化、本土化的中国产品正在吸引欧洲等国际市场的目光。海尔在该展会推出的最新产品，都是其在欧洲当地布局的研发中心参与开发的，从前期用户交互、市场调查到产品设计、测试等多个环节上，本土化的能力都给产品研发创新带来了很大帮助，可以最大程度掌握消费差异、实现个性化生产。

实践证明，海尔选择在海外建立起研发、制造、营销"三位一体"的本土化模式，走自主创牌路线，是一条"难但正确"的路。2021年，位于青岛西海岸新区的海尔智家中德滚筒洗衣机工厂，一台台通用家电的超清新大滚筒系列洗衣机在5G+工业互联网赋能的全自动化生产线一步到位、完美成型。这是一台集聚海尔全球供应链创新智慧的洗衣机：美国通用家电主导的产品设计，中国提供的控制系统，新西兰斐雪派克的电机，来自欧洲的电控系统。这款洗衣机调动了中国、美国、欧洲等多个研发节点，创新推出研发抗菌新材料，从源头上解决了滚筒洗衣机用户关于筒内异味和细菌滋生的痛点问题；同时配置了洗涤剂自动分配、智能洗涤等物联网技术功能，一举成为美国市场上大受欢迎的爆款产品，被《美国新闻与世界报道》评为"2021最佳洗衣机"。并购之前的通用家电是不会出现这样的创新产品的。这是双循环的新发展格局下，以开放的全球视野推动全球供应链协作，赋予产品更好竞争力的一个典型案例。

厦门大学王勤教授认为:"核心竞争力的本土化、管理的本土化、用工的本土化和利益的本土化等因素,是中国企业'走出去'加快本土化步伐中所需着重提升的部分。"海尔完成了"走出去""走进去"两大阶段任务,近10年来,它又以充分的自信"走上去",走入发达国家中高端市场。在此期间,我国社会主义市场经济融入世界经济格局的步伐不断加快、影响持续加深。

从1989年批量出口一直到2015年,海尔海外业务才实现盈亏平衡。2015年之后,海尔海外市场开始加速,仅5年时间,就从盈亏平衡实现了高水平的盈利,品牌价值进入全球百强之列。这进一步证明,早年"出口创牌"的决策是正确的。有人提出质疑,为何近5年来海尔的海外业绩激增?因为他们没有从历史的维度审视海尔"厚积薄发"的30年。

在"走上去"的阶段,海尔实现了品牌高端化。品牌高端化背后是技术、标准、商业模式、品牌价值的竞争。截至目前,海尔拥有海尔、卡萨帝、Leader、GE Appliances、Fisher & Paykel、AQUA、Candy等高端品牌和首个智慧家庭场景品牌三翼鸟,建立了全球管理标准品牌——RDHY国际认证体系,在智慧住居、产业互联网和大健康三大赛道皆扮演着引领者的角色。被海外消费者贴上"低端低价"标签的中国产品已然成为过去式。海尔不仅自己"走上去",还通过以卡奥斯为核心的赋能平台,帮助更多中小企业走出去、走上去,实现全球生态共赢,为畅通双循环、推进高质量发展持续注入力量,让中国创造一起"走上去"。

> **相关阅读**
>
> "走出去、走进去、走上去"应成为中国打造国际化企业和全球品牌的新三步走战略,既有宏观层面的意义,也有微观层面的意义。从宏观层面来讲,它指导中国企业整体的国际化发展方向与步骤。"走

出去"指硬实力，是资金技术资源的实力体现。"走进去"指软实力，是跨文化沟通与管理的成功体现。"走上去"指硬实力与软实力的完美结合，是得到所在国政府、企业和人民尊重的体现。享誉全球，是国际化企业追求的目标。以海尔公司为例，对其国际化发展而言，"走出去"靠撬动缝隙市场，比如为美国学生设计的台面微型冰箱就是一个典型案例，先"走出去"混个脸熟，然后再用主流产品"走进去"，比如海尔在欧美的定位就是采用主流销售渠道销售主流产品，不走低价策略也避开高价策略。最后是"走上去"，创立海尔的全球知名品牌。

——北京大学国家发展研究院名誉院长林毅夫

第三节
世界一流企业的形式与内涵

"三步走"发展思路指引海尔产品走进世界各国家庭，成为消费者追求高品质生活的物质载体。2024年半年报显示，海尔智家通过上市高端引领产品、优化供应链布局、推进组织变革优化运营效率等举措，实现了发达国家"拓份额"、新兴市场"高增长"。在美国，其核心家电市场占比提升了0.7%；在澳大利亚，零售额市场占比提升了2.9%；在欧洲，收入增长9.2%；在南亚，收入增长9.9%；在东南亚，收入增长12.4%；在中东非，收入增长了26.8%。"三步走"的战略成果皆反映在海尔全球市场具体的业绩指标中。

完成了"三步走"，海尔下一个目标是什么？作为我国土生土长的全球化企业，海尔与那些起步早、先发制人的欧美跨国公司是否还有一定差距?

跨国公司是经济发展到一定程度必然出现的一种组织模式,其主要特征是实现了业务国际化、战略国际化和治理结构国际化。新世纪以来,我国已经涌现一批业务遍布全球的跨国公司,它们的境外营业收入、贡献利润占到相当比例,有的甚至超过一半,具有明显的跨国经营性质。《人民日报》曾以《中国的跨国公司什么样》为题报道了中资的跨国公司经营活动,讨论了跨国经营给企业带来哪些变化、对标"国际一流"企业需在哪些方向努力等问题。文章认为,中资跨国公司海外投资领域日渐多元化,投资更具战略性,在与"国际一流"企业竞争中,它们投资方向从产业链整合转向全球资产配置,在全球价值链中不断上移。关于"国际一流"的表述,亦有学者称之为"世界级企业"。

所谓世界级企业,美国学者雪恩伯格尔(R.J.Schonberger)较早阐明了它的内涵:"世界级企业能够设计、生产、交付使顾客满意的产品,能同世界上的最佳企业进行竞争。"新加坡竞争力委员会的专家认为,世界级企业应该是某一行业的领先者,在保持与环境变化一致下具有一定的管理艺术和科技实践。在其所属领域中,具有全球化、多样化运作能力和争取最大的市场份额的能力。

自"十二五"时期开始,我国常以"世界一流企业"一词代指世界级企业,各部门、机构和学者也加强了这一领域的研究。为深化中央企业"做强做优,世界一流"实践,2010年至2013年,国务院国资委相继印发了《做强做优中央企业 培育具有国际竞争力世界一流企业》《中央企业做强做优、培育具有国际竞争力的世界一流企业要素指引》《中央企业做强做优、培育具有国际竞争力的世界一流企业对标指引》系列文件,制定了具体的评价指标,例如《中央企业做强做优、培育具有国际竞争力的世界一流企业要素指引》提出了世界一流企业的"四个特征",即主业突出、公司治理良好,拥有自主知识产权的核心技术和国际知名品牌,具有较强的国际化经营能力和水平，在国际同行业中综合指标处于先进水平等。这是促进我国企业由"中国一流"迈向"世界一流"的第一份指导标准和行动指南。

中国企业联合会曾发布《具有全球竞争力的世界一流企业评价指标体系研究》。该研究设立了入选世界一流企业的门槛，即"企业连续三年进入全球行业前20名，践行新发展理念、履行社会责任"；设立了通用性指标和行业特性指标两大评价指标，以指标可量化、数据可获取、指标尽可能少且能体现一个企业全球竞争能力为指标选取基本原则。其中，行业特性指标由各行业自主选择最能代表本行业实力、特征的两个指标分别进行评价，最后根据企业的守法重信和卓越管理情况设立加减分项，使得指标体系在绝大部分行业的企业都能适用。该项研究呈报中央有关部门，为形势研判、政策制定和实施提供参考。

2017年，"培育具有全球竞争力的世界一流企业"写进党的十九大报告。中央有关部门、经济管理领域专家学者加大了世界一流企业理论与实践研究，对其概念、内涵、发展目标、行动方法等进行系统阐释。基于部分研究成果，国务院国资委进一步提出世界一流企业"三个领军""三个领先""三个典范"。"三个领军"，即要成为在国际资源配置中占主导地位的领军企业、引领全球行业技术发展的领军企业、在全球产业发展中具有话语权和影响力的领军企业；"三个领先"是指效率领先、效益领先和品质领先；"三个典范"是要成为践行绿色发展理念的典范、履行社会责任的典范、全球知名品牌形象的典范。

2022年2月28日，习近平总书记在主持召开中央全面深化改革委员会第二十四次会议时强调："要坚持党的全面领导，发展更高水平的社会主义市场经济，毫不动摇巩固和发展公有制经济，毫不动摇鼓励、支持和引导非公有制经济发展，加快建设一批产品卓越、品牌卓著、创新领先、治理现代的世界一流企业，在全面建设社会主义现代化国家、实现第二个百年奋斗目标进程中实现更大发展、发挥更大作用。"《中共中央 国务院关于深化国有企业改革的指导意见》明确了世界一流企业"十六字标准":产品卓越、品牌卓著、创新领先、治理现代。这就要求世界一流企业在全面建设社会主义现代化国家、实现第二个百年奋斗目标进程中实现更大发展、发挥更大作用。习近平总书记提出的"十六字标准",为如何加快建设世界一流企业提供了根本遵循。

没有一流的企业,难有一流的国家。从某种程度上来看,世界一流企业是其国家形象的代言人。加快建设世界一流企业,是以习近平同志为核心的党中央把握新发展阶段、贯彻新发展理念、构建新发展格局作出的重大战略部署,为大企业发展指明了前行方向与目标。

美国《财富》杂志的"世界500强"榜单也是评价一家企业是否达到世界一流水平的风向标。入选该榜单,企业必须具备以下几个条件:一是营业收入必须达到基本要求;二是企业统计数据必须具有较高的透明度;三是独立而健全的企业治理。有人认为,"500强"的表述方式有一定误导性,以营业收入规模为门槛进行排名最多算"500大",并未反映出企业"强"在何处。尽管有所争议,但近20年来我国经济领域也逐渐接受了该榜单,将其作为衡量企业发展成就的重要指标。

海尔首次进入"世界500强"是2018年的事情。美国《财富》杂志公布的2018年"世界500强"榜单中,海尔成员企业青岛海尔股份有限公司(现名"海尔智家")成功入选,位列499名。张瑞敏曾说:"距离'500强'越来越近,海尔对榜单的渴望反而不如刚开始那么强烈了。"换句话说,就是对海尔而言,赛场永远比领奖台有吸引力。全球企业排名较为客观地反映了经济变化和市场脉动,也激励着企业在位次角逐中保持激情。2022年,尽管海尔智家剥离卡奥斯等非家电业务营业收入,但"世界500强"排名依然持续上升,为第405位。根据同年欧睿(Euromonitor)发布的统计数据,海尔在全球大型家用电器品牌零售量继续保持第一,实现全球14

连冠。

早在2000年，林毅夫教授曾作出一个预判，"到2030年，中国的'世界500强'企业数量能和美国平分秋色"。当时榜单中美国有192家，我国只有11家。果不其然，《财富》发布的2022年"世界500强"榜单中，我国145家企业上榜，美国则为124家。不久之前林毅夫教授又发表新观点，"到2049年，中国的世界500强数量至少是美国的两倍"。对此，我们拭目以待。

我国企业争创世界一流，并非以争夺市场霸权、恃强凌弱为目的。相反，当它们的发展水平进一步跃升，常通过和平友好的方式将发展成果分享给其他国家，让全世界共享中国发展成果。海尔虽然已位居大型家用电器品牌零售份额第一，但它坚持市场大家做、尊重竞争对手，在生态中创造共同价值，而不是以强凌弱、做产业链条上的霸权者。在海尔人看来，走出掠夺式的低端竞争，坚持长期主义、共建市场生态，在长距离战略赛道中与竞争者们一比高下，才是世界一流企业的追求。

长期主义这一概念，由亚马逊公司（Amazon）创始人杰夫·贝索斯（Jeff Bezos）于1997年提出。他在给股东的一封信里讲道，亚马逊公司一切都要围绕长期价值展开，持续面向长期作出决策。长期主义是一种延迟性满足，例如，当年社会热议能否加速3G技术普及时，华为公司已经开始着手研究5G技术项目。10年后，当5G技术在无数个应用场景成功落地时，华为公司早已在该领域积累了强大竞争力，开始在技术标准、应用产品和市场铺垫等各个环节收获其战略成果。

2020年10月29日，习近平总书记在党的十九届五中全会第二次全体会议上指出，"古人讲：'谋先事则昌，事先谋则亡。'要强化战略思维，保持战略定力，把谋事和谋势、谋当下和谋未来统一起来，因应情势发展变化，及时调整战略策略，加强对中远期的战略谋划，牢牢掌握战略主动权。"[①]

---

① 《十九大以来重要文献选编》（中），中央文献出版社2021年版，第831页。

战略思维、战略定力是长期主义的内核,长期主义者要做好十数年甚至数十年才能看到"结果"的准备。海尔早期海外创牌遭受质疑,10余年后人们才看到了它的价值。之后的海尔"三步走"战略落地,人单合一模式成功推行,以及近10年来新赛道收获的丰硕果实,皆是其坚持长期主义的回报。

并不是所有企业都具备坚持长期主义的条件、勇气和耐力。真正的长期主义者,既要有居安思危的意识,又要对长期趋势有预判能力。优秀企业的经营不是百米冲刺,而是一场马拉松式长跑,关键在于要拥有长跑的体力、精力和承受持续考验的耐力。北京大学宫玉振教授提出,"即使是长期主义者也会有短期行为的冲动,也会途中动摇""坚持长期主义非常难"。坚守长期主义,就是保持战略定力、战略自信、战略耐心。回顾我国企业"走出去"的漫长历程,可以清晰地看到其中所经历的艰辛和曲折。在这场马拉松式长跑中,一些企业取得了成功迈入世界一流之行列,另一些企业可能经不住短期诱惑或遭遇挫折,最终陷入困局。

海尔完成了"三步走",走向世界一流,是在变幻莫测的国际经济环境中完成的,是在长期主义的坚守中完成的。正如周云杰所言:"面对复杂多变的市场环境,做企业要经得起诱惑、耐得住寂寞,保持战略定力,这个是很大的一个挑战。""没有战略的企业没有未来,所以做什么很重要;偏离战略,会给企业带来毁灭性的灾难,所以不做什么更重要。"环境变化会带来诸多挑战,也会产生许多诱惑,如果仅仅是为了短期利润,盲从机会主义利诱,就会给企业造成不可逆转的伤害。外部环境变化是企业无法左右的,但坚持长期主义,或将使企业赢得持续的、驾驭外部环境变化的底气。

> **相关阅读**
>
> 面对国际国内环境发生的深刻复杂变化，必须做到沉着冷静、保持定力，稳中求进、积极作为，团结一致、敢于斗争。沉着冷静、保持定力，就是要冷静观察国际局势的深刻变动，沉着应对各种风险挑战，既准确识变、科学应变、主动求变，及时优化调整战略策略，又保持战略定力，咬定青山不放松，不为各种风险所惧，朝着既定的战略目标，坚定不移向前进。稳中求进、积极作为，就是大方向要稳，方针政策要稳，战略部署要稳，在守住根基、稳住阵脚的基础上积极进取，不停步、能快则快，争取最好结果。
>
> ——2023年3月6日，习近平总书记看望参加全国政协十四届一次会议的民建、工商联界委员并参加联组会时强调

专家述评

创建世界一流企业是新时代中国特色社会主义市场经济发展的内在要求，更是构建新发展格局的重要战略目标。贯彻新发展理念，须从整体上、从内在联系中完整把握、准确理解、全面落实，增强贯彻落实的完整性、准确性和全面性，为世界一流企业建设提供科学指引和实践方法论。海尔用"三步走"书写了从改革先锋到世界一流的创业历史，在新时代彰显出大企业的使命与担当，并且坚定不移、一以贯之地把创新当作持续引领世界一流企业建设的第一动力，把协调当作企业健康高质量发展的内在要求，把绿色当作企业基业长青和满足人民对美好生活追求的重要体现，把开放当作赢得未来市场的必由之路，把共享当作企业的本质要求。

第六篇

走近世界舞台中央

●●●●

  创建世界一流企业，是企业发展到一定阶段的内在要求，也是进一步完善社会主义市场经济体制的一项任务。在新发展理念指引下，海尔40年里创造了领先的技术、建构起生态型组织、优化了产业结构，向全球共享发展成果，参与世界一流赛场角逐。一流阵营是少数人的竞赛，在新游戏规则的终极对决中，海尔的新命题是：怎样延续领先地位，让企业保持基业长青。

  本篇论述海尔在大规模定制理论、标准和实践领域做出的有益探索，及其对全球制造业革命产生的深远影响。大规模定制的底层逻辑是人单合一，其实现形式是工业互联网，这与同样获得"灯塔工厂"荣誉的先进制造企业有本质的区别。大规模定制或将成为世界一流企业的终极对决中，让海尔延续领先地位的重要因素。当然，正如斯图尔特·克雷纳（Stuart Crainer）所言，"管理没有最终的答案，只有永恒的追问"，大规模定制也并非一成不变，它站在阶段性成就的肩膀上回答着未来的提问——成就只是一种激励机制，唯有战胜满足感，永远以一个改革者的姿态，才能更好地融入时代，成为永恒的活火。

第二十三章 站在全球制造链的中央

◎ 本章导读

谁是站在价值链顶端的人？相信多数人的回答是那些掌握了技术制衡权、标准话语权以及资本霸权的，甚至跺一脚都能引起行业震荡的"链主企业"。作为全球大型家电零售额排名第一的中国企业，海尔不断夯实产业链、价值链的"链主"地位。然而，在海尔人的观念中，用户才是价值链的"链主"，是站在链条顶端的人。产业链全体企业的技术创新、商业模式变革都源自用户驱动，为用户创造价值是产业发展的逻辑起点，也是终极目标。正如周云杰所说，"我们认为用户才是真正的创新大师"。对于争创世界一流企业的跨国公司而言，什么样的发展理念和制造模式能动态响应多样化的用户需求，赢得他们的持续信任？新一轮产业革命中，产业角色、市场关系该如何重新分配？

第一节
价值链：重塑全球产业竞争关系

在"世界500强"榜单中，虽然中美两国企业上榜数量平分秋色，但企业所处价值链位置却差别很大。在每个产业领域，美国几乎都有三五家企业占领价值链顶端，尽管近年来美国本土制造业增加值有所衰退，却依然保持全球价值链的话语权。

企业的价值创造是通过生产、销售和服务等一系列活动实现的。对于"全球价值链"这一概念，日本国立政策研究大学院大学经济学教授邢予青认为："全球价值链，指一个产品从设计研发、制造生产，最后到零售的全过程，这也是一个产品从无到有、实现全部价值的过程。"美国杜克大学全球价值链中心主任、全球价值链（GVC）体系创始人之一加里·格雷菲（Gary Gereffi）将全球价值链定义为"为实现商品或服务而连接生产、销售、回收处理等流程的全球性跨企业网络组织。它包括所有参与者和生产销售等活动的组织及其价值、利润分配"。

今天人们常说的"卡脖子"，本质上就是在产业链上失去了价值分配的话语权。我国在全球产业链"卡脖子"的例子很多，且不说芯片、光刻机、原研药这些殿堂级的技术领域，哪怕是百姓餐桌上的一只鸡，也可能卡住畜牧养殖链条的"脖子"。

美国科学家研发出现代白羽肉鸡品种，具有快速生长、高产肉和蛋的特点，逐渐成为全球商业养殖肉鸡的主流选择。上世纪80年代起，我国引进该鸡种并迅速普及。统计数据显示，白羽肉鸡贡献了全球约70%的鸡肉产量，占我国鸡肉产量的58%和畜禽肉类产量的16%。过去几十年里，白羽肉鸡种鸡依赖于欧美企业供应，我国也不例外，进口依赖度曾经达到100%。

行政主管部门逐渐意识到培育自主白羽肉鸡品种的紧迫性和重要性。2009年,农业部成立了白羽肉鸡育种协作组,编制了《中国白羽快大型肉鸡育种战略研究报告》,倡导和推动重启白羽肉鸡育种攻关。经过多年努力,广东企业率先开发出"圣泽901""沃德188""广明2号"等白羽鸡品种,结束了进口依赖并在养殖市场推广普及。之后,《全国肉鸡遗传改良计划(2021—2035年)》提出,到2035年,自主培育的白羽肉鸡品种市场占有率将达到60%以上,同时打造具有国际竞争力的种业企业和品种品牌。吃了几十年的白羽鸡,种鸡却牢牢掌握在别人手里,的确令人感到恐惧。

从肉鸡养殖到食品加工、餐饮服务,环节多、链条长,价值分配的核心权力掌握在鸡种环节。价值链也是责任链、风险链,最终是权力链。价值链角逐,归根结底是为了获得竞争的主动权。2006年,海尔打破国外品牌在航天航空超低温制冷领域长达30年的技术垄断,生产出拥有中国自主知识产权的 –86℃超低温冰箱,完全替代进口品牌。中国也由此成为继美国、俄罗斯之后第三个掌握航天冰箱核心技术的国家。30万米高空之上的冷藏并不是一件简单的事,由于太空环境极其特殊,航天冰箱的性能、设计等与家用冰箱都大不相同,例如在太空微重力的环境下,物品是飘浮状态,这就需要保持物品稳定的同时又要方便取放。6年之后,海尔与中国航天员科研训练中心签署技术协议,双方在航天冰箱研发方面展开新的合作,此次海尔提供的航天医用冷储箱用于保存航天员的生理样本,从事航天医学研究之用,其重量轻、体积小、抗冲击,能耗方面比规定能耗降低25%。自神舟八号开始,海尔航天冰箱已成为中国载人航天项目的"标配",为空间科研样本提供存储保障。此外,海尔超低温冰箱已经为中华骨髓库、华大基因及中国科学院等重点医疗科研单位提供近万台超低温冰箱和样本安全储存服务。

因为海尔提供给神舟飞船的医用冷储箱表现出色,相关部门决定由海尔承担更多航天温控科研任务,海尔也因此有机会在航空航天市场深耕。

作为医疗大健康产业链的一环，航空温控被视为国际"生命运输线"，高端装备及服务一直被欧美企业所垄断，我国企业进入该技术领域面临着高技术壁垒、无标可依、供应封锁的"三座大山"。"航空冷链物流相比其他冷链运输方式具有时效性高、安全性好等特点，相关数据显示，目前生物医药在航空冷链物流中占比最高，约为37%。目前很多生物医药企业越来越倾向于使用控温更精准、性能更稳定的主动式航空温控集装箱"，中国物流与采购联合会航空物流分会秘书长万莹介绍："生物医药类产品对温度极其敏感，大部分需要通过冷链运输。运输中一旦出现问题，就会影响产品的治疗效果，甚至会给病人带来潜在的危害。"

2022年9月，海尔自主研发的主动式航空温控集装箱搭载南方航空物流航班顺利抵达德国法兰克福机场，圆满完成首飞任务，标志着我国自主研发、实现了进口替代的主动式航空温控集装箱成功开通国际航线。海尔主动式航空温控集装箱系统性能优于国外品牌，同时用箱成本降低了30%~50%，其获得"CTSO-C90e"证书标志着国产温控集装箱走出国门，为药品、疫苗、生物制品等高端温控需求提供一站式综合解决方案。当然，从物流供应链系统来看，突破了温控集装箱技术后还需要搭建覆盖全球的航线网、运营网和维护网，为高效率航空物流提供运输保障。海尔随后加强了这方面的建设，以阿姆斯特丹、法兰克福、列日等机场为支点的国际运维网络正日臻完善，藉此构建起航空温控供应链体系，改善了这一市场长期被欧美企业掌控的被动局面。

海尔布局航空航天主动温控价值链，民航系统也在主动学习海尔的管理模式。《中国民航报》曾刊登过一篇文章，名为《海尔人单合一模式给航空企业的启示》，作者建议航空公司学习海尔的管理思路，"充分对一线团队授权，实现员工和客户的零距离，不断抓好三基建设，打造市场、客户双驱动型企业，提升核心竞争力是关键"。

综上所述，从上世纪末引进发达国家生产技术、制造装备到"世界工厂"格局形成，我国企业长期处于产业价值链的下游水平。直到最近的10年，我国集全民之力推进科技自立自强，在与发达国家长期的竞争、竞合过程中赢得了一定的比较优势，例如航空航天、高速铁路、电力传输、新型能源等产业已步入价值链中高端位置。本节案例中的农牧产品育种、海尔自主产权的航空主动温控系统，以及前文介绍的卡萨帝嵌入式冰箱技术、磁悬浮压缩机技术乃至海尔海创汇赋能的华引芯"准IDM的光源"、盘古智能"风电润滑系统"等突破的"卡脖子"难题，都是我国企业艰难争取价值链竞争话语权，努力改写、重塑全球产业竞争关系的力证。

> **相关阅读**
>
> 　　要以智能制造为主攻方向推动产业技术变革和优化升级，推动制造业产业模式和企业形态根本性转变，以"鼎新"带动"革故"，以增量带动存量，促进我国产业迈向全球价值链中高端。
>
> 　　——2018年5月，习近平总书记在中国科学院第十九次院士大会、中国工程院第十四次院士大会上的讲话中强调

第二节
制造链：聚焦新一轮科技和产业革命

　　近几年，学术界开展研究以及撰写著述时频繁使用"制造链"这一术语。南开大学教授李勇建提出，"一些制造型企业由于单方面关注制造链建设，忽略平台构建或错失平台化时机，缺少平台与原有制造链间的融合，已经或者正在丧失自己在产业中的优势地位"。四川省中国特色社会主义理论体系研究中心盛毅认为，"打造先进制造链尤其是世界级制造业集群，必

须在更大区域整合资源""通过整合区域内创新资源和生产要素,搭建起科技和产业协同共进的标志性载体"。

通俗地讲,"制造链"就是制造业供应链。

"世界500强"富士康(Foxconn)在制造业供应链管理领域享有盛誉。鸿海精密工业股份有限公司创立于1974年,企业总部位于台湾省新北市,人们常以其品牌"富士康"简称之。富士康公司曾是精密制造和供应链先进管理水平的代表。1988年,富士康在深圳投资建厂,考虑到进出口便捷,相继在珠三角、长三角和环渤海形成了产业链。之后的数十年,该企业在大陆地区建立了40余个园区,雇员数量达百万人,使其跃升为全球最大的电子科技智造服务商。2022年,富士康位居《财富》"世界500强"第20位。

富士康拥有高水平的制造业供应链,掌握了劳动密集型加工时代生产一流品质IT产品的工艺。然而随着制造技术的更新迭代,传统模式在整个制造价值链的位置逐年下降,它不得不进行变革。同时,随着全球原材料成本、厂房租金,尤其是劳动力成本上涨,早前的产业区位成本优势在大陆逐渐消失,亟待考虑在全球范围内重新布局。所以近些年,富士康因劳动密集被业界视为链条的中低端企业,其部分工厂也开始向印度等地转移。当然,面对新变化,富士康并非坐以待毙,而是在原来的基础上构建云计算、移动终端和高速网络为技术平台的工业互联网新生态,已将主营业务的范围扩展到电子设备产品的设计、研发、制造与销售,尤其是开拓提供科技服务解决方案。

制造业供应链是高质量产业价值实现的前提。党的十八大以来,我国制造业综合实力迈上新台阶,重点领域创新取得新突破,产业结构优化迈出新步伐。与此同时,发达国家的"再工业化"以及发展中国家低成本制造的竞争,对我国实体经济造成了双重压力。在日本,工业回归和升级是持续的发展主题。在《制造业白皮书(2018)》中,日本明确了"互联工业"是其制造业的未来样式,提出"支持实时数据的共享与使用政策""加强基础设施建设,提高数据有效利用率""加强国际、国内的各种协作"

等。在美国，其2022版《先进制造业国家战略》强调了为制造业注入新活力的重要性以及构建制造业供应链弹性的紧迫性，明确了三个相互关联的支柱，分别为"开发和实施先进制造技术""壮大先进制造业劳动力队伍""提升制造业供应链弹性"。

德国是工业4.0的提出者，也是先进制造的发源地之一。德国于2019年发布的《德国工业战略2030》提出在全球范围内维护德国工业的技术主权，明确了发展目标："确保、或重夺德国、欧盟的科技领先地位"。为此，德国政府出面调整建立跨企业联合体，来共同推进电动汽车电池开发、人工智能研究等工作，使德国和欧盟工业产值占国内生产总值的比重分别逐步达到并保持在25%和20%，于2030年之前实现该目标。

上述背景下，我国只有通过不断创新和提升技术水平，实现制造技术的迭代，才能在全球新一轮的制造业竞争中不掉队、不落伍。在这方面，海尔做了数十年探索，以创新文化和大规模定制模式走在行业前列。值得一提的是，大规模定制应用不仅限于家电制造产业，也不仅限于集团内部企业，其赋能对象已扩展至汽车、纺织、家具各领域，在我国工业互联网市场扮演着领跑者角色。海尔通过卡奥斯平台将中国制造经验带到了全球，不仅以通用家电实践升级了"美国造"，也开辟了"新西兰造""泰国造""埃及造"的制造业新境界。

> **相关阅读**
>
> 要深入实施工业互联网创新发展战略，系统推进工业互联网基础设施和数据资源管理体系建设，发挥数据的基础资源作用和创新引擎作用，加快形成以创新为主要引领和支撑的数字经济。
>
> ——2017年12月8日，习近平总书记在中共中央政治局第二次集体学习时强调

第三节

全球灯塔（上）：用户驱动大规模定制实践

2015年5月，国务院印发《中国制造2025》，为我国实施制造强国战略第一个十年的行动纲领。之后，工业和信息化部、科技部和德国联邦经济和能源部、联邦教研部建立了"中国制造2025"与"工业4.0"对话机制，相继签署谅解备忘录和框架合作协议，促成大量中德制造业企业成功联姻，使新一轮工业革命增添了不少中国色彩。国际关系专家、中国人民大学教授金灿荣提出："第四次工业革命对中国来说是最大的历史机遇，从逻辑上讲，如果抓住这个机遇，就意味着此后人类最好的技术、最好的产业就会在中国。"

世界经济论坛与麦肯锡公司（McKinsey & Company）自2018年起联合认定和发布"灯塔工厂"。灯塔工厂认定门槛和流程十分严苛，需要集成至少5个世界级领先水平的技术应用，并在生产效率、运营敏捷度、生态可持续等指标上实现重大提升。灯塔工厂代表制造业领域智能制造和数字化生产的最高水平，被誉为第四次工业革命的领跑者。截至2024年10月，世界经济论坛总共认定了172家"灯塔工厂"，其中20家为"可持续灯塔工厂"。

"可持续灯塔工厂"，即在提升灯塔工厂生产效率和财务目标的同时，还对环境和社会治理产生积极影响。以爱立信可持续灯塔工厂为例，该工厂的能源消耗全部来自太阳能装置提供的可再生电力，以及公用电网提供的绿色认证可再生电力，其综合采用了储热、冰罐等可持续技术和工业物联网技术栈，使能耗降低24%，室内用水量减少75%，碳排放量减少97%，显著提升了企业的生态效益。海尔天津洗衣机工厂是首个中国本土企业打造的可持续灯塔工厂。该工厂采用人工智能技术打造了一个设备电力负荷模型，部署了旨在优化能耗的生产调度程序，将能源消耗降低了35%，温室气体排放量降低了36%，在我国绿色生产领域具有典范价值。

作为灯塔工厂技术解决方案提供者，海尔卡奥斯工业互联网平台赋能打造了12座灯塔工厂。卡奥斯不仅赋能工厂实现高水平柔性制造，更在人单合一逻辑基础上构建起大规模定制系统。大规模制造与大规模定制，一字之差，天壤之别。近年来，消费生产模式呈现出C2M（Customer to Manufactory）趋势，这一趋势推动了大规模定制广泛应用。C2M即消费者直连制造商，用户可以通过电商平台直接向制造商下单，制造商根据消费需求进行个性化定制生产，实现大规模定制，减少库存、降低成本、缩短生产周期。国务院办公厅颁布的《关于进一步释放消费潜力促进消费持续恢复的意见》指出，"畅通制造企业与互联网平台、商贸流通企业产销对接，鼓励发展反向定制（C2M）和个性化设计、柔性化生产"。

前文有述，互联网带来了个性化需求，解构了原有的营销流程并使其碎片化，为适应需求碎片化特征，企业需要快速收集起这些碎片，分别满足不同用户需求，将标准化制造转型为大规模定制。在这种模式下，用户有机会参与到产品设计和生产流程中，极大程度提升了用户的体验感。

总结海尔灯塔工厂多年实践经验，大规模定制流程可归纳为几个环节：其一，用户提出定制需求，经过线上交互后形成创意方案；其二，根据创意方案进行仿真设计、优化和确认产品方案；其三，平台根据物料供应信息和产品方案制定生产计划，通过柔性生产线完成订单；其四，生产活动结束后进入物流环节，交付用户并提供售后服务、在线评估、增值服务等；其五，用户在产品体验中形成的反馈信息被输入交互环节，进而推动产品的升级迭代。当然，物联网是上述环节之间高效衔接、完美呈现的前提，它们通过信息流相互驱动并相互闭环，如果缺少大数据、人工智能、虚拟现实等技术支撑，大规模定制便如同镜中之月，只能止步于理论探索层面。

关于大规模定制的理论探索已有半个世纪之久。1970年，美国未来学家阿尔·文托夫（Alvin Toffler）提出了一种全新生产方式的设想：以类似于标准化和大规模生产的成本和时间，提供客户特定需求的产品和服务。斯坦·戴维斯（Stan Davis）于1987年将这种生产方式称为"Mass Customization"，即大规模定制。约瑟夫·派恩（B. Joseph Pine II）以及大卫·M.安德森（David M. Anderson）提出大规模定制的核心特征是用大规模生产的方式低成本实现个性化的定制，认为"大规模定制是21世纪企业竞争前沿"。2010年，张瑞敏发表了《从大规模制造到大规模定制：开启中国制造的新时代》，他提出："在大规模定制时代，虽然是大规模，但是要定制很多型号的产品，这对中国企业来讲是非常大的挑战。"国内学者、教授级高级工程师童时中长期关注大规模定制的生产实践，他意识到金字塔式的科层制是对大规模定制实践的最大束缚，并认为大规模生产是制造业的一次重大革命，将成为制造业的主流生产模式。

2017年9月，海尔在世界物联网博览会上发布《工业大规模定制白皮书》，介绍了我国大规模定制模式的时代背景、发展现状和突出问题，分享了卡奥斯在解决大规模与个性化定制的矛盾以及实现了二者融合的经验，引领从产品体验与用户场景体验价值闭环。卡奥斯赋能实现工业领域的大规模定制，得益于海尔在家用电器制造领域的积累和对市场庖丁解牛般的娴熟经验，尤其离不开先进供应链管理体系和庞大市场数据的支持，也依赖人单合一对传统金字塔组织结构、业务流程的解放，让大规模定制模式高效落地成为可能。

前面已经介绍了卡奥斯赋能纺织、建材等行业企业的案例，在这里，我们再举两个"高难度"的例子。

智能控制器（PCBA）是家电产品的关键核心零部件，素有"家电大脑"之称，其产品设计、生产工艺复杂，需求千差万别，一直存在生产效率低和差错率高的痛点。在安徽合肥，卡奥斯智控互联工厂将大规模定制模式应用到智能控制器生产场景，彻底解决了行业痛点。工厂设置了智能派工等功能的"虚拟IE工程师",将SOP(标准操作程序)输出时间从3至4小时降至3秒以内,并可根据人员数量、人员工时段变化进行实时调整,从数千种组合中快速输出"最佳方案",效率提升达到30%。在对工厂每年1.5亿片的优良品和缺陷品检测数据的深度学习基础上,内置AI技术的在线"阅卷老师"发挥数千个质量检查点(传感器)的作用,产品合不合格,它一"看"便知。2023年,该工厂被世界经济论坛认定为灯塔工厂。

同样在安徽,奇瑞汽车超级工厂也开启了大规模定制。

2023年,奇瑞汽车营业收入超过3100亿元,比上年同期增长52.6%,超出行业增长率41.6个百分点。业绩增长背后一方面是市场需求和政策导向支撑,另一方面则依赖高效率的大规模定制体系。这一年,奇瑞与卡奥斯合作共建海行云工业互联网平台(简称"海行云"),陆续在奇瑞青岛超级工厂、奇瑞芜湖超级工厂启动应用,开启了汽车行业从大规模生产向大规模定制变革。

相较于其他制造业门类,汽车生产体系复杂、供应链较长。在奇瑞芜湖超级工厂,海行云通过"1+4+6+X"的模式,即构建1个平台,赋能主机厂、上游零部件企业、下游经销商、其他离散制造4大类用户,沉淀出个性化定制、平台化设计、智能化制造、网络化协同、服务化延伸、数字化管理6大能力,复制推广到X个行业及领域,将工业互联网延伸到上下游,全面提高供应链协同效率。通过对各级供应商原料、产能、库存的实时感知,为主机厂及供应商合理排产和应对缺料风险提供数据支撑,将所需零件精确送达生产线,平衡供应链"韧性"与效率之间的关系。例如,作为奇瑞汽车座椅研发、试验、生产的长期供应商,富卓汽车内饰(安徽)有限公司通过海行云平台,可以关注到上游供应商的备件情况,又能够实时感知奇瑞的排产需求,从而对生产关键物料进行合理管理和分配,降低了库存、缩短了账期。

由于供应链协同效率提高,汽车工厂也创造了"一分钟下线一辆车"

的速度。不仅如此，终端用户可以通过奇瑞App定制并下单心仪的样式，定制内容包含汽车的外观颜色、内饰配置、动力配置等。企业接到用户订单后，经过设计转化、计划系统、物料采购到达生产系统，生产线上的机器人将根据生产指令完成切割、冲压、涂装、组装、质量检测的作业流程，最后将个性化配置的汽车产品运抵消费者。在这个过程中，消费行为由被动购买变为参与创造，汽车制造过程实现了以用户为中心的"千人千品"大规模定制。2023年8月1日，工信部公示2023年新增跨行业、跨领域工业互联网平台榜单，作为卡奥斯子品牌的海行云工业互联网平台成功入选，是新增平台中唯一一个应用于汽车行业的国家级"双跨"平台。

> **相关阅读**
>
> 　　当前，全球新一轮科技革命和产业变革深入推进，信息技术日新月异。5G与工业互联网的融合将加速数字中国、智慧社会建设，加速中国新型工业化进程，为中国经济发展注入新动能，为疫情阴霾笼罩下的世界经济创造新的发展机遇。希望与会代表围绕"智联万物、融创未来"主题，深入交流，凝聚共识，增进合作，更好赋能实体、服务社会、造福人民。
>
> 　　——2020年11月20日，习近平总书记致2020中国5G+工业互联网大会的贺信

第四节
全球灯塔（下）：为新一轮工业革命贡献世界标准

2023年8月7日，工信部与中央广播电视总台联合打造的大型工业纪录

片《智造中国》播出首集内容。片中，卡奥斯首创的大规模定制模式，颠覆了传统工业制造组织模式，助力企业实现数字化柔性生产，及时满足了客户个性化需求，有力践行了中国高质量发展的顶层战略，推动了先进制造业进程。纪录片展示了一个小案例。泰国某家电零售企业希望海尔设计生产一款定制化的洗衣机产品，并提出了一个需求：4个月内交货，且首批订单只有500台。面对如此小批量、要求苛刻的订单，放在过去是根本不可能完成的任务，因为仅新品设计这一项环节通常就需要6个月时间。然而，大规模定制模式打造出先进灵活的"组合拳"，实现了"千人千品"生产效率，最终，这批新产品顺利提早下线发往泰国，尽管售价超过了同类产品的市场售价，但用户满意度很高，广受市场好评。

谈到定制化产品售价，这里要讨论一个不可回避的话题：大规模定制会否较大程度增加生产成本，甚至给现行的会计法则带来挑战？

大规模定制模式需要企业能够快速响应订单，也要求企业采用合理的方法进行产品定价。由于大规模定制响应的是小批量的非标准化产品订单，总成本难以确定。传统定价方法是由市场部和财务部核算成本，据此为每个产品定价，但这种方法决策慢、周期长，不适用高效协同的工业互联网模式。有学者研究建议，大规模定制应采取"成本加成"导向的定价方法，它将价格与产品单位成本挂钩，在保持一定毛利率的情况下，用户只需考虑产品配置的价格，从而集中精力完成个性化配置，缩短用户下订单的周期，对买方和卖方都比较公平。

2019年7月，基于海尔大规模定制模式的实践成果，由海尔卡奥斯主导的大规模个性化定制国际标准提案获得ISO国际标准正式立项。2023年9月，ISO PAS 24644-1《大规模个性化定制价值链管理 第1部分：框架》国际标准正式发布。本标准规定了大规模个性化定制价值链管理的框架，包括大规模个性化定制的框架模型、功能、信息流程图。将为全球制造企业设计实施大规模个性化定制业务模式提供指引和规范，助力制造企业更加精准理解用户需求，降低库存，提高产品差异化和多样性，增加利润以及实现边际效益递增。该标准是ISO首项针对制造全过程管理的国际标准，为全球智能制造的发展贡献了"中国方案"。

除了ISO，美国电气与电子工程师协会（英文简称IEEE）也向全球发布了由海尔主导的大规模定制标准。2017年，该协会新标准委员大会通过了由海尔主导的大规模定制通用要求标准建议书，是IEEE首个由中国企业主导制定的制造模式类国际标准。五年后，即2023年8月，IEEE官网公布，"IEEE 2672"《Guide for General Requirements of Mass Customization》（大规模个性化定制通用要求指南）标准正式发布。与ISO PAS 24644-1标准略有不同，该标准重在指引企业从大规模生产向大规模定制过渡转型。

标准化已被提升到党和国家事业发展全局的战略高度。2021年出台的《国家标准化发展纲要》明确提出，到2035年，要建成结构优化、先进合理、国际兼容的标准体系。我国企业正在实现从参与者、主导者到引领者的身份转变。以卡奥斯为例，截至2024年10月，其已累计主导参与制定ISO、IEC、IEEE、UL等权威组织的12项国际标准，覆盖大规模定制、智能制造、智能工厂、工业大数据、工业互联网等6大领域，为新一轮工业革命贡献着"中国模式"和"世界标准"。

物联网时代，去中心化、平台化的市场特征以及数据"使能性"，给予大规模定制模式在更多领域施展才能的机会。作为海尔大规模定制模式的代言人，卡奥斯赋能路线愈加娴熟，在全球35个工业园和143个制造中心以及20家互联工厂样板中落地实践，孕育出化工、模具、能源等15个行业生态，服务企业16万余家。

我国制造业地位持续攀升，为大规模定制模式应用拓展出更大空间。未来，海尔在参与全球制造业供应链竞争、先进制造模式竞争、工业互联网标准竞争中将进一步展现"中国实力"，在世界一流制造赛场插上一面面红色旗帜。

> **相关阅读**
>
> 立足新发展阶段、贯彻新发展理念、构建新发展格局，优化标准化治理结构，增强标准化治理效能，提升标准国际化水平，加快构建推动高质量发展的标准体系，助力高技术创新，促进高水平开放，引领高质量发展，为全面建成社会主义现代化强国、实现中华民族伟大复兴的中国梦提供有力支撑。
>
> 标准化更加有效推动国家综合竞争力提升，促进经济社会高质量发展，在构建新发展格局中发挥更大作用。
>
> ——2021年10月，中共中央、国务院颁布的《国家标准化发展纲要》

专家述评

　　包括海尔在内的不少中资跨国企业已然跻身世界一流企业的阵营，具备了更高级赛场的竞赛能力。它们追求的不再是短期利润目标、国际布局速度，而是共同致力于改变我国不少领域在全球产业分工中仍处于价值链中低端的现状，共同努力保持我国企业在世界经济发言席上的长期话语权。作为伴随中国特色社会主义市场经济成长起来的跨国企业，海尔出身家电行业，在此基础上形成了庞大的智慧住居产业体系，之后深耕的产业互联网也显现出高成长性。海尔取得持续稳定增长可归因于创新与变革能力，它内化于企业文化、制度、模式和一切行动中，并集中外显在基于人单合一逻辑的大规模定制平台。海尔是大规模定制模式的早期探索者，也是大规模定制国际标准的制定者，这让它率先站到了工业互联网赛道的中央位置，并在新一轮工业革命中向世界展示中国企业的魅力。

第二十四章 给不确定的未来"一个拥抱"

◎ **本章导读**

"百年未有之大变局"是对当前世界发展局势提出的重要论断。变局实则是个危局,它已然逼近每个企业和个体,所带来的压迫感愈发强烈,它考验着我国对复杂世界和复杂环境下治国理政的能力水平,也考验着走进世界一流队列的企业,在不确定中成就确定的力量。每个时代都是不确定的,但当下的情形更加难以预测:价值冲突之下既有规则被破坏,稳定的对话结构也被破坏,去全球化势力有所蔓延,信任危机重新来临。那么,怎样在不确定中笃定而行?怎样在"高处不胜寒"的世界一流赛场,继续铸造长青基业?什么样的战略设计,才能引领企业走向更远的远方?

第一节

从领奖台到颁奖台：中国原创管理理论惠及全球

自1985年起，海尔便成为国内外各类领奖台上的常客，一些大奖还为整个行业树立了丰碑。1988年12月，海尔冰箱在全国冰箱评比中，以最高分获得中国电冰箱史上的第一枚质量金牌，从此奠定了海尔冰箱在家电行业的地位；1990年，海尔先后获得国家颁发的企业管理金马奖、国家质量管理奖；2001年，海尔被授予中国最高质量荣誉——全国质量管理奖；2022年12月15日，由世界品牌实验室发布的2022年度"世界品牌500强"名单上，海尔位列中国品牌前三（连续19年登榜）；2023年，《财富》杂志公布"全球最受赞赏公司"榜单，海尔成员企业海尔智家位列行业全球第一名；2023年4月，人民日报社举办碳达峰碳中和绿色发展论坛，海尔获"2023碳达峰碳中和绿色发展优秀案例"。有人打趣说，如果海尔的荣誉证书拼起来，估计有数十公里长，能围着海尔工业园绕好几圈。

尽管胸前挂满了勋章，但在海尔文化中，赛场永远比领奖台更有吸引力，市场上的竞赛机制让他们保持着热情、挥洒着激情，永葆创新的活力。这种信念契合了奥林匹克精神的内涵。正如现代奥林匹克运动的发起人皮埃尔·德·顾拜旦（Le baron Pierre De Coubertin）所说，"参与比获胜更重要""生活中重要的不是凯旋而是奋斗，其精髓不是为了获胜而是使人类变得更勇敢、更健壮、更谨慎和更落落大方"。在竞技场上，观众会毫不吝惜地把掌声送给每个运动员，因为他们站到这里就足够证明自己的伟大。同样，海尔让每个人都成为自己的CEO，他们披荆斩棘、获得各种荣誉，像运动员一样不仅平日里锻造竞技能力，胸间还始终涌动着干事业的冲动和激情，在奋斗道路上义无反顾、无怨无悔。

海尔创业与变革取得巨大成功，人单合一模式是重要的影响因素。诺贝尔经济学奖得主、内生增长理论提出者保罗·罗默（Paul M.Romer）认为，"人单合一可能是物联网成功的关键"。随着人单合一模式逐渐完善，它不仅在海尔内部得到应用，也在不同国家的企业及非营利组织中复制。在全球人单合一研究中心和认证咨询机构的推动下，人单合一模式正向更广阔、更具普遍适应性的方向发展，其引领性正在全球范围内得到更广泛的认同。

在世界企业变革创新的舞台上，海尔成了颁奖人。

鉴于人单合一模式日渐成为各国企业普遍接受的管理理念、方法和模式，欧洲管理发展基金会（European Foundation for Management Development，简称EFMD）提出将它作为认证体系，开展辅导、评价、认证事务。EFMD是管理发展学界最大的国际组织。可是，该如何用世界语言称呼这个来自汉语世界的管理词汇呢？经历了较长一段时期的考量，终于确定以汉语拼音命名，即"RenDanHeYi"（简写为RDHY），将人单合一认证体系（RDHY Certification System）定义为"是一项物联网时代的管理创新认证体系，是对认证组织的自组织能力及价值循环能力的评估""获得该认证意味着该组织是符合物联网时代发展的生态型组织"。

这个从东方智慧土壤中培育起来的管理模式不仅有自洽的理论学说，还配套了一系列实践工具，例如"三张表"，即战略损益表、顾客价值表、共赢增值表。以共赢增值表为例，它颠覆了传统损益表，变过去的以企业为中心到以用户为中心，它将自上而下的管控变为从用户到用户的循环生态，由事后算账的项目制变为各攸关方参与增值分享，分别从用户资源、用户增值分享、收入、成本、边际收益5个环节评估小微创造的价值。

2021年9月17日，张瑞敏和欧洲管理发展基金会主席埃里克·科尼埃尔（Eric Cornuel）联合签署首张人单合一认证体系认证证书，开创了中国企业从接受国际标准认证到输出国际标准认证的新时代。截至2024年11月，已经有92家组织进入人单合一认证体系，覆盖6大洲，26个国家。

获得首张人单合一认证体系认证证书的是日本富士通（Fujitsu）西欧

公司。前几年，这家出色的日本企业在西欧市场经营中出现组织失灵的麻烦。2019年，他们尝试在软件外包新业务团队推行人单合一模式，将原来的科层制组织除了人力、财务等职能部门外，拆解为14个小微并予以充分的自由度，一年内就发生了翻天覆地的变化，业绩大为改观，其中西班牙小微团队实现了订单3倍增长。该公司成功变革引发了富士通内部各团队争相学习人单合一模式的热情。

在意大利，一家名为"糖果工厂"的广告营销公司也引入人单合一模式。他们将公司拆分成7个小微，也就是"厨房"；撤销经理的职位，替代为被称作"厨师"或"糕点师"的小微主。半年之后，他们的收入大幅增长，小微们也能够及时识别并发展新的服务，满足用户的动态需求。

人单合一模式也引发俄罗斯本土企业的浓厚兴趣和认同。鞑靼斯坦政府官员表示，海尔不仅给当地带去了工业和产业的改变，更带去了管理理念的改变。俄罗斯国家原子能公司、谢韦尔钢铁集团等组织主动学习这种管理模式，并将其引入到商学院案例教学之中。

值得一提的是，联合国开发计划署（The United Nations Development Programme，简称UNDP）也曾联系到海尔，希望借鉴人单合一模式改善其工作效率。其创新部门有关人员称，他们也曾推进过别的创新模式，但由于不喜欢主流创新范式那种一劳永逸的做法，之后就找到了海尔，希望从海尔不断自我颠覆的经验中学习。让他们尤为感兴趣的是，人单合一不仅重塑了组织的内部权力结构，更重塑了关键合作伙伴和社群的权力结构，解决了加速转型的支点问题，从而转变了那些构成发展基础的重大系统。据最新统计，全球约有8.2万家企业正在复制人单合一模式。

从全球范围看，将原创管理理论培育为"共享型知识品牌"的企业凤毛麟角，海尔则是其中的"集大成者"。海尔建构的管理思想和方法系统，站在科层制的对立面，向以欧美、日本等建立在科层制理论基础上的管理思想、方法、工具提出挑战，并被国际管理学界广泛认同。管理学者莉兹·怀斯曼（Liz Wiseman）认为，丰田是零缺陷的代表，而海尔是零距离的代表——丰田从产品角度来说是零缺陷，但产品变成网器以后成为"网络的节点"，物理形态的产品重要性被淡化，而用户追求的不仅是产品本身，更有产品背后的网络。

加里·哈默（Gary Hamel）、迈克尔·波特（Michael E.Porter）、查尔斯·汉迪（Charles Handy）等数十位知名管理思想家都曾于不同时期予以海尔管理理论肯定性评价。诺贝尔经济学奖得主埃里克·马斯金（Eric Maskin）坦言："海尔人单合一让诺奖理论成为实践。"海尔用管理学的语言讲述中国企业全球化发展的故事，形成的原创理论包含但不仅限于经济生态理论、产业链群理论、人单合一理论、开放式研发理论等，更重要的是，在指导思想、学科体系、话语体系等方面充分体现了"中国特色、中国风格、中国气派"，并在世界范围内产生了积极的影响。

海尔在管理领域的著述中，相关理论术语、逻辑结构、表述方式在应用推广中逐渐固定下来，它们最大的共性是，形成于海尔实践且多数颠覆了传统管理观念，理论渊源部分出自中国传统哲学或马克思主义哲学。此外，还有一些口号式的观点，例如"人人是人才，赛马不相马""让每个人都成为自己的CEO""东方亮了再亮西方""先难后易"等，它们或来自于体系化理论的外延，或是对某一专门问题的思辨性阐发，虽未形成体系，但语言通俗，思辨性强，易于传播，多数可作为文化传播语或理念融进日常管理事务。

除了人单合一模式，海尔阐发的零库存管理理论、财务共享理论、触点网络理论、开放式创新理论、生态品牌理论等也产生了一定影响，它们原创性强、应用性强，理论转化为管理生产力的机会较大，且不少已经在海尔链群企业、合作企业中实践应用，以市场业绩证实了其科学性。因此，越来越多的咨询机构、高校联系海尔，探索以海尔理论开发体系化课程或咨询产品。

截至目前，管理学界以海尔为研究对象的著作、期刊文章及硕博士毕业论文已有数百部（篇），社会对"海尔现象"的研究热情持续了30余年，并将其理论成果推向国际学术圈，成为高校教研室和报告厅里历久弥新的热门议题。海尔原创理论呈现出"中学为体、中西并用"的特点。"中学为体"指以中国优秀传统文化及新时代中国特色社会主义思想为根本价值导向，坚持社会主义道路、理论、制度和文化，坚持"人的价值最大化"理念，将理论建在中国人文根基之上。"中西并用"指在市场层面、工具层面尤其是供应链、财务、营销、研发等具体管理领域，坚持博采众长、效率至上的原则，从西方管理理论和实践中吸收借鉴先进方法、从我国改革开放40余年的发展经验中总结经验教训，并对两者进行哲学式、理论化的超越，使之适用于未来需要。

全球最具影响力的50大管理思想家排行榜"Thinkers50"于2001年设立，是全球首个管理思想家排行榜，该榜单每两年评选一次。获得该奖项最高荣誉的人物有"管理哲学之父"查尔斯·汉迪（Charles Handy）、迈克尔·波特（Michael E. Porter）、明茨伯格（Henry Mintzberg）、菲利普·科特勒（Philip Kotler）、汤姆·彼得斯（Tom Peters）、野中郁次郎（Ikujiro Nonaka）等8位世界公认的管理大师。2023年11月，管理思想家排行榜"Thinkers50"颁奖典礼在英国伦敦举行，张瑞敏被授予"全球最具影响力的50大管理思想家"终身成就奖。得此殊荣，是对张瑞敏和海尔管理变革成功实践的肯定，也是全球管理学界对中国式管理理论的认同。张瑞敏领奖时说道："如果真的认为自己拥有了终身的成就，那就需要去看心理医生了，谁能够创造出自我进化的新理念，谁就可能拥有最好的时代，否则便是最坏的时代。人单合一也不例外：如不能自我进化，就将被时代淘汰。"这段话也道出了以创新理论激发企业活力、薪火相传的精神内涵。

> **相关阅读**
>
> 要加快构建中国特色哲学社会科学,按照立足中国、借鉴国外、挖掘历史、把握当代,关怀人类、面向未来的思路,着力构建中国特色哲学社会科学,在指导思想、学科体系、学术体系、话语体系等方面充分体现中国特色、中国风格、中国气派。
>
> ——2016年5月,习近平总书记在主持召开哲学社会科学工作座谈会时强调

第二节 在不确定中成就确定的力量

理论武器的威力,终须拿到战场去检验。一旦走向战场,就要具备义无反顾的冒险精神、化危为机的应变智慧。众所周知,在中国质量文化史上已浓墨重彩地记下了张瑞敏"砸冰箱"事件,甚至将他的"大锤"收藏到了国家博物馆,成为国家文物,收藏编号为"国博收藏092号",它的表述语是"1985年青岛(海尔)电冰箱总厂厂长张瑞敏带头砸毁76台不合格冰箱用的大锤"。殊不知,张瑞敏当年此举却是背负了被检察机关以"破坏集体财产"罪名追责、被工人群起而攻之的巨大风险。多年以后再回顾这一事件,可以用"创造性破坏"进行诠释,正因如此,才让海尔提前拿到了未来市场的入场券。

"大锤"背后的精神支持,除了质量理性,更重要的是"大胆",两者相结合才成就了张瑞敏在那样的年代砸准了时机、砸对了主题、砸出了美名。但万一砸错了呢?

周云杰从张瑞敏手里接过接力棒,带领海尔继续以变制变,以新理论持续优化企业治理、激发新动能,在不确定性中探求立命安身之法。

探索不确定的未来，须兼具冒险精神和应变智慧。

爱因斯坦在给美国物理学家戴维·玻姆（David Bohm）的信中这样写道："如果是上帝创造了世界，那么他的首要目标，就是不要让我们太过轻易地了解这个世界。"科学家、宇航员、企业家都是敢于冒险且为探索世界之谜不惜倾其一生的人。法国经济学家让·巴蒂斯特·萨伊（Jean-Baptiste Say）曾说，企业家就是冒险家，是把土地、劳动、资本这三个生产要素结合在一起进行活动的第四个生产要素，企业家承担着可能破产的巨大风险。

风险不能阻挡创业者、改革者的脚步，他们是天生的冒险家。在风险中以变应变，或者以不变应万变，是殊途同归的两种管理智慧。面对百年未有之大变局下不确定的市场，周云杰引用丘吉尔的一句话来描述海尔的选择："永远不要浪费一场危机"。

通常情况下，危机会给企业变革带来重大机会。

上世纪90年代，由于出现岗位设置复杂、作业效率低下问题，海尔意识到管理危机来临，进行了"流程再造"；2005年，国际化扩张加速，公司治理面临诸多风险，于是海尔提出人单合一模式，实施了HGVS数字化治理，实现了全球企业的信息共享；之后的"零库存"改革，最大程度缓冲了美国次贷危机的冲击；2013年前后，大企业病危机出现，海尔又开始进行组织扁平化、全员创客化改革，为了实现全员创客，逐步"去掉"12000名中间层员工，正是通过这次"大手术"，海尔才打破传统的科层制组织，把航母级集团变成4000多个小微，让许多走向衰退的业务板块重获新生。

时至今日，海尔的变革仍未止步。周云杰认为，外部环境严峻，海尔将快速识变、应变，在不确定中成就确定的力量。为了适应新变化、优化治理需要，海尔集团于2022年设立五大委员会，即战略与投资委员会、科学与技术委员会、薪酬与提名委员会、审计与风控委员会、人单合一引领委员会。

战略与投资委员会，重在调配资源，抓战略机会，规范各版块战略布局的协同作用；科学与技术委员会，重在服务国家大局，突破"卡脖子"难题；薪酬与提名委员会，一方面是研究企业激励机制，让企业的组织更有活力，另一方面对培养人才起到推动作用；审计与风控委员会，重在确保企业谨慎审视各类风险，形成边界与底线；人单合一引领委员会，重在创建新的企业文化，穿越经济周期，推动模式及成果体系的标准化、国际化。

五大委员会以及集团平台部门，扮演"指挥棒""红绿灯""加油站"的治理角色。指挥棒，就是定战略、定方向、定规则；红绿灯，是划定底线、红线，把禁区规范好；加油站，就是给各个产业赋能。制定好规则，设定了目标和底线，各个链群组织施行独立决策，使企业治理架构呈现出"小集团、大领域"特征。

周云杰在一篇名为《管理创新驱动海尔成为时代的企业》的文章中，道出了他作为海尔新掌舵人，将创新与变革精神赓续传承的愿望："管理没有最终的答案，只有永恒的追问。当你知道该走向何处时，你往往没有机会了，所以你必须在下一个机会来临之前，开启企业的机会之门。"面对不确定的未来，他认为海尔要做的，即"核心是创新，要战胜满足感。因为一切都只是开始，一切都还在路上"。

2024年9月20日，在人单合一模式创立19年之际，周云杰在第八届人单合一模式引领论坛上，发布了人单合一模式从"零距离"为核心的1.0时代向"零边界"为核心的2.0时代的升级，提出在人工智能时代，海尔将通过打造零边界的智能交互生态，创造人工智能时代生态经济的新引擎。

> **相关阅读**
>
> 改革永远在路上，改革之路无坦途。当前，改革又到了一个新的历史关头，很多都是前所未有的新问题，推进改革的复杂程度、敏感程度、艰巨程度不亚于40年前，必须以更大的政治勇气和智慧，坚持摸着石头过河和加强顶层设计相结合，不失时机、蹄疾步稳深化重要

> 领域和关键环节改革，更加注重改革的系统性、整体性、协同性，提高改革综合效能。
>
> ——2020年10月14日，习近平总书记在深圳经济特区建立40周年庆祝大会上的讲话

第三节
40年，企业与城市彼此成就

青岛是农耕文明与海洋文明交汇点，城市既拥有齐鲁文化基因，也被赋予了近现代工商业的开放精神，尽显现代国际化都市品味。由于青岛开埠初期的城市规划中规定了建筑的屋顶采用红色陶土瓦，便形成了红色屋顶与高耸塔楼错落有致、沙滩绿树与蓝天碧海交相辉映的城市风格，并延续了百年。

世界初识青岛，或许是从啤酒开始的。

青岛啤酒厂（简称"青岛啤酒"）最初由英、德两国商人合资开办，是我国最早的啤酒生产企业。1906年，青岛啤酒在德国的慕尼黑博览会上获得世界金奖，成为第一个在世界扬名的中国酒类品牌，随之热销全球。百年来，啤酒成了各国消费者认识青岛的一个符号，尤其1991年起连续举办的青岛国际啤酒节，进一步提高了这座城市的国际影响。

近年来，青岛啤酒开始了数字化变革的探索。2020年，青岛啤酒与海尔合作，借助卡奥斯工业互联网平台，开启了大规模定制模式变革。鉴于个性化、差异化和多样化的消费需求，按照新的技术逻辑重新部署业务流程，将个性化定制嵌入大规模生产，在每小时生产6万至8万罐啤酒的生产线上，实现"大批量生产""大批量定制"和"小批量定制"3种生产模式，可同时生产20个品种的产品且彼此互不影响。因此，用户订单的交付时间

和新品开发时间缩短了50%，定制化啤酒份额增长33%，企业也被世界经济论坛认定为"灯塔工厂"。

如果说青岛啤酒见证了一座城市的百年沧桑巨变，那么海尔则亲历了改革开放以来我国制造业从落后到强大、从跟随到引领的华丽转身。进入新世纪，世界再识青岛，海尔成为一个新的窗口。随着海外市场"创牌"的深入，海尔品牌改变并深化了全球消费者对青岛、对中国产品以及对中国制造业的认知，尤其完成了"走进去""走上去"关键两步，彻底颠覆了部分国家对中国品牌的长期偏见，引领了文化自信的回归。

2024年是青岛被列入"进一步开放的14个沿海港口城市"40周年。

1984年9月，也就是青岛获批成为首批14个沿海开放城市之后不久，时任中共中央书记处书记、国务委员谷牧到青岛视察。谷牧对青岛利用外资、引进先进技术、改造老企业加快对外开放的工作给予很高评价，鼓励把老企业的技术改造和创优结合起来，进一步发展品牌经济。此后的几十年，青岛进入了发展的窗口期，成为了创业者的沃土。

过去40年间，青岛在发展品牌竞技、培植国际化企业、壮大产业集群等方面取得了卓著成就，其原因大概有如下几个：其一，实现了城市空间的突破，从早期的东进、西扩、北上谋划到之后的全域统筹，演绎了一曲"小青岛"到"大青岛"格局的变奏。其二，实现了经济转型，在纺织、钢铁、化工等传统产业将要失去竞争力时，快速培植家电业并异军突起，随后着力发展工业互联网、海洋装备、轨道交通等产业，结构调整有力有效。其三，实现了服务型政府的角色转变，经济体制改革成果斐然，真正发挥了市场在资源配置中的决定性作用。与此同时，青岛通过参与国际经济事务提高城市开放度，与全球215个国家和地区建立贸易往来，与海外69个城市缔结为友好合作关系，与97个地区或机构缔结经济合作伙伴关系。40年不懈努力，海尔、青岛啤酒、海信、双星、青岛港等本土成长起来的企业，正推动着"青岛制造"加速向全球价值链的高端跃升，让青岛"品牌之都"的金字招牌在国际舞台上熠熠生辉。

跨国公司领导人青岛峰会是山东省人民政府与商务部在青岛市定期举办的国际交流活动，自2019年起已成功举办五届，旨在为跨国公司与中国政府共商共赢搭建平台、拓宽地方政府与跨国公司交流渠道。在2024年8月举办的第五届峰会上，周云杰代表中资跨国公司及青岛企业发言，介绍了海尔全球化发展历程，以及吸引40多家跨国公司来华投资或落户青岛的案例。作为青岛本土成长起来的跨国公司，海尔的创业历程、发展成就写照出城市投资环境水平，让更多跨国企业领导人对青岛充满期待。

企业与城市最佳的状态是彼此成就，一个企业能否持续发展要看城市提供了怎样的创业土壤，一座城市有没有生机与活力就是看有没有优秀企业的聚集。如果说华为、腾讯等IT企业是深圳这座城市聚集的一面面旗帜，与深圳相比，聚集于青岛的知名企业多是从传统产业发展而来。深圳开放发展40余年，是高起点谋划、多政策倾斜的试验型发展模式的成果，在这样的土壤中，深圳的创业者年轻化、学历高、思想活跃，敢于先行先试，拥有国际化视野。

自1984年"进一步开放"算起，青岛40年崛起的背后是走出近代开埠沧桑历史"再出发"的发展模式。在青岛，张瑞敏、周厚健、黄克兴等一大批知名企业家，以"再出发"的勇气踏上产业倍增的创业之旅。而青岛这座发展活力和创新动力蓬勃旺盛的海滨城市，也给了企业家足够大的舞台去尽情驰骋。在起舞的"群象"之外，以隐形冠军、小巨人、瞪羚、独角兽为代表的高科技高成长企业也不曾缺席，它们已成为青岛经济增长的新动能。

城市赋予企业生长基因，企业也禀赋了城市精神气质。青岛企业耳濡目染儒家文化与海洋文明，也胸怀深切的民族情结，为全球高端家电、海洋装备、工业互联网、国际物流行业发展贡献了"中国力量"。在青岛，企业与城市彼此成就，人们能从海尔这样的企业乃至产品中品读出城市文化味道，也能从青岛这座城市理解这里的创业者们海纳百川、追求卓越的气魄和追求。

> **相关阅读**
>
> 自1984年青岛第一家外商投资企业设立至今，40年间，青岛成为跨国公司在中国投资最为密集的城市之一。截至2023年底，青岛共有外资企业13840家。作为中国推动更高水平对外开放的重要宣示地，青岛被喻为"一个把握了成长规律的城市"，无论置身于服务国家开放大局，还是作为山东高质量发展的龙头，青岛都被寄予厚望。
>
> ——2024年8月28日，青岛日报社新媒体

专家述评

从1984到2024，从改革先锋到世界一流，海尔经历了社会主义市场经济体制改革的峰回路转，写照出改革开放事业的波澜壮阔，也见证了青岛这座沿海城市的沧桑巨变。40年间，海尔从一家濒临破产的小厂，成长为拥有一家"世界500强"企业和多家上市公司的跨国集团。海尔长期服务于区域经济、农业农村、外经外贸、公益慈善等事业的需要，不仅是各领域领奖台上的常客，也开始以中国原创管理理论和国际标准向全球企业颁发认证。站在创业40年的新起点上，相信海尔将会深入践行习近平经济思想，继续传承改革的基因，在不确定的国际经济变化中成就确定的力量，发挥其比较优势，为中国式现代化贡献积极的力量。

后 记
迈向 2035：在变局中笃定前行

管理学者吉姆·柯林斯（Jim Collins）在其著作《基业长青》中谈道，高瞻远瞩公司的成就绝不只是取得了长期经济报酬，它们已经融入社会结构。如果没有它们的产品和服务，这个世界给人的观感会多么的不同。于是，企业界找到了一个好的词汇来表述发展愿景：基业长青。

麦肯锡公司（McKinsey & Co.）在研究报告《完善系统对标，推动管理转型，打造世界一流企业》中也使用了"基业长青"一词。该报告提出，世界一流企业须具备三个特征：做大、做强、基业长青。所谓"大"，指企业规模大；所谓"强"，指创造不俗业绩，在行业产生影响力；"基业长青"，则是要建立经得起时间考验的伟大公司。

一直以来，外部人士对海尔如何做大、做强的追问热情不减，但海尔人最关心的是基业长青，用张瑞敏的话来说就是"让游戏无限延续"。海尔创业数十年，产业体系愈加庞大、职工人数激增，不可能再以传统科层制管理模式自上而下地指挥和决策。于是，海尔创造性提出人单合一模式，推进组织"做大—做小—再做大"的改革实践，将企业打造成赋能平台，予以小微充足的阳光雨露、肥沃土壤，使其自涌现、自裂变、自进化，繁育出一片生机勃勃的热带雨林。

企业做大、做强已十分不易，让企业获得持久活力、百年寿命，其难度则百倍、千倍于前者。追求基业长青首先要做到自律，坚守立场、兜住底线，但多数企业在中途丢弃了这些原则，最终陷入难以自拔的境地。回顾40年创业历程，海尔经历的五次重大转折，见证了其初创时的忍耐、成长时的审慎、爬坡时的煎熬、成功时的冷静,对当下的、未来的海尔产生了决定性、全局性影响,也给予更多管理者深刻的启示。

第一次转折,是把质量底线作为生命线,张瑞敏"一锤砸下去"解决了企业生死问题。

上世纪80年代,家电市场供不应求。在产品紧俏、需要排队提货的情况下,海尔并没有盲目地扩大产能,在质量和利润的两个选项中,初创期的海尔选择了前者。市场团队看到产品供不应求,竭力要求企业扩产,然而,张瑞敏的一番话打消了他们的念头:"做企业要耐得住寂寞,高楼大厦的地基不能与三层楼的地基相比。即使别的企业已经盖到三楼,我们还得继续牢牢地打好地基,夯实基础,因为我们要建的不是三层楼,而是一座摩天大厦。"

在物资匮乏的年代,人们常说"纸糊的冰箱也能卖出去",所以同时代的企业通常选择"大干快上"。然而,海尔选择的是比赚"快钱"更重要的选项,即产品品质。随着市场上的产品日趋丰富,消费者质量意识提高,很多企业产品的问题暴露出来,失去了用户信任,不久后就销声匿迹了。这个关键决策,让海尔在买方市场占据了主导地位之后,赢得了持久的成功。

第二次转折,是以多元化打破市场边界,破解了"多元化魔咒",解决了市场容量和生存空间问题。

1991年,海尔决定走多元化道路,从生产冰箱扩展到洗衣机、空调、电视等多个品类。确立多元化战略之初,企业内外的质疑声一片,多数人认为多元化将使海尔变成"杂货店式经营",是一条"不归之路"。彼时的市场,小天鹅做洗衣机、春兰做空调、海尔做冰箱,各自经营自己地盘岂不美哉?站在今天的视角回顾家电消费发展历程,不难发现,产品永远在技术和形态迭代的路上,固守于一个领域、一类产品会很快碰到天花板,只有多元化才能创造更广阔的市场空间。彼时的海尔，预判未来消费选择一定是"成套家电"。需求是多元的，应该考虑给消费者一个方案，而不是一件商品。所以才诞生了海尔输出品牌资产、以管理文化激活"休克鱼"企业等多元化并购的故事。

第三次转折，以国际化战略和全球化品牌战略，开辟"三步走"出海航线，进一步扩大了生存空间。

1998年之前，海尔只有少量产品出口。1998年起，海尔相继确立了国际化战略、全球化品牌战略。当时同业者在国内发展得不错，利润回报比较乐观，出海意愿并不强烈。然而，海尔却响应"走出去"政策号召，成为早期出海的家电企业之一，因为它不再满足于国门之内的同行竞争，对海外市场有了更多期待，并且下决心成为一家全球化企业。不仅如此，海尔坚持不做贴牌代工，在海外市场树立自主品牌，以本土化模式深耕数十载，摘得全球大型家电第一品牌的桂冠，也收获了不同国家和地区大量市场份额。

第四次转折，是以人单合一模式治愈了"大企业病"。

2005年，海尔提出人单合一模式。历经多年市场积累，海尔逐渐成长为一家大型跨国公司，开始面临"大企业病"这个世界性难题的困扰。"大企业病"常常表现为内部组织层级过多、机构庞大臃肿、市场反应迟缓等，其病根在于科层制组织结构形成的束缚。海尔鼓足了"向死而生"的勇气，承受着巨大压力进行人单合一模式改革，企业组织从金字塔结构转向扁平化结构，"大企业病"症状消退的同时，诞生了庞大的创客群体、孵化出数千个小微企业，为繁衍新业态、裂变新产业奠定了基础。

第五次转折，是实施生态品牌战略，进入生态的、可持续发展阶段。

2019年，海尔提出了生态品牌战略，旨在构建一个生态型组织体系。在这个生态体系中，鼓励竞争、允许失败，做到机会公平、力保结果公平，让每个职员都自主劳动、自我管理，实现"人的价值最大化"。2024年，周云杰提出的"以无界生态共创无限可能"，进一步强调了生态型组织的开放性、交互性，海尔将继续推进打破价值创造和价值分享的界限，重塑人与人、人与物、物与物、人与组织、组织与组织之间的价值关系，借助大企业资源赋能小微，让更多低收入人群参与进来，走向共同富裕。

心向往之，行必能至，海尔创业史上的重大转折，是创业者忍耐、审慎、煎熬、冷静以及智慧的见证，也是其不忘初心、慎终如始践行中国特色社会主义经济发展使命与担当的体现。海尔创业40年跻身全球知名跨国公司之列，成为世界先进制造技术和模式的引领者，中国特色社会主义制度是其根本依靠，一以贯之的开放政策为其提供了成长舞台，经济转型和市场换代给予海尔发展红利，而持续的企业改革创新创造了不竭的前进动力。

而今，从海尔技术创新和产业转型看，它由国外技术引进到开放式自主研发，映照出我国"科技自立自强"的成长路径；从实体经济与数字技术融合来看，它以工业互联网为依托的大规模定制模式，奠定了"中国智造"在新一轮工业革命竞争中的国际地位；从全球化路径上看，它的"三步走"经验，则是我国参与经济全球化历程的生动写照。

创业40年来，海尔在实践中形成了自己的市场认知、管理原则和经验方法，藉此适应不同阶段的时代变化、市场需求。张瑞敏常以"人不能两次踏进同一条河流"暗喻动态演变的经济趋势。这句话是古希腊哲学家赫拉克利特（Heraclitus）提出的，他认为当人第二次进入这条河时，河里已经是新的水流而不再是原先的水在流淌。企业决策亦如此，要时时刻刻迎接变化，谁都不可能完全靠过去的经验驾驭未来问题，而应当在变化中更新认知，建立新方法指导实践。

市场需求在变、产业趋势在变、竞争赛道在变。世界百年未有之大

后　记　迈向2035：在变局中笃定前行

变局加速演进，纷繁变量下是无数种预判和抉择，而抉择的结果决定着未来。海尔创业40年，在社会主义经济建设的洗礼中经历了名牌战略阶段（1984—1991）、多元化战略阶段（1991—1998）、国际化战略阶段（1998—2005）、全球化品牌战略阶段（2005—2012）、网络化战略发展阶段（2012—2019）、生态品牌战略阶段（2019年至今）等六个不同阶段，及时确立了与各阶段相适应的发展主题，阐发了与之相适应的发展理论，以变求变、持久变革，让企业永葆活力。

然而，无论经历怎样的时代变化，海尔恒定不变的原则，是坚持中国共产党领导，以党的重大经济理论为指导，在实践中寻找企业发展之方略。在中国特色社会主义经济土壤上，海尔培育出具有中国特色的、长期坚守的企业价值理念——"人的价值最大化"，海尔的所有改革行动都是由此出发、展开的。周云杰说："海尔之'变'，是随时代变化进行自我颠覆，海尔之'不变'，是坚守人的价值第一这个根本原则。"

作为改革开放的见证者、参与者和受益者，海尔在40年创业实践中以变应变、以不变应万变，用生动案例、真实成果有力证明了中国特色社会主义经济理论的科学性、真理性，展示了中国共产党重大理论指导企业实践的基本逻辑、作用机制，让企业界更好地观察厘清了有为政府、有效市场之间的关系，认知中国特色社会主义经济的本质属性，在持续改革中走向世界一流，于世界大变局中建立笃定前行的信心。

在我国2035远景目标"基本实现社会主义现代化"指引下，作为中国特色社会主义忠实拥护者、社会主义市场经济建设者，2035年的海尔将会是什么样子呢？就此问题，周云杰的回答是：彼时的海尔，应该是一个和时代同频共振的企业，一个像热带雨林一样的生态组织，一个对社会具有责任感的企业，是代表世界一流水平的中国企业，"我们暂不能用定量的方法描述2035年发展目标，但它应具备这四个特征"。

逝者如斯夫。昨天，海尔人屡屡于紧要关头化危为机险中胜，心无旁骛耐寂寞。皆因未雨绸缪，用户永驻心中。而当迎来成功时，"成功"一词却被"从不回头欣赏自己的脚印"所覆盖，新征程中又迈进"太阳每天都是新的"境界。从1984年到2024年，再到2035年、2049年，从过去的胜利走向未来的胜利，将充满更大的不确定性。没有成功的企业，只有时代的企业，在充满不确定性的未来唯一确定的，就是要改变。

人们欣慰地看到，站在创业40年新起点上，海尔在太平洋西海岸与全球经济融为一体，从诞生到成为世界一流的物联网生态品牌，心无旁骛地践行着历史使命——让中国经济的血液流淌在世界经济的大循环，让中国品牌符号镌刻在世界各地的家庭生活中。从濒临破产到跻身全球家电行业头部企业，海尔见证了社会主义制度护航中国企业出海，见证了中国经济话语权持续提升，为中华民族伟大复兴、持续推进全球化进程生生不息地传送着澎湃的动能。